至善之路

江南大学"至善特别荣誉生"成长实录
（第二版）

单筱婷　刘立明　吴亚雯　主编

中国轻工业出版社

图书在版编目（CIP）数据

至善之路：江南大学"至善特别荣誉生"成长实录 / 单筱婷，刘立明，吴亚雯主编 . — 2版 . — 北京：中国轻工业出版社，2023.1

ISBN 978-7-5184-4205-8

Ⅰ.①至… Ⅱ.①单… ②刘… ③吴… Ⅲ.①高等学校—学生生活—无锡—文集 Ⅳ.① G645.5-53

中国版本图书馆CIP数据核字（2022）第224727号

责任编辑：江 娟 李 蕊　　责任终审：劳国强　　整体设计：锋尚设计
策划编辑：江 娟　　　　　　责任校对：朱燕春　　责任监印：张 可

出版发行：中国轻工业出版社（北京东长安街6号，邮编：100740）

印　　刷：北京君升印刷有限公司

经　　销：各地新华书店

版　　次：2023年1月第2版第1次印刷

开　　本：720×1000　1/16　印张：20

字　　数：368千字

书　　号：ISBN 978-7-5184-4205-8　定价：98.00元

邮购电话：010-65241695

发行电话：010-85119835　　传真：85113293

网　　址：http://www.chlip.com.cn

Email：club@chlip.com.cn

如发现图书残缺请与我社邮购联系调换

221191Y3X101HBW

序

国势之强在于人。人才培养和人才队伍建设是我国新时代人才强国战略实施过程中的重要议题,拔尖人才培养更是其中举足轻重的关键环节。作为江南大学拔尖人才培养的实践成果,《至善之路 江南大学"至善特别荣誉生"成长实录(第二版)》一书即将付梓,令人欣喜。

"至善"一词,源于《礼记·大学》——"大学之道,在明明德,在亲民,在止于至善",江南大学的校训"笃学尚行 止于至善"亦是源出此处。2009年至善学院甫成立之时,就提出了"学术大师""兴业英才"和"治国栋梁"的拔尖人才培养愿景,以"止于至善"的卓越追求积极落实拔尖人才培养举措。十余年来,至善学院逐步探索出一条"双院协同"的跨学科拔尖人才培养之路,1800余名"至善荣誉生"从这里走向五湖四海,发光发热于世界的每一个角落。该书选取了其中35位"至善特别荣誉生"在江南大学的奋斗故事,他们中,有优秀事迹登上《人民日报》,几乎所有学科达到满绩点的榜样青年;有积极寻求自我改变,从"自闭男孩"到一举斩获国际大奖的学科竞赛佼佼者;有以智援疆,用专业知识助力扶贫攻坚的实力科研人;有投身社会实践,用法律守护乡村基础教育的公益达人……作为江南学子中最优秀的一分子,他们在校期间付出了比常人更多的努力，战胜了更多的困难，也取得了更大的收获。大学四年所学到的知识也许并不足以支撑漫长的未来之路，但江南人坚守、自律、自强的品格必将伴随他们一生。

学生的茁壮成长是江南大学办学治校的永恒目标。在欣喜地看到至善生们成长成材的同时，我们也时常思考：如何构建更具江南特色且卓有成效的拔尖人才培养体系，如何让学生能更自由地发展、更自主地管理，如何让学生更具获得感和归属感。在书中，我也看到了至善学院、相关职能部门和专业学院对此进行的有益探索。我国的拔尖人才培养历经四十余年，成果卓著但也存在较大的提升空间，对发现的问题始终抱持审慎辩证的态度，并在实践中积极探索，寻求解决之道，才能有助于工作的推进、问题的解决和质量的提升。期待更多的同仁关注并研究拔尖人才培养，为国家人才培养战略和中国高等教育添薪助力！

江南大学校长 陈卫
2022 年 11 月

第一版 前言

自古江南,钟灵毓秀;从来江南,人才辈出。作为教育部直属、国家"211工程"重点建设高校和一流学科建设高校,江南大学始终奔跑在拔尖创新人才培养的探索道路上。2009年,学校专门创建了拔尖人才培养的荣誉学院——至善学院。至善学院采取双向选择、优胜劣汰的选培机制,自大学一年级起在全校所有本科专业中选拔3%具有突出培养潜质或特殊专长的优秀学生,以在生源学院进行专业学习、在至善学院进行素质提升的模式,与学生所在生源专业学院双向管理、共同培养,实现了从培养机制到管理实践的全面创新,从而致力培养造就一批可以成长为学术大师、兴业英才、治国栋梁的优秀人才。

至善学院建院十余年来,一共培养了1800余名至善学子。十余年风雨兼程,十余年春华秋实,至善学子们曾在至善学术论坛上侃侃而谈、在素质创新课堂上大胆求证、在公益服务基地全心投入、在体育赛场上挥洒汗水、在精彩的舞台上绽放自我;至善学子们怀揣着"笃学尚行 止于至善"的卓越追求,已然活跃于国家社会的各个领域,在各自人生的新阶段创造灿若星辰的美好未来。

本书记录了至善学院成立十余年来三十余位"至善特别荣誉生奖"获得者的奋斗故事,

也展示了至善学院的办学特色及有关拔尖人才培养的实证调研和思考研究。至善荣誉生们讲述了与至善学院结缘、浸润其中、受益成长的心路历程，他们也阐明了与至善学院栉风沐雨、同向同行的奋斗经历。期望广大学子能够从他们的故事中体悟为学、为事、为人的道理，也衷心期望一直以来关心和支持至善学院发展的广大校友、全校师生、社会各界人士因此书获悉更多至善学院的发展历程。

2022 年 11 月

目录

至善学院培育跨学科拔尖
创新人才的模式与实践
江南大学至善学院 / 1

至善之路：解密"至善特别荣誉生"
江南大学至善学院 刘立明 / 10

迭代人生
2012届至善特别荣誉生 唐力 / 19

执着地追寻，不在乎成败
2012届至善特别荣誉生 苏欢欢 / 26

拼搏奋进　博学致新
2013届至善特别荣誉生 杨占海 / 32

求知若饥，虚心若愚
2013届至善特别荣誉生 金虹声 / 39

大学——构建自己的思维框架去理解世界
2014届至善特别荣誉生 仇臻 / 50

发现自我，拥抱更好的自己
2015届至善特别荣誉生 安景瑞 / 55

悟已往之不谏，知来者之可追
2016 届至善特别荣誉生　张静　　　　　　　　　／ 62

仰望星空　脚踏实地
2016 届至善特别荣誉生　梁修业　　　　　　　　／ 71

斗转星移　扬帆起航
2017 届至善特别荣誉生　苗炳祺　　　　　　　　／ 79

做事须有规划，努力必有所得
2017 届至善特别荣誉生　熊岩　　　　　　　　　／ 88

一个人的朝圣
2017 届至善特别荣誉生　刘丹青　　　　　　　　／ 95

一个"非典型学霸"的自述
2017 届至善特别荣誉生　王金水　　　　　　　　／ 104

博观而约取，厚积而薄发
2018 届至善特别荣誉生　陈柳红　　　　　　　　／ 111

为者常成，行者常至
2018 届至善特别荣誉生　吕霞　　　　　　　　　／ 122

目录

至善学院培育跨学科拔尖
创新人才的模式与实践
江南大学至善学院　　　　　　　　　　　　／1

至善之路：解密"至善特别荣誉生"
江南大学至善学院　刘立明　　　　　　　　／10

迭代人生
2012届至善特别荣誉生　唐力　　　　　　　／19

执着地追寻，不在乎成败
2012届至善特别荣誉生　苏欢欢　　　　　　／26

拼搏奋进　博学致新
2013届至善特别荣誉生　杨占海　　　　　　／32

求知若饥，虚心若愚
2013届至善特别荣誉生　金虹声　　　　　　／39

大学——构建自己的思维框架去理解世界
2014届至善特别荣誉生　仇臻　　　　　　　／50

发现自我，拥抱更好的自己
2015届至善特别荣誉生　安景瑞　　　　　　／55

悟已往之不谏，知来者之可追
2016 届至善特别荣誉生　张静　　　　　　　　/ 62

仰望星空　脚踏实地
2016 届至善特别荣誉生　梁修业　　　　　　　/ 71

斗转星移　扬帆起航
2017 届至善特别荣誉生　苗炳祺　　　　　　　/ 79

做事须有规划，努力必有所得
2017 届至善特别荣誉生　熊岩　　　　　　　　/ 88

一个人的朝圣
2017 届至善特别荣誉生　刘丹青　　　　　　　/ 95

一个"非典型学霸"的自述
2017 届至善特别荣誉生　王金水　　　　　　　/ 104

博观而约取，厚积而薄发
2018 届至善特别荣誉生　陈柳红　　　　　　　/ 111

为者常成，行者常至
2018 届至善特别荣誉生　吕霞　　　　　　　　/ 122

不负韶华　终将芬芳
2018 届至善特别荣誉生　张满琪　　　　　　/ 129

无远弗届　不辱绘事
2018 届至善荣誉生　陆婷　　　　　　　　　/ 135

我的至善时光
2018 届至善荣誉生　唐贞妮　　　　　　　　/ 143

心如花木　向阳而生
2019 届至善特别荣誉生　王美娇　　　　　　/ 149

我们能做到的，远比想象的多
2019 届至善特别荣誉生　魏宇　　　　　　　/ 157

做难事　必有所得
2020 届至善特别荣誉生　王佳希　　　　　　/ 164

努力是奇迹的第二个名字
2020 届至善特别荣誉生　章金怡　　　　　　/ 171

人生不设限，理想当如是
2020 届至善特别荣誉生　方佳华　　　　　　/ 178

不负江南好时光
2021 届至善特别荣誉生　刘朝虎　　　　　　　／187

关关难过关关过，前路灿灿亦漫漫
2021 届至善特别荣誉生　姚亲琪　　　　　　／192

以匠人精神　寻数理之路
2021 届至善特别荣誉生　白泰荣　　　　　　／199

我就是我
2021 届至善特别荣誉生　汪帆　　　　　　　／205

少年何妨梦摘星　敢挽桑弓射玉衡
2021 届至善特别荣誉生　王心怡　　　　　　／211

向山而行　一如既往
2021 届至善荣誉生　肖磊　　　　　　　　　／219

所有的美好终将如期而至
2021 届至善荣誉生　宋婉宁　　　　　　　　／229

大学，如何成就更好的自己
2022 届至善特别荣誉生　张宇彦　　　　　　／236

走向上的路　做追梦的人
2022届至善特别荣誉生　毛乡芸　　　　　　/ 244

唯有"日拱一卒"　方可"功不唐捐"
2022届至善特别荣誉生　张源哲　　　　　　/ 252

做追梦路上的小跑者
2022届至善特别荣誉生　杜昊　　　　　　　/ 261

成为微光　照亮世间
2022届至善特别荣誉生　陆雨洁　　　　　　/ 269

养正至善　行在当下
2022届至善荣誉生　马睿洁　　　　　　　　/ 277

跨学科模式下拔尖人才培养的"何以可能"与"何以可为"——基于学生就读经历满意度调查的荣誉教育实证研究
单筱婷　屈廖健　周玉晔　　　　　　　　　/ 286

至善学院培育跨学科拔尖创新人才的模式与实践

江南大学至善学院

随着"大学科时代"的兴起,如何在本科阶段培养跨学科拔尖创新人才是我国高等教育的核心任务。2009年江南大学突破学院建制、学科界限和专业束缚,采用"知识学习在专业学院、素质提升在至善学院"的跨院协同模式,成立了培养拔尖创新人才的荣誉学院——至善学院。学院通过跨学科师资队伍(点)-跨学科课程体系(线)-实践训练体系(面)-综合素质教育模式(体)的跨学科拔尖创新人才培养模式,对每年从全校54个专业新生中择优选拔的180名优秀学生进行"知识-能力-素质"三维赋能(图1),深入开展跨学科拔尖创新人才培养的探索与实践,取得了显著成效。

至善学院紧紧围绕跨学科拔尖创新人才"宽知识、强能力、高素质"的培养要求,采用"跨院双聘、跨校邀聘"聘任215名知名学者、企业高管、政界领导、社会贤达组成跨学科导师队伍,对学生实施一对一的知识、能力和素质"三维赋能":建立了"多维交叉、核心突出"的跨学科课程体系,**聚焦精深知识学习**;创立了"项目驱动、思维养成"的实践训练体系,培养**关键核心能力**;通过"思政引领、主题鲜明"的综合素质教育,提升**优良综合素质**,从而实现了跨学科拔尖创新人才的精深知识、核心能力和综合素质全面协调发展。

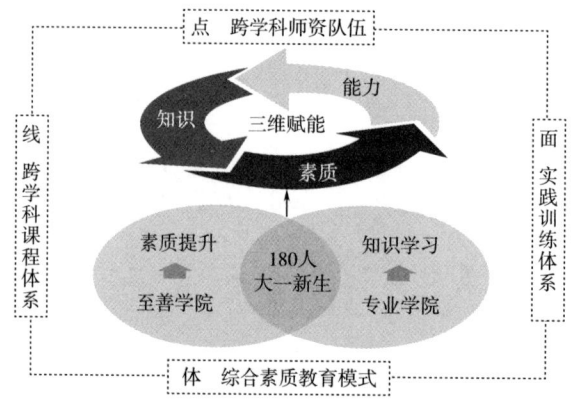

图 1　至善学院"双院协同、三维赋能"拔尖人才培养模式

一、至善学院培育跨学科拔尖创新人才的方法与举措

（一）创建了"跨院双聘、跨校邀聘"的师资建设新模式，组建了层次分明、交互共融的跨学科师资队伍

江南大学通过整合教育资源，成立了多学科人才聚集的教学科研平台——至善学院（图2）；通过打破学科界限和突破体制壁垒，从全校9个学科门类、18个学院以及校外聘请215名知名学者、企业高管、政界领导、社会贤达担任至善生的特聘导师、课程导师、创新导师和社会导师。至善导师采用一对一的方式对从全校54个专业新生中择优选拔的180名学生，根据特长和兴趣，实施三维赋能：精深知识学习、核心能力培养、综合素质提升。

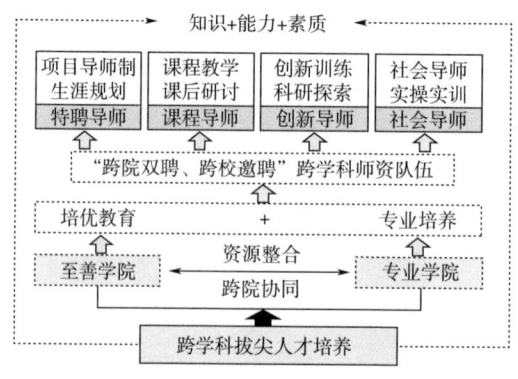

图 2　至善学院跨学科师资队伍

（二）建立了"多维交叉、核心突出"的课程体系，实现了跨学科课程体系化

围绕跨学科拔尖创新人才的培养目标和人才特色，构建了一套新型课程体系（图3）。

1. 素质创新课程

创建了20多门素质创新课程，传授不同学科的主要原理、思想和方法，鼓励学生跨专业、跨学科选课，培养跨学科理解能力。

2. 沟通表达课程

采用实训为主、理论为辅的"小班制"教学模式，从书面、语言和形体三方面传授沟通表达知识、教导技巧、锻炼能力。

3. 全球视野课程

每年邀请国外知名高校12位知名教授，采用线下集训和线上课程方式，开设15门全英语全球课程，着力培养学生的全球意识和竞争力。

4. 通识讲坛课程

每学期邀请20位海内外知名学者、业界精英和社会贤达，以讲座的形式传授古今中外文化、传播科学人文道理。

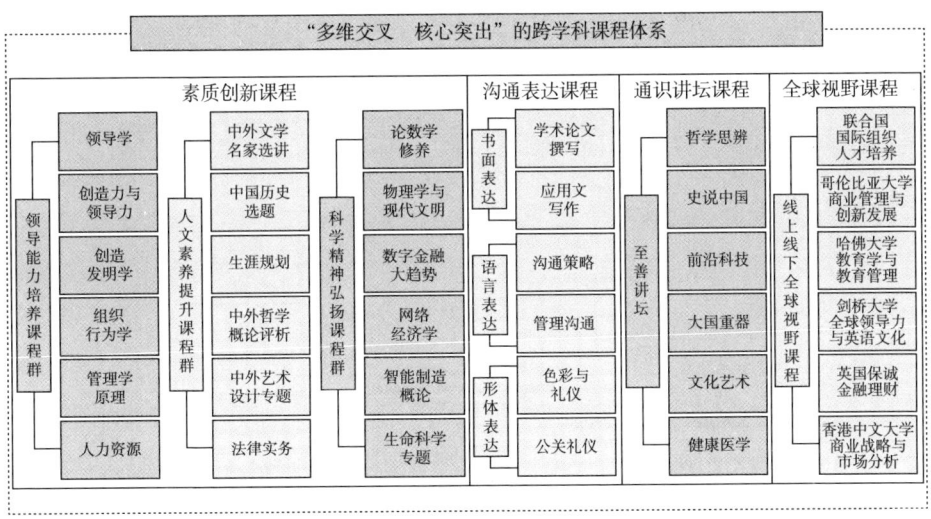

注：以上为至善学院自成立以来在不同时期开设的部分课程

图3 至善学院跨学科课程体系

（三）创立了"项目驱动、思维养成"的实践训练体系，有效提升跨学科创新能力

依托综合大学的多学科优势，汇聚校内外多渠道教学资源，构建了"项目协同、思维养成"跨学科创新能力实践训练"2345"体系（图4）。这一体系依托多学科交叉工程实践平台、校外实践教学基地、产业协同创新实验室、国际合作实验室等训练平台以及创新项目、企业实训、文化传承等项目和系统思维养成体系。

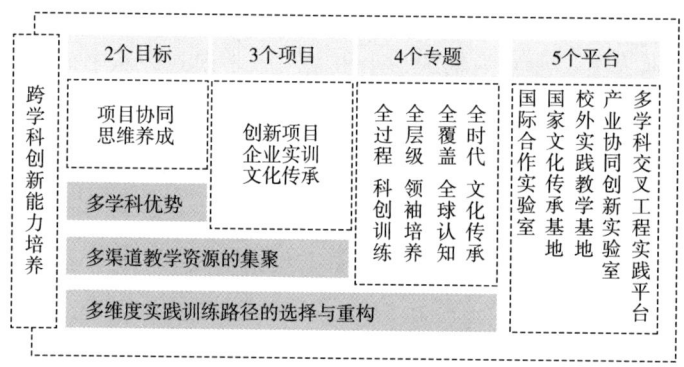

图4 至善学院"2345"跨学科创新能力培养体系

1.WPC全程科创训练体系

1~2年级以"自由主题沙龙"为载体，关注自由探索，发现学术问题；2~3年级以"模拟学术论坛"为载体，跨学科交叉参与科研活动；3~4年级以大学生创新创业训练计划（简称"大创"）项目和学科竞赛为载体，突出自主创新（图5）。

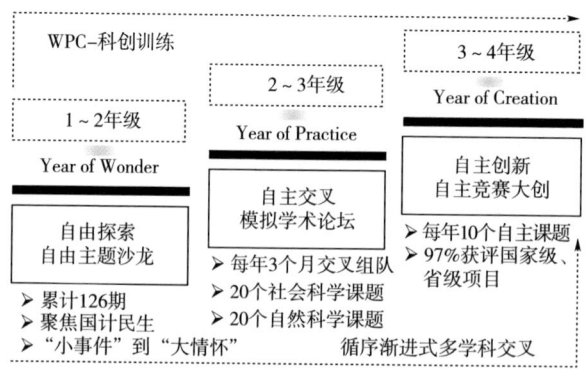

图5 至善学院WPC全程科创训练体系

2. 全球认知体系

通过生源国际化、短期访学、国际学科竞赛、国际科研项目、国际实习项目等构建"全覆盖"全球认知实践体系,提高全球胜任力。

3. 领袖培养体系

通过开设领袖训练营-领袖素养实践-培养全程评估,实施"全层级"领袖素养训练,培养领袖能力。

4. 文化传承体系

设立14个实践教学基地,聘请18位文化遗产继承人开设18门主题实践工艺课程,构建"全时代"中华文化传承体系,提升文化传承能力,持续增强至善生的跨学科创新能力和系统思维力。

(四)创建了"思政引领、主题鲜明"的综合素质教育新模式,有效实现了素质提升与专业教育的交融渗透

凸显思政引领的重要性,将社会主义核心价值观和优秀传统文化作为价值教育资源和涵养实践路径;借助第二课堂开展系列素质主题活动(图6)。

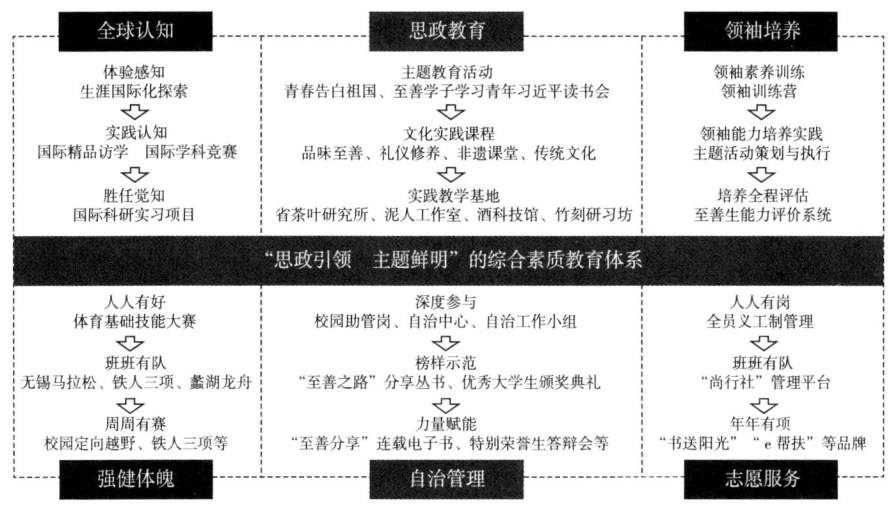

图6 至善学院综合素质教育体系

1. 强化体育运动

作为实践育人的重要策略,通过举办校园定向越野赛、个人比赛、团体联赛、马拉松,开设"动感课堂",做到"人人有好、班班有队、周周有赛",培养坚强意志。

2. 倡导志愿服务

作为服务育人的重要载体，做到"人人有岗、班班有队、年年有项"，搭建了1个"尚行社"志愿服务平台、组建63支志愿服务队和10个志愿服务基地、打造16个志愿服务品牌项目，彰显担当精神。

3. 推进自治管理

作为管理育人的重要形式，通过大学助管岗位（≥100个）-学院学生工作组（6个）-学生自治中心三个层级参与学校、学院和学生自身管理，提升"三自"能力。

4. 鼓励朋辈分享

作为榜样育人的重要方法，全校推出微信版、书籍版的"至善分享"，指导大学生活；出版优秀校友总结心得体会的"至善之路"系列丛书，鼓励朋辈引领，并将这些素质主题教育内容与专业学习相互呼应，有效地促进了专业教育与素质提升的交融渗透。

二、至善学院培育跨学科拔尖创新人才的成效

（一）教学改革扎实深入形成系列成果，有力支撑拔尖创新人才培养

围绕跨学科拔尖创新人才的培养，至善学院在教学研究、课程体系、实践平台、学科竞赛、专业建设等方面形成了一系列研究成果（图7），有力支撑了跨学科拔尖创新人才的培养。至善学院成为江南大学整合校内资源、创新办学机制、探索创新人才培养模式、提高人才培养质量的教学改革示范基地。

（二）至善导师跨学科汇聚、全身心投入，着力培养拔尖创新人才

依托至善学院，通过跨学科指导学生、跨学科合作与交流、跨学科指导创新项目、企业实训项目和文化传承项目，至善导师学科交叉融合创新能力显著提升。2016—2020年获批120余项跨学科的国家自然科学基金、国家重点研发项目、国家社科基金等国家级或省部级项目；获国家科技二等奖8项、省部级科技奖励一等奖8项、二等奖45项；形成了14项教改项目、30余篇教改论文、42项至善教学奖、3门推广课程；52名至善导师入选中国工程院院士、国家杰出青年基金、长江学者特聘教授、国家"万人计划"教学名师、全国教育改革创新优秀教师等。

	"跨院协同、三维赋能"培养跨学科拔尖创新人才
1	省级教育教学改革项目14项，其中重点项目9项
2	在《高等工程教育研究》等期刊发表教改研究论文30余篇
3	导师获120余项国家或省部级交叉课题；获国家科技二等奖8项、省部级一等奖8项、二等奖45项
4	搭建了13个学科交叉工程实践平台、14个校外实践教学基地、35个产业协同创新实验室、11个国际合作实验室等训练平台
5	学科竞赛中获94项国家级、41项国际奖项；发表核心论文287篇、SCI论文105篇、授权发明专利42项
6	每年150万海外交流专项奖学金、100%海外交流经历，海外交换生258人次、国际组织实习6人

图 7　系列教改研究成果（2016—2020 年）

（三）至善学子积极主动创新实践，跨学科创新能力显著增强

依托"2345"实践训练体系，学生的跨学科创新能力和综合素质显著提升，自主探究和主动创新的积极性得到激发，团队合作能力和追求卓越的进取心得到加强。至善荣誉生100%全程参与实践训练，2016—2021年累计组织自由主题沙龙126期、模拟学术论坛121次、完成国家级大创项目104项；获94项国家级学科竞赛奖，获iGEM、Red Dot、iF、MCM/ICM等国际学科竞赛奖41项，发表核心期刊论文287篇、SCI论文105篇（最高IF值42.3），授权发明专利42项。

（四）素质培养协同专业学习，学生综合素质大大提高

在专业学习中交融渗透思政教育和素质提升，学生文化自信、担当精神、坚强意志、领袖能力、全球视野进一步加强。18位文化遗产继承人开设主题实践课程和工艺课程，文化自信显著加强；每年设立150万海外交流专项奖学金，推动学生100%海外交流经历，2016—2020年形成访学论文34篇，海外交换生258人次、国际组织实习6人；女子足球队获全国大学生女足锦标赛亚军，骑迹自行车俱乐部获评"全国百佳体育公益社团"；搭建"尚行社"志愿服务平台、组建63支志愿服务队和10个志愿服务基地、打造16个志愿服务品牌项目；出版优秀校友成长实录《至善之路》系列丛书（图8）。

女子足球队获全国　　骑迹自行车俱乐部　　至善生传承　　　　至善生参与
大学生女足锦标赛亚军　获全国百佳体育公益社团　传统文化实践活动　　脱贫攻坚战

至善之路　　　　　　唐力：2012届至善生　　仇臻：2014届至善生　　王德伟：2015届至善生
优秀校友心得体会　　中船重工第702研究所工程师　奔驰德国-前瞻设计中心设计师　"全国脱贫攻坚先进个人"

图8　学生综合素质和社会美誉度逐渐提升

（五）学院美誉逐年提升，优秀学子广受好评

至善学院人才培养模式和取得的成效得到了社会广泛关注，《人民日报》、《中国教育报》和教育部网站等多家报纸和网络媒体给予正面报道。自成立以来，接待来自全国60余所高校160余名同行访问交流，参加全国教育教学研讨会20余次，多次就跨院协同、三维赋能培养拔尖创新人才模式做主题报告。近3年毕业生深造率97.55%，46.36%进入985高校，毕业生实践能力、创新意识和综合素质等方面的表现得到社会广泛赞誉，如李紫薇等以优异成绩跨学科保研、刘朝虎等国家奖学金优秀代表事迹、金虹声等国际创业精英事例分别被中国青年网、《人民日报》、人民网等媒体报道，作为青年人楷模。肖磊、龙腾等一批学生获"中国大学生自强之星"。

三、至善学院培育跨学科拔尖创新人才的创新性

至善学院是江南大学为培养跨学科拔尖创新人才，通过突破学院建制、学科界限和专业束缚，借助素质教育协同专业学习的跨院协同模式组建的荣誉学院。"知识学习在专业学院、素质提升在至善学院"的跨院协同人才培养共同体和跨学科导师队伍建设方法，为跨学科拔尖创新人才培养提供了有

力保障。学院采取"跨院双聘、跨校邀请"的方式聘任215名导师，同时，每年从全校54个专业择优选拔180名优秀学生，共同组成"教－学"队伍。学院采用点（师资队伍）－线（课程体系）－面（实践训练）－体（素质教育）的立体化人才培养体系，着力培养"宽基础、高视野、大格局、会思考、有情怀"的拔尖创新人才，这一"知识学习在专业学院、素质提升在至善学院"的拔尖创新人才培养模式，对创新办学机制和师资组织方式、提高人才培养质量具有很好的示范借鉴意义，具有很强的原创性。

学院"多维交叉、核心突出"的素质课程体系和"项目驱动、思维养成"的实践训练体系，凸显了跨学科创新能力和系统思维习惯的人才培养特色。以提升跨学科创新能力和养成全局思维习惯为核心，学院构建了一套传授学科思想原理、融贯古今中外文化、传播科学人文道理、教导沟通表达技巧的课程体系，并以此促进学科交叉、传授沟通技巧、开阔学生国际视野和提升其通识水平。该"项目驱动、思维养成"的"2345"实践训练体系，显著提升了学生跨学科创新能力和全局思维习惯。

学院创建"思政引领、主题鲜明"的综合素质教育新模式，为实现跨学科拔尖创新人才的知识、能力和素质全面协调发展提供了有力支撑，其以社会主义核心价值观和优秀传统文化为主要内容，是激发拔尖创新人才的家国情怀、责任担当、奉献社会的内生动力；主题鲜明的第二课堂活动塑造了拔尖创新人才的坚强意志、自我管理、敢为人先等优良品格；内容丰富的素质教育与专业学习相互呼应，实现了专业教育与素质提升的交融渗透。这一综合素质教育模式具有原创性。

综上，学院采用"跨院双聘、跨校邀请"方式组建了由215名导师组成的跨学科师资队伍，有效解决了综合性大学培养跨学科拔尖创新人才所面临的学科壁垒坚固、学科界限明显、跨学科合作平台缺乏的问题；学院通过构建和实施"素质课程模块化、创新实践全员化"的核心能力培养体系，实现了跨学科课程模块化、创新训练项目化、思维养成体系化，有效解决了学科交叉知识结构混乱、创新实践教育薄弱、系统思维训练较少的问题；学院构建和实施的"思政引领、主题鲜明"的综合素质教育新模式，实现了思政教育渗透专业学习、素质培养协同专业培养，有效解决了思政渗透性不强、素质教育主题不明、与专业学习缺少交融互动的问题。

至善之路：解密"至善特别荣誉生"

江南大学至善学院 刘立明

江南大学至善学院成立于2009年，是江南大学为了探索拔尖创新人才的培养路径而创建的荣誉学院。至善学院是江南大学学风建设的领头雁、学科竞赛的突击队、教学改革的试验田，面向全校实施多学科拔尖创新人才培养，以培育造就一批"学术大师、兴业英才、治国栋梁"。十余年来，至善学院以跨学科培养为路径，发挥至善学院多学科人才聚集地的独特优势，着力培养了1890名具有"宽基础、高视野、大格局、会思考、有情怀"的拔尖创新人才，这些至善荣誉生在院训"博学善思、勇于创新、超越自我"的指引下，在课程学习、外语学习、学科竞赛、社会实践、自我成长等方面不断引领江大学子，创造了一个又一个成绩。其中35名至善毕业生获"至善特别荣誉生"称号，他们在大学四年的学习生活中表现出很多优点：善于规划人生、强烈的求胜欲、很强的执行能力、建立了自己专属的学习和工作方法、善于安排时间和精力、善于团结合作、乐于奉献服务、勤于总结反思。如何在分析大学生活特点的基础上，从35位"至善特别荣誉生"身上，找到一些如何进行大学学习和提升做事能力的系统性方法，用来指导在校大学生的大学生活、高效学习和提升能力，获得可复制的成功，是我们至善学院的职责。

一、大学生活的特点

大学四年生活分为8个学期，主要涉及大学课程学习、外语水平提升、学科竞赛、社会实践和自我成长5个方面。

大学期间所学课程由所读专业的培养目标决定，具体课程清单可查阅所学专业的人才培养方案（学院网站查询或者咨询教学秘书），人才培养方案详细地列出了8个学期所学各类课程的清单。以工科专业生物工程为例，第1~2学期全部是类似大学英语、高等数学等通识教育课程和有机化学、分析化学等学科基础课程；在第3~5学期通识教育课程和学科基础课程所占课时比例开始下降，直至没有，而专业核心课程、专业选修课程和专业自主设置课程所占课时的比例逐渐增加；从第6学期开始，课程特点是增加了实践教学环节，包括分散性实践和学科/专业实践，而专业核心课程所占课时比例下降，但专业选修课程和专业自主课程的课时比例逐渐增加；第7学期课堂教学很少，教学场地转向了工程实训工厂、实验室和科研团队，以工程实训、毕业小设计和毕业作业为主；第8学期学生全部是在实验室完成毕业作业和毕业答辩。

大学外语水平主要包括英语四级、六级以及雅思、托福考试。虽然英语四、六级考试成绩已经不作为大学毕业的基本要求，但英语四、六级成绩能反映出一个学校、一个学院、一个班级的学风。在研究生免试推荐、就业时也是一个参考标准。"至善特别荣誉生"英语四、六级成绩一直名列全校前列。2019—2021年全校英语四、六级成绩的最高分都是至善生获得的，四级最高分是683分、六级最高分是686分。雅思考试全称为国际英语测试系统（International English Language Testing System），简称雅思（IELTS），是著名的国际性英语标准化水平测试之一。雅思考试从听、说、读、写四方面进行英语能力全面考核，能够立体综合地精准测评考生的英语语言运用能力。雅思成绩获得全球超过140多个国家和地区的10000多所院校和机构的认可，每年有超过300万人次参加雅思考试。雅思考试满分为9分，近几年至善学院学生获得的最高分是8.5分。托福考试是由ETS测评研发的学术英语语言测试，托福考试通过考察听、说、读、写这4项技能以体现参与者在学术语言任务环境下的真实学术语言能力，并可用于本科及研究生阶段的院校申请。托福考试满分总计120分，考试时间3小时，分为阅读、听力、口语、写作4个部分，每个部分30分。近几年至善学院学生获得的最高分是104分。

学科竞赛是面向大学生举行的科技创新活动，是以课堂教学和新技术的应用为载体，以竞赛为主要手段，以培养和加强学生的综合能力为目的的实践平台。通过学科竞赛促进学生将理论与实践相结合，提高自身实践能力，以便更好地培养和提高大学生的自主学习能力、研究创新能力、实践动手能力和团队协作精神，提升其创新意识、创新思维和创新能力。以江南大学为例，每年5月份学生工作部会发布江南大学学生学科竞赛目录，包括3个A类1级、61个A类2级、43个B类1级、71个B类2级项目。有兴趣和有志于学科竞赛的在校大学生几乎都能找到与自己专业、学科相匹配的竞赛项目。

坚持教育与生产劳动和社会实践相结合，是我党和国家长期坚持的一项基本方针。几乎所有大学都高度重视实践育人工作，坚持把实践要求贯穿育人工作的全过程，充分利用各方面的资源和条件构建实践育人体系，努力拓展学生参加实践锻炼的形式和渠道，包括社会调查、志愿服务、科技培训、公益活动、扶贫支教、卫生下乡、社区服务和文化传播；以此着力丰富大学生的知识结构、提高能力素质、培养思想感情、促进生涯发展、提高组织活力，促进学生全面发展。

促进大学生全面发展还有一个重要渠道是服务班级集体、学院集体和全校集体，基本宗旨是依靠学生、关照学生、服务学生，从而方便办事、解决困难、维护权益、促进成长。服务内容包括国际事务、学籍事务、课程事务、教育管理、资助医保、就业服务、财务结算、共青团事务、后勤服务、卡务服务、网络服务、安全保卫、班级事务、心理健康等。

二、大学任务之一：学习高效学习

与高中和初中阶段不同，大学阶段学习有几个特点：（1）课程类型多，有公共课、基础课、专业基础课、专业课、选修课；（2）学习内容变为多、深、广，而且授课速度加快，老师上课只讲授重点难点；（3）授课方式也变为思路多讲解少、理论多直观少、讨论多答疑少、书目多习题少；（4）学习形式有课堂教学、实践学习、科研创新、听学术报告、参与社会实践、毕业设计；（5）学习方法由"要我学"向"我要学"转变，通过自主学习、小组讨论、独立思考建立自己的学习方法体系；（6）学习途径包括教室学习、社会调查、创新实验、文化活动、专题讲座、交流学习；（7）学习场所除了教室外，还有图书馆、宿舍、实验室、实践基地、报告厅；（8）学习目标多元化，包括科学常识、人文素养、自主学习能力、思考解决问题方法、协作精神。

因此，大学学习的过程，是建立属于自己的学习方法体系的过程，去寻找适合自己的学习方式。我来分享下我在大学学习期间的做法——将书读薄法，供大家参考：（1）将每学期的几门课程，根据课程特点设置诸如班级前几名或者多少分为目标，然后每门课程尝试不同的学习方法，比如英语是背单词+阅读训练，高等数学则是听课笔记与做习题等；（2）围绕每门课程的具体方法，制订相应的切实可行的学习计划，上课认真听课和做课堂笔记（不太建议打印上课老师的PPT），同时善于利用不同的学习工具书和学习渠道（如慕课）等；（3）到学期期末或者一门课程结束，根据预定的目标来评估每门课程所采用方法的有效性，将每门课程的学习方法写下来，进行经验总结，复盘整个学习过程，哪些是好的，哪些是不合适的；（4）这样每学期就能尝试5~6种甚至更多的学习方法，到第7学期也就是四年级的时候，就能总结凝练出一套属于自己的学习方法。将书变薄法的核心要点包括：上课认真听课、每门课程认真记笔记、晚上花2~3个小时上自习温故知新、考前根据上课听课情况模拟老师出题并解题（一般猜中70%~80%的题目）。我经常开玩笑地说这是我的"打狗棒法"，后来将这套方法体系应用于"工业经济管理"的自学专业考试和原无锡轻工大学发酵工程专业的研究生入学考试的复习中，均取得不错的效果。

建立自我学习方法体系中，需要培养自主学习能力，这是大学学习的精髓。这是因为知识是无限的，而大学教育只有4年，所以自学能力是衡量一个人成就大小的重要标志之一。自学一门课程大致分为三个阶段。**第一个阶段是初读整体**：第一遍初读时要抓紧时间将一本书一口气从头到尾学完，获得该本书或者课程的整体形象。这个阶段要注意：一是不能追求100%弄懂，只要60%~80%全懂就可以了；二是不必多做习题，只做一些课后练习，帮助读懂课程内容；**第二个阶段是分清重点**：第二遍自学时以整体理解局部，以分出重点和非重点，同时将书上重要内容画上红线。这个阶段要做好（1）整理笔记：做笔记是读书绝对重要的技巧。整理笔记的内容一方面来源于书上画了红线的重点内容，整理到事先准备好的笔记本上去，因为动笔能加强记忆，同时做笔记过程也可以对所学的内容进行整理，加深理解。另一个内容是做题过程中的"坑"也需要整理到笔记本上，防止再次踩雷。很厚的一本书，做好笔记之后就变成一本薄薄的笔记本了，复习起来就很方便。

（2）多做习题：这个阶段需要多做习题，以巩固所学的知识。做习题时只需要一本经典习题集或者历年考试题或经典教辅用书，将每道题弄懂弄透即可，不需进行题海战术。将常错的题目或者知识点记录在笔记本上。**第三阶段是知识系统化**：以局部回到整体，将一本书上的知识点整理成一个知识树，使知识系统化，这样就能对知识进行全面认识、融会贯通。

在大学里另一个重要学习内容是思维方式和拓展眼界。人和人之间的竞争，核心是能力、资源、人脉，而本质竞争是思维、认知、价值和人品。著名经济学大师张五常在他的少年自传《童年的回忆》中讲了一个故事：有一次，杰克·赫舒拉发在课后来问我："你旁听了我六个学期，难道我所知的经济学你还未学全吗？"我回答说："你的经济学我早从你的著作中学会了，我听你的课与经济学无关——我要学的是你思考问题和解决问题的方法。在大学学习中，比知识更重要的，是思维方式。"

眼界决定人生的高度，至于拓宽眼界的方法，我综合了前Google高级资深研究员和腾讯副总裁吴军博士、新东方董事长俞敏洪以及我们"至善特别荣誉生"的做法，共有三种：（1）听报告：至善学院通过开设"至善讲坛"，每学期邀请20位海内外知名学者、业界精英和社会贤达，从哲学思辨、前沿科技、史说中国、文化艺术、大国重器、健康医学六大专题以讲座的形式传授古今中外文化、传播科学人文道理；（2）阅读：阅读是了解世界、拓宽眼界的好方法，可以读读历史文化、人文地理和自然科学。在众多书籍中，我一直推荐阅读一些非小说类名著，这是因为非小说类名著具有增长知识、形成知识体系的优点，还能提高语文能力，尤其是理解力；通过读名著，可以学习到很多行事准则，而且读名著是系统了解一种思想的最佳捷径。每年至善学院学生毕业时，学院都要求大家推荐1~2本自己读过，对大学生活有一定指导和启迪作用的书，我们列了推荐度比较高的前15本书：《怎样做一名优秀的大学生》、《毛泽东传》、《周恩来传》、《邓小平传》、《任正非传》、《中国近代史》（蒋廷黻著）、《人类简史》、《格局》、《态度》、《认知未来的自己　管理当下的关系》、《幸福的方法》、《清单革命》、《异类》、《将心注入》、《至善之路——江南大学至善特别荣誉生成长实录》，供大家选读；（3）看纪录片：直接了解世界的最好方法之一是看纪录片，好的纪录片就像一位无所不能的老师，带着我们跨越时间和空间，探索更神秘、更丰富的世界。与阅读不同，纪录片因有更加生动、更加宏大的画面，会给我们更加极致的视觉冲击，从而留下深刻的印象。

三、大学任务之二：学习如何做事

大学现在招收的学生都是00后，生活在物质丰富、互联网技术发达、享受父母厚爱、家校管教民主的新时代，但同时由于学习负担沉重，除了学习外，几乎不参与类似种菜、煮饭、拖地、修家电等劳动，导致大学生做事能力有待提高。因此，很有必要在大学阶段锻炼和提升自己做事的能力。

我们至善学院做过调研，35位"至善特别荣誉生"在第2学期结束的那个暑假，就已经确定了将来的人生目标。著名植物学家、全国时代楷模、全国优秀共产党员、复旦大学研究生院原院长钟扬教授说过：不是杰出者才做梦，而是善梦者才杰出。至善学院人才培养的愿景是"学术大师""兴业英才""治国栋梁"，为了帮助至善荣誉生建立起自己的人生愿景，至善学院在大学第2学期开设了《生涯探索与核心竞争力培育》课程，这一课程以生涯教育为核心，以能力发展为导向，帮助我们至善荣誉生清晰地认知自我性格和优缺点，传授生涯知识，认清自身所处的位置，找准将来发展的方向，寻找正确发展方法，逐步实现提升，最终实现个体的全面发展和自我价值最大化。

好运气来源于好习惯。《永不妥协：政坛铁娘子撒切尔夫人传》一书对人的命运有精辟的分析：注意你的想法，因为它能决定你的言辞和行动；注意你的言辞和行动，因为它能主导你的行为；注意你的行为，因为它能变成你的习惯；注意你的习惯，因为它能塑造你的性格；注意你的性格，因为它能决定你的命运。这段分析其实告诉我们，很多时候，我们学习和生活中的每件小事情，都能慢慢地形成习惯，习惯塑造了性格，最终会决定命运。

在《至善之路》一书中，有几位"至善特别荣誉生"都说自己在大学的某个时间段成为积极的"废人"，如伪学习者、干了太多不该干的事、同时做很多事情、迷信所谓的快速成功。其实，做任何事情都是有方法的，我们从《至善之路》中总结归纳了他们的做法并借鉴了吴军《格局》中的内容，包括：（1）确定目标任务；（2）制定解决方案；（3）明确重点要害；（4）寻找合适方法；（5）养成清单习惯；（6）百分之百准备；（7）及时跟进交流；（8）强化工作质量；（9）保持足够投入；（10）强化总结反思。每年毕业时我都会与他们座谈，每每我都会询问他们做事的方法，有几个观点很值得我们学习：动手前先动脑，把可做可不做的事情从任务清单中删除；做事过程中按部就班地将一件事情做好，不建议开了很多头却不结尾；效率的高低不在于开始了多少件事，而在于完美地结束了多少件事；做完事情后，需要总结复盘，审视得失，评估效果，凝练做事范式，以备将来举一反三。

聚焦关键的最重要一点，就是要做减法。我们有个至善生，第一年生日时他父母来看他，他忙得连和父母吃顿饭的时间都没有。家长找到我，问我至善学生怎么这么忙。我宽慰家长说：这是对的，大学生很闲，就麻烦了。但我内心也知道，忙成这样子肯定出了问题。我没干预，只是关注这个学生。等第3学期开学时我约学生在图书馆喝咖啡，认真地聊了两个小时，发现在第2学期他除了日常课程外，还要考六级、考证、参与大创项目、组织社团活动，还谈了恋爱。干了太多的事情，导致自己很忙，绩点很差，六级也没过，也失恋了。随后我们商量了在第3学期聚焦在两件事情上，寒假时他告诉我，绩点班级第二、过了六级、大创项目成果也很多。这让我逐渐意识到，我们大学生同时做了很多件不该做的事情，比如在第2学期就过早地参与大创项目。于是我和至善学院老师、几位主管学生工作的副书记，共同拟定了大学期间我们每学期需要大致聚焦的几件事情。如果我们按部就班地高质量完成，整个大学期间成绩也很突出、生活也很充实。第1学期：熟悉大学生活、收住放纵内心、处理人际关系、摸索学习方法、了解所学专业、结识志同道合的朋友；第2学期：英语四六级、摸索学习方法、请教老师学长、制定人生愿景、积极社会实践、尝试科研实践；第3学期：英语四六级、总结学习方法、了解学科发展、规划发展路径、积极社会实践；第4学期：专业课程学习、专业证书、社会实践与兼职、参加大创项目、参与学科竞赛；第5学期：确定发展路径（就业、读研、出国等）、专注学业课程、应用学习方法、组队学科竞赛、参加科研项目；第6学期：为目标而积极探索（实习、参加保研夏令营、与导师联系）、就业信息梳理、英语出国考试；第7学期：保研考研考公、参加就业招聘、完成毕业实习；第8学期：圆满完成学业、顺利通过答辩、提前参与硕士阶段科研项目。

我曾经读过一本书 Outliers，中文书名叫《异类》。这本书中有两个观点我非常赞同：天才并非天生，成功不是随机事件；花 10000 小时的苦功夫，能使人从平凡到超凡。在一件事情上，如果我们投入了足够的时间或精力，一定能获得成功。中科院院士、安徽师范大学校长李亚栋教授在 2022 届毕业典礼上说："从一名乡村中学教师到中国科学院院士，我最深的感悟是，勤奋改变命运，只有在你的人生中，坚持勤奋，坚持独立思考，真正做到了异常勤奋，付出了远超常人的努力，才能实现你人生的理想、目标。"在担任 1802 班班主任时，我一直要求我们班同学坚持上晚自习，如果我们每天晚上从 18:30 到 21:00 花 2.5 小时上自习，每周从周日到周四，上 5 天的晚自习，则每周就能学习 $5 \times 2.5 = 12.5$ 小时；每个月则是 $12.5 \times 4 = 50$ 小时，每年按照 10 个月在校时间计算的话，则是 $50 \times 10 = 500$ 小时，大学上三年的晚自习，则是 $3 \times 500 = 1500$ 小时，这 1500 小时就能让你保持很好的竞争优势，所以我们班级有 72% 的学生去了上海交大、南京大学、复旦大学。

我们平时很关注做事的速度和多少，但我以科研副主任身份管理一个部门的 3 年科研工作，分析老师们的研究工作，发现一个老师的成就 = 完成科研项目速度（多少）× 成功率 × 影响力。在这个公式中，完成项目的时间可能是一年，也可能是两年，速度提高的幅度有限，只有 2~3 倍的差距，但成功率可以有 0 到 100% 的差距，而影响力则有 10 倍、100 倍、1000 倍甚至更高的量级差别，而且规模越大，影响力的差异也越来越大。认识到这点后，我在担任 1802 班班主任时有意识地引导学生做学科竞赛，脚踏实地花 1~2 年时间在一个教授实验室中聚焦一个项目，不要参与两个及以上项目，保证所聚焦项目的成功率；在准备学科竞赛项目时，关注学校学科竞赛清单中的 A 类 1~2 级竞赛，因为这些竞赛一旦获奖，就属于学校的突破，影响力比较大。有些学生听进去了我的建议，有意识地梳理做事清单，按照重要性和影响力的量级排序，集中资源把最重要、影响力大的事情先做完，并着力提高做事的质量。他们的大学四年，都取得了不错的成绩。

一个优秀的人，既要向前看，也要回头看。当一件任务或者一个阶段结束时，需要花一些时间回头看看，对这个任务或者阶段进行客观的分析和总结，看看哪些是成功经验？哪些没有做得很好？是否能归纳总结出高效的工作方法？因为总结反思一方面会帮助我们避免低水平重复，同时也能使我们在第二次努力时最大限度地吸取第一次努力的经验教训。同时，总结反思还会帮助我们建立起自己完整的学习和工作方法体系，对事情进行叠加，形成累积效应。大部分"至善特别荣誉生"在一个学期结束后，会对上一学期的听课情况、听课笔记、课后作业、时间安排、计划执行、同学相处、体育锻炼、老师沟通等诸多方面进行总结和反思，从而指导下一个学期的学习和生活。有"至善特别荣誉生"在一个大创项目或学科竞赛结束后，对组队情况、成员性格特点、成员优势、时间安排、创新点的选择、PPT展示等诸多方面的优缺点进行总结和反思。

维持良好的人际关系对我们学习和生活都有很大的帮助。在大学学习期间，也是训练自己处理人际关系的好机会，因为我们会与辅导员、任课老师、宿舍管理员、宿舍舍友、班级同学、学弟学妹等产生人际交往，从而形成上、中、下三个层级的人际关系。在大学期间，我们可以营造亲密融洽的宿舍，打造团结向上的班级，结交3~5个知己饭友（正能量），团结大多数人而不是全部人，掌握自己情绪，积极参加团体活动（如科创竞赛、球类运动），还需体面拒绝别人和远离小人。

在清楚了解大学生活的5个方面之后，我们需要在大学学习期间建立自己专属的学习方法，树立美好的人生目标，积极锻炼做事能力。我们相信，四年大学时光，会让你变得更加优秀。

迭代人生
2012 届至善特别荣誉生 *唐力*

> 唐力，男，1990年4月生，江南大学物联网工程学院自动化专业本科毕业，2012届至善特别荣誉生，毕业后前往北京大学深造。现为中国船舶集团有限公司第七〇二研究所工程师，主持多项省部级科研项目。获专利成果11项，其中第一发明人发明专利3项，第二发明人发明专利2项，实用新型及外观专利6项。

我是唐力，江南大学（以下简称"江大"）物联网工程学院2008级自动化专业毕业生，至善学院2009年度"至善生"。在江大的四年，秉承"笃学尚行，止于至善"的校训，我在学习上刻苦钻研，成绩一直名列前茅，本科阶段共获授权专利7项，完成期刊论文2篇。经过老师精心的指导和自身的辛勤努力，多次获得荣誉与奖励，如国家奖学金、全国大学生数学建模竞赛二等奖、美国大学生数学建模竞赛二等奖、江南大学"十佳大学生创新项目奖"、江南大学至善学院"至善特别荣誉奖"、电仪奖学金等国内外20余个奖项。此外，我积极参加院校活动，2012年毕业保送至北京大学攻读硕士研究生，2015年进入中国船舶科学研究中心从事科研工作。

至 善 之 路　江南大学"至善特别荣誉生"成长实录（第二版）

个人照

大学期间所获部分荣誉证书

序　章

白驹过隙，本科毕业至2022年已有十载光阴，借着夏日窗台上的一抹斜阳，朦胧中回忆起当年的青涩时光。彼时还没有像现在这样充斥着互联网和智能手机的丰富生活，我懵懂地走入了自己的大学时代，选择了与智能制造、智慧中国和工业3.0密切相关的自动化专业。

自动化专业的基础是控制理论，其核心要义是利用反馈不断修正输入的控制量，使其结果不断逼近期望值，类似于互联网中的快速迭代，金融公司的定期"复盘"，既有天道酬勤的锲而不舍，又有去芜存菁的自我革新，以上这些成了我大学生涯的行事指南。

日拱一卒无有尽，功不唐捐终入海

专业课程是大学时代中一个人的战斗，没有团队配合，需要独自面对。在那个时期，最广为宣传的是天道酬勤，无论是学术讲座，还是个人宣传，勤奋总是最为共性的成功要素。毫无疑问，大量的时间投入是学习获取知识的必需要素之一。在我接触的至善学院的最优秀分子中，其勤奋有两个共同特性：一是来源于强烈的求胜欲，二是表现为勤于思考。

与他们的交流中，无论言谈中如何谦逊，表达方式或青涩内向或成熟自信，都能从他们的眼神中感受到一种事在人为的斗志，勤奋的根本动力来源就是这样强烈的求胜欲，浑身上下都是一股不服输的劲儿。我也是如此，为了能够不断打磨自身的专业技能，完善自身的知识体系，我花费了很多时间努力学习专业课程，现在回想起来，自习后夜色中走过小蠡湖的印象尤为深刻，波光粼粼的湖面上，寒意袭来，总有种"桃李春风一杯酒，江湖夜雨十年灯"的感觉。

理工科的专业知识体系是复杂的，既有理论基础，也有技术实践，往往一位专业老师很难将它说清楚，这要求学习的人必须反复思考，不断迭代。举个例子，大一时期学习高等数学的时候，对于无穷级数和傅里叶变换的章节，我对其理解只停留在记忆公式和解典型题的深度上，数学老师无法解释这两者是做什么用的。到了大三学习自动控制理论时，突然发现这些理论是作为另一个专业经典工具的使用方法，明白了它的用处后，学习热情也大幅提升，个人也愿意投入更多的时间去理解和消化这部分内容。再往后，这些理论知识又被应用于研究生阶段的探索，并经过实践加深了认识。

专业课程的学习是积累与思考的过程，找到学习的热情和方法都非常重要。

无用之用，方为大用

进入了至善学院后，补充学习的课程主要是非专业课程，一定程度上来说，时间资源是有限的，投入一个方面多一些，别的方面就少了，我也有过类似的困惑。我记得作为第一届至善生，被安排了公关礼仪和心理学两门课程，这两门课程的学习在一定程度上对日后的团队合作起到了启蒙及提升的作用。

美国福特汽车公司的流水线作业很好地解释了社会分工的复杂化能极大地提高生产效率，足以覆盖沟通和内部竞争上的损耗。因此，合作是大势所趋，整个大学到社会的历程也是从一个人的战斗走向团队竞争的过程。专业学习打磨个人战斗技巧，团队配合讲究整体战术，这其中沟通与交流起到了衔接的作用，不可或缺。

有时候很难定量分析这些课程对个人发展起到了多大帮助，但细细想来，它从另一个领域提示了我还可以从这些方面提升自己。当有需要的时候，能多一项技能，也就多了一分把握。

团队精神，默契配合

大学期间也是个人学习到团队学习的关键时期，相比于个人的"复盘"与迭代，团队的输入输出更多，其"复盘"与迭代也更为复杂。

大学期间的团队配合以小团队为主，一般 3~5 人，相比于社会上更为细化的分工，这样一个小团队虽较为简单，却五脏俱全，类似于一个初创公司的分工，每个位置都是核心，不可或缺。我主要参与的团队有三类：科研竞赛、篮球以及 5v5 的电子竞技。不管对于哪一种，其团队配合的内核是类似的，这里以篮球进行举例。

大学开始阶段，我刚刚接触篮球不久，篮球是一项团体对抗活动，得有一些篮球的基本技术才会被团队所接纳，刚入门的我既没有出色的运球技术，也没有精准的投射得分能力，只能够依靠在内线的艰苦对抗和争夺篮板来为团队做出贡献。内线抢篮板是个辛苦活，一般没有人愿意去做，因此团队其他成员很开心地接纳了我，虽然对团队贡献不算大，但是却可以加入团队并且和队友打成一片。在打球的过程中，我不断学习基本方法和规则，为了提升团队的整体能力，技术较好的资深队友也很愿意传授我一些技术方法，并指出我在练习中的一些问题。我逐渐开始慢慢熟悉并获得一些球权，为了证明自己的可靠性，我花费大量精力打磨自己背身单打的技巧，以获取队友信任。有了球权，就有了"迭代"自己进攻技巧的机会，每次打完球，我会总结自己的一些问题，加以改进，同时学习一些其他的进攻技巧，以期望下次能够有施展的机会，依靠团队迭代自己的技术和配合能力。

我的科研竞赛经历与此类似，经历多了，自己就成了资深队员。机缘巧合，我们同一届的另外三位至善特别荣誉奖获得者中有两位都和我做过队友。我担任队长参与过大创项目、大学生数学建模大赛和美国大学生数学建模竞赛，其中大创项目获得了"十佳最受欢迎的项目"；全国大学生数学建模竞赛则获得了全国二等奖；美国大学生数学建模竞赛参加了两次，一次三等奖，一次二等奖，有些美中不足，但美国大学生数学建模竞赛却是我印象中最为深刻的一项。有时候恰恰说明了，缺憾也是一种美，失败的经历往往能"迭代"出更好的自己。我第二次参加美国大学生数学建模竞赛已经是大四的寒假了，当时就想再来一次，以完美的表现弥补大学时期的缺憾。很快，队员一一响应，阵容堪比绿茵场上的"银河战队"。比赛题目出来后，我们绞尽脑汁，思考解决问题要采用的方法，第二个夜晚，在钱伟长楼走廊中踱步的我突然发现矩阵变换很适合用来解决这种相互关联的问题，虽然当时这方面的知识储备还不够丰富，但是值得赌一把。我把自己的想法和队友沟通了一下，大家都赞成，于是查资料、推公式、编程序。到了第三天晚上，发现进度不足以完成工作要求，我建议大家别回宿舍了，机房里继续推进，直到第五天黎明，交出论文才回去睡觉。

那一次算是真正感受了一把48小时不眠不休、高度压力下是一种什么样的状态，如果熬夜，第二天白天会感到困倦、麻木，就好像全身的"传感器"都失灵了一般，错误地告诉大脑状态还不错。早上刚交完卷放松下来的我打开电脑，准备开启一把DOTA，选英雄阶段时，我趴在桌上稍微休息了一下，没想到等我睡醒时，窗外已是漫天繁星，我心里暗自惭愧，这可是我印象最深的一次"坑队友"啊。

比赛结果出乎意料地不尽如人意，队友后来跟我说，他似乎代入数据时选错了，那种状态下保持清醒已是难得，大家也不再苛求什么，经历过、奋斗过，也是一种与众不同的快乐。

上面这个故事告诉我们，早睡早起很重要。

社会实践，完成闭环

2009年的夏天，我在江南大学的校园里当过一段时间的校车司机，校车类似高尔夫球车，每天开着小车将暑假里辛勤工作的师生往返运送于各个站点。在同其他全职司机和技术人员沟通的时候，了解到了车用电池存在电量显示不准的问题，如同20世纪末的手机电池一样，第一格和最后一格电能用很久，中间的电量显示往往是断崖式下降。这个问题的发现正好给了我的大创项目一个不错的选题"车用蓄电池检测系统"，结合嵌入式、控制算法等技术点的项目应运而生。我的队友是两个不善言辞但技术能力极强的"理工男"，可能是性格相似的原因，我们总能聊到一起，一起探索技术，一起讨论热点，一起畅聊问题。在顺利完成项目之后，我们仍然能在技术上保持联系，互相给予对方启发，在了解到如今电动汽车迅猛发展后，其中一个队友还不禁调侃：如果当初咱们能把这个项目开展下去的话，说不定会大有前途。

但是人生没有如果，资源是有限的，机会也是稀缺的，必须以低成本的方式去了解规则，提升自己，才不至于在机会来临时将其白白浪费。用于"迭代与复盘"的案例并不单纯为了试错，只有拼尽全力，其结果才能更有参考的价值。因此，借鉴别人的经验就显得尤为重要，和不同领域的人进行沟通，了解他们的想法和对策，以及进展中的各个细节，并尝试自己推演一遍，剔除工作中消极的态度和内容中不真实的信息，对自己开展一件事是大有裨益的。

我在校学生会和至善学生会里都进入了其中的科技创新部，加起来一共做了三年的干事，有时候学习领导力并不一定要在队长的位置上，在被领导的时候，也能够学习到开展组织活动的方法、沟通的技巧等，少量的参与和深入的反思学习，从一个又一个闭环中提升自我。

长风破浪会有时

种一棵树最好的时间是十年前，其次是现在。如果要让我给大家什么建议或寄语的话，那就是：放手去干吧！一般都是踏上了旅程，才慢慢寻找到了方向。不必为了开始的问题或挫折感到沮丧或者懊恼，乔布斯的第一台自己组装的电脑不是也很差吗，但这不妨碍苹果的产品渐渐迭代成为世界潮流的引领者。

人也一样，从小开始，我们似乎就是班主任口中"最差的一届"，被父母口中"别人家的孩子"比了下去，但只要保持乐观的心态和积极的行动，总能够在人生的旅途中逐渐接近自己的目标。

当有一天，你终于迂回到达了想去的地方，才会惊讶地发现：原来之前所走过的一切，都只是通往这里的必经之路，少一步都无法塑造出今天的你。

执着地追寻，不在乎成败
2012 届至善特别荣誉生　苏欢欢

> 苏欢欢，男，1989年9月生，江南大学理学院应用物理专业本科毕业，2012届至善特别荣誉生，毕业后前往南京大学深造，现为南京大学博士后。

时光荏苒，2022年我已经从江南大学毕业九年有余。我是理学院2008级应用物理系专业学生，至善学院首届毕业生苏欢欢。江南大学四年的学习生活，作为人生中的重要阶段，充实了我的文化知识，改变了我的一些行为习惯，提升了我的思想和精神境界。自进入大学起，我一直以严谨的态度和积极的热情投身于学习和工作，努力使自己各方面能力都得到锻炼与提高。

大学四年，我在学习上一直没有放松自我要求。为了能够打下扎实的专业基础，几乎每天我都会去教室自习，不避寒暑，风雨无阻。对于每一门专业课，我都会以高标准来要求自己，不仅学习老师上课讲授的内容，还自学那些自己认为重要的内容。大学期间我有六个学期成绩专业综合排名第一。为提高自身综合素质，除了专业知识学习，还注重各方面知识的拓展，广泛涉猎其他学科知识。我学习了很多计算机方面的知识及软件应用，并获得计算机二、三级证书；顺利通过大学英语四、六级考试。

在社团活动与学生工作方面，我在大一、大二加入了学校的大学生科技协会（简称"校科协"）和院级青年志愿者协会（简称"院青协"），大二时担任院青协新闻部部长。我力所能及地去帮助周围同学，希望能慢慢营造出良好的学习氛围。加入至善学院后，我结识了很多专业实力强大的同学，与他们的交流合作，使我得以走出自己的学科局限，获得更宽阔的视野。大三、大四时我仍积极参加和组织各种院校活动，并且承担副班长之职，我希望自己能够为同学做些力所能及的事情。大三下学期，我成功组织了关于数学建模的至善沙龙活动，使当年学校参加数学建模竞赛的人数翻了一番，这些都提升了我的社交与组织能力。

在竞赛科研方面，我获得过2010年全国大学生数学建模竞赛一等奖，2011年、2012年美国大学生数学建模竞赛三等奖、二等奖，参加校大学生创新实践项目"多功能太阳能停车棚设计"并成功结题等。我还在2010—2011学年第一学期至善学院"学术研究与交流"模拟论坛中获得二等奖。通过科技创新活动我认识了更多朋友，储备了较好的科研创新能力。

在生活与思想政治方面，一直以来我严格要求自己，勤俭节约、诚实守信、乐于助人、团结同学、共同进步。我不断追求思想的积极进步，经过党组织培养与考察，我于大三上学期成为入党积极分子，在大四上学期正式加入党组织，成为一名光荣的共产党员。

得益于我的努力和进取，大学四年每学期我都获得校综合奖学金，被选入我校荣誉学院——至善学院，获得院优秀志愿者、优秀学风先进个人、校三好学生等荣誉称号，并以专业第一的成绩保送到南京大学物理学院读研。

大学四年，我学到了丰富的专业知识，培养了工作能力、人际交往能力，提高了思想政治素质；大学四年，我明白了该如何看待事物，学会了如何思考；大学四年，丰富了我的人生经历，坚定了我的人生信念，也明确了我的人生方向。感谢这几年来帮助过我的老师、同学和朋友，因为你们的陪伴，我的大学生活才变得如此丰富和精彩。

影响一个人的总是一些特殊经历。大一刚到学校，我被安排插进了一个毕业生宿舍，宿舍住了5位大四数学系学长，外加我——一个什么都不懂的大一新生。那时我的宿舍在李园22栋，我们班大多数同学都住在李园25栋，两栋楼之间有些距离，所以上课结束后与班级同学交流较少。

理科专业对基础知识有很大的依赖性，基础不打好，后续学习基本无法进行，高中时吃过这个亏。那时数学不好，看到数学题想做又不知如何下手，努力去做就会感觉脑袋"气血运行不畅"，因此第一次高考数学只考了59分，被江南大学正对面的职业院校录取。思前想后,不知后面的路该怎么走,对不确定的未来充满着焦虑,对高三生活充满着恐惧。想想人生也不该这么平庸,一眼望到尽头,所以咬咬牙决定复读。

跟大多数的复读生一样,我被安排坐在最后一排,一起的还有三位复读的同学,是两个男生一个女生,不用说我是他们中最差的一个。又遇到江苏高考改革,语数外算分,理化按等级划分,对于像我这样语数外都不好,而理化非常好的学生来说是非常不利的,但既来之则安之,就努力学吧。本人高度近视,坐最后一排显然看不清黑板上的字,这已经习以为常,学习不好,我都归因于此。但学习生活总不可能一成不变,换了新教材,我翻了翻,感觉新教材编得不错,有些地方挺有意思的,于是沉下心来看教材。对于老大难的数学,我把有关证明过程一个个看过,并理解记忆,课后的习题也一道不落地完成,遇到不会的就去问一起复读的同学。复习配套的一本习题册,按照以往我是不可能完成的,但现在我能够坚持一道一道地完成并理解。对于英语,我上课以听讲为主,课后背诵补充的学习资料,反复轮流地背,慢慢地选择题不靠猜了,填空题也能写出来了,第一次发现,原来这些都是可以学会的。

一直以来我始终认为自己语文不可能学好,那些选择题、修改病句之类,感觉都是对的,那些古诗词、阅读理解,我如何能揣测出作者的思想和意图,还有作文我怎么都写不好。如今也没其他好的办法,我尽管记、尽管背、尽管做就好,慢慢发现在月考中,诗词鉴赏也可以拿到满分了,阅读理解丢分也越来越少了,一切都在稳定进步中。我的语文老师是校长办公室主任,也是班主任,改试卷特别快,由于我刚入班时成绩不好,他形成了固定思维,给我的作文打分都很低,通常应该都是倒数吧。某次测试试卷发下来,他像往常一样评价一番,最后说到作文,老师说让大家听听分数最低的文章,我跟同桌相互看了看,估计我的"大作"应该就是最低分52分,还没等我反应过来,作文已经被同桌风一般地送到了老师手里。读完作文,同学们一片诧异,老师连忙解释,我们是4A班,最差的也不可能差,同学们又发出一片惊叹声。通过每天一点点的努力、坚持,我的成绩一点点提高,我不关注成绩排名,也不关心老师给什么评价,只要能感受到自己在一点点进步,心里就无比踏实。第二次高考分数出来,语文是三门课中的最高分,理化双 A^+。10个月时间,很漫长却又很短,是提高与认识自我的过程。曾经在最后一排一起复读的同学,女生考上了北京大学,同桌考上了南京林业大学,另一位考上了西南大学,而我绕了一圈又回到了无锡考上了江南大学。

大学的生活应该是什么样子,刚来的我对此一无所知,在高中的时候听老师说,考上大学了想怎么玩就怎么玩,可以谈恋爱、翘课、玩游戏等。的确,大学里学生的时间安排更自由,不过选择不同,自然有不同的结果。我宿舍偏隅一角,跟同级同学和学长课下也没什么交流,加之当时手机功能单一,没有电脑,唯有要把每一门课学好的信念,就这样,每天还像高三一样,早上六点起床,晚上十点半睡觉,天天去我们班固定的自习室自习,风雨无阻。自习室在一教东南角,背阴面,通过窗户可看到文浩馆,冬天同学来得越来越少,教室也越来越冷,晚上自习时手脚冻得冰凉,也没觉得有什么问题,总觉得这是生活的常态。脚上穿的板鞋冬天比较硬,有地方折断了,下雨天漏水,到自习室以后就在里面垫上用过的草稿纸,继续自习到九点半或者十点回去。一教离宿舍比较远,我每天要至少走路来回六趟,刚开始觉得辛苦,后来就慢慢适应了,正好也没安排什么时间去锻炼身体,这样的来回就成了我锻炼身体的主要途径。高三长期的高强度学习,导致我在早晨有恶心干哕的问题,经常还会吐出胆汁,非常难受。通过每天这样的走路锻炼,第一学期结束,这些问题就消失得无影无踪了。

后来我每天的生活路径基本趋于稳定,每天早上六点半去二食堂吃个早餐,接着去逸夫楼后面晨读英语四五十分钟,再到教室上课或自习。板鞋的鞋底容易坏,而且长时间穿会比较硬,所以第二学期开始我都会买几双12元一双的白色球鞋换着穿,服装也是两三套运动服轮换着穿,以致同学说几乎没看到我换过衣服,其实我是定期洗澡洗衣服,并且把它们当成休息。大一上高数课,我每次去得都比较早,通常我会坐在第二排或第三排中间,课堂内容很多,我在课前都会预习,上课认真听讲并且跟老师互动,课后复习并独立完成作业,这些常规性的但很重要的学习习惯,为我打下了一个坚实的数学基础。在高中,数学不好可以学好理化学科,但在大学,数学不好基本就要和物理专业课"告别"了,这一点我在后面深有体会。

记得刚开始上大学的时候,学校组织所有新生进行心理测试,测试结果大致说我内心很平静，不会让事物影响到自己的心境，而且对目前的生活状态较为满意。是的，刚来大学那会就是那样的感觉，对这个明净而又开阔的校园很喜欢。在这样的校园里，不会感觉压抑，春夏一早可以踏着晨露、闻着花香去教室自习，秋冬可以迎着初升的太阳去上课，这时常让我想起小时候的冬日清晨，走在上学的路上，学着火车"咣哧、咣哧"向外吐着一圈圈蒸汽的快乐。大学生活是新的开始、新的起点，一切都是新鲜而充满希望的。记得开学的班会上，我就跟同学们说：现在的我们都有学好这些课程的能力，应该好好学习，一步一个脚印，稳步向前推进，否则后面落下太多，到时想学也会力不从心，最后大概率就会放弃了。

即使每天我都在不停地学习，还是经常感觉自己的时间不够用，大学一个月的知识量，可能就已超过高中全部的知识量。在校科协，我听部长说他的一位在北京大学学物理学的同学，每天时间安排得满满当当，感觉谈恋爱都是在浪费时间。大学并不像很多人说的那样轻松，反而要更加努力才能完成每天、每星期、每个月、每个学期的任务。

如果没有至善学院的成立，我想我的大学生活会一直这样：在整天的学习中度过。2009年9月江南大学至善学院成立，2010年1月至善学院开始选拔首届至善生，很幸运，虽然前三个学期的成绩有起伏，但排名都靠前，其中第二学期我排名第一，因此三个学期GPA仍排专业第一，从而有机会被选入至善学院开启新的学习篇章。时间虽然已经过去很久，一些具体的细节变得模糊不清，但是在至善学院的时光永远值得我珍藏和回忆。

加入至善学院的第一学期是我课程压力最大的一个学期，本专业有11门课，难度都比较大，其中两门还是四大力学中的量子力学和理论力学。同时，至善学院也安排了3门通识类课程，这样加起来一周总共要上40节课。上课的时间多了，留给我自习的时间就少了，由于要学习的东西很多，即使学习的强度已经很大，但学习的深度还是不能达到以往水平。事实上加入至善学院的其他同学也遇到类似的问题，自己专业课程学习压力很大，还要抽出精力学习至善学院这边看起来"没什么用处"的素质课程，还有讲座和活动，但这里面没有取舍，只能咬牙坚持。至善学院刚刚成立，我们是首届至善生，很多事情都还在摸索，会有做得不完善的地方，但至善学院的老师也时刻在关注着我们出现的问题，听取同学们的意见，并及时给予疏导。这么多年过

执着地追寻，不在乎成败　2012届至善特别荣誉生　苏欢欢

去了，我仍然很庆幸当时加入至善学院，认识了许许多多优秀的同学，跟他们一起学习讨论，合作交流，跳出狭小的圈子，感受一个更加广阔的天地。更重要的是，因为至善学院这个纽带，我们彼此倍感亲切，都有相见恨晚的感觉。

至善学院的课程和活动很多，有至善讲坛、主题沙龙、模拟学术论坛、创新训练项目等，每一场活动我都能认识一些其他专业的优秀同学，以至于后来走在校园里总会遇到几个认识的同学，跟他们打招呼或者同行，校园生活也不再孤单。

从江南大学毕业以后，我回去过很多次，感触良多。我想一个人之所以对某个地方有着深厚感情，不仅仅是因为这里的环境，更是因为这里有自己熟悉的人和曾经一起奋斗、欢笑、打闹所留下的美好记忆。至今我还记得大二短学期开展的英语训练营，两位外教带给我们美国的教学方式，新鲜而又充满着乐趣。外教教学非常认真，上课时总会带些小道具，我英语不好，听力和口语更差，因此是一个被特殊关照的对象，他们总会鼓励我，即使我说的是错的。

参加的活动多了，我在潜移默化中也学到了一些经验，因此也想着能组织一场活动，事实上至善学院一直鼓励我们自己组织活动。每个学院多少都会有自己独特的项目，而理学院面向全校的活动就是全国大学生数学建模竞赛。其他同学对这个竞赛了解甚少，参与者也不多，因此我想以此为主题组织一次学术沙龙，让更多同学了解和参与。我邀请了数模教练组组长魏老师做数学建模竞赛的相关介绍，还请获奖的学姐分享参赛经验。沙龙宣讲取得了明显效果，当年报名参赛的人数剧增，教练组不得不通过考试的方式来选出更适合的同学。之后我一直在想，至善学院的各种活动都会让我们有所收获和提高，至善学院给了我们平台和机会，剩下的需要我们自己来完成。

加入至善学院的几年里，我们一直受到至善学院各位老师的关心，兼职辅导员赵艺凡老师始终奋战在与学生对接的一线，副院长王冰老师也经常参加各种交流会听取意见，还有朱敏霞老师、魏珍吉老师也一直为我们的各种活动忙碌着，校领导也对我们满是关心和期盼。所有这些，我们至善学院的同学一直会铭记于心，在以后的日子里不忘初心、努力不止、奋斗不息。

拼搏奋进　博学致新
2013 届至善特别荣誉生　　杨占海

> 杨占海，男，1989 年 4 月生，江南大学理学院应用物理专业本科毕业，2013 届至善特别荣誉生，毕业后前往中国科学院物理研究所深造。现为华虹集团研发工程师，以第一发明人获得 3 项专利，其中 2 项实用新型专利、1 项发明专利。共发表 SCI 论文 10 篇，其中第一作者 3 篇。

我是杨占海，现就职于集成电路制造行业，任研发工程师。2009 年考入江南大学应用物理系，2013 年毕业获得理学学士学位并免试推荐至中国科学院大学/中国科学院物理研究所攻读博士研究生（硕博连读），2018 年毕业获得理学博士学位。在江南大学就读期间，以第一发明人申请了发明专利 3 项、实用新型专利 2 项，发表学术论文 1 篇，毕业论文《大功率 LED 阵列散热结构的热分析》为校级优秀毕业论文，此外还获得了 2012 年美国大学生数学建模竞赛（MCM）二等奖、2011 年全国大学生数学建模竞赛（CUMCM）一等奖、国家奖学金、国家励志奖学金、江苏省三好学生、江苏省高校第九届大学生物理及其实验科技作品创新竞赛三等奖、2013 届江南大学至善特别荣誉奖、江南大学校长特别奖、校第十一届十佳大学生、校三好学生标兵、校三好学生（2 次）等多项荣誉。曾任江南大学理学院青年志愿者协会副主席、江南大学理学院物理 0901 班级团支书。

我来自河北省唐山市的乡村小镇，是一名从农村走出来的孩子，生活的不易让我懂得"自强不息，拼搏奋进"，使我常记"非学无以广才，非志无以成学"的警句。2009年考入江南大学，我制订好了大学四年的规划，并且下定决心要努力奋斗，一步一步去实现！我深信机遇是留给有准备的人，我渴望自己能拥有一个充实而有意义的大学生活。一路走来，风雨兼程，历练出的是成长，磨砺出的是品行，坚持不懈的是信念，永不放弃的是追求。

奋进拼搏　厚积薄发

我所学的专业是应用物理学，曾有人开玩笑说"物理物理，没有道理"，很多人认为它是一门枯燥而晦涩的基础学科。总有人问我，为什么想要学物理？其实我的答案很简单，因为喜欢，所以学习。我深知物理学是一个极其广泛的领域，所包含的内容大至广袤的宇宙天体，小至微观的夸克粒子，涵盖了生活的方方面面，在课堂里所学到的只是冰山一角，真正的东西需要我们自己去探索、去学习。因此，从2009年9月入学开始，我就开始在学校和学院的藏书中探求物理学的真理。从纸质版图书到电子版资料，再到数据库学术文献的搜索和学习，我的视野不断开拓，知识逐渐巩固。随着对专业的理解不断深入，学习的劲头也越来越足，于是无数个日日夜夜里，我把自己沉浸在了物理学习的海洋中。从大一到大四，我没有迟到一节课，没有忽视过一门作业，多年来，课前预习，课后复习已经成为一种习惯。每次考试我都名列前茅，也获得了不少的奖励。

学习大量的书面知识固然很重要，但众所周知实践是检验真理的唯一标准，只有将深奥的理论与实践相结合才更能彰显物理学的神奇。因此，我抓紧每一次实践实习的机会，例如，平时的公共实验，我甚至是以做科研的态度去完成的。为什么要这么做，还有没有其他的方法可以实现，现在这个结果代表什么，如果数据有波动又该怎么处理……我积极地向专业老师请教，不以失败为耻，也不视成功为荣。2011年大二，我报名参加江苏省高校第八届大学生物理及实验科技作品创新竞赛，由于欠缺实力和准备不足没能进入决赛，然而我不想也绝不允许自己放弃。在之后的时间里，我投入了更多的精力与时间，花了更多的心思与努力，从立项到申请，从文献到成文。当我带着凝结自己无数心血的论文，再次报名参加2012年的第九届大学生物理及

个人照

全国大学生数学建模竞赛本科组
一等奖证书

国家奖学金荣誉证书

实验科技作品创新竞赛时，功夫不负有心人，我幸运地进入决赛，并获得三等奖。

物理世界是一个充满模型的世界，我对其充满着好奇。大二那年我还和两位志趣相投的同学组队参加了全国大学生数学建模大赛（CUMCM），通过不断的培训实习，我学会了多种数据计算软件，掌握了很多数学建模的方法。物理的世界在我眼里仿佛添了一份炫目的色彩，令我深深着迷。无数个日日夜夜里，我和我的团队埋头苦干，刻苦钻研。理学院机房里不知疲倦的身影，深夜路灯下激烈探讨的声音，还有宿舍里一页页被写满并丢弃的草稿纸……一切过后，当我和两位队友一起手捧全国大学生数学建模大赛国家一等奖证书时，回首那段充满着激情与追求的岁月，我感觉曾经的辛劳原来是那么幸福，曾经的拼搏是那么令我回味无穷。于是，我和我的队友又一次走在了一起，参加了2012年美国大学生数学建模竞赛（MCM），这一次我们同样团结合作，同样不辞辛劳，同样克服困难，一起获得了MCM二等奖（Honorable mention）的荣耀。

日子在忙碌中不知不觉过去，转眼进入大三。经过两年的基础课学习，大三之后，我们接触到的已经是涉及专业领域的知识。为了践行当初给自己定下的计划，进一步锻炼自己的能力，我申请了大学生创新项目"大功率LED阵列热分析"，并作为项目负责人和其他几位同学展开了合作。科研是辛苦的，它完全不像平常课堂的学习。对项目整体的把握、进度的安排、研究的深入、成果的体现，甚至是人员配置、资金预算，我都必须考虑到位。期间，不断有同学因为各种各样的原因退出，而我，为了自己那份信念执着地坚持着。从立项的那天开始，我制订了详细的个人计划与整个项目的进程表，除了平常的学习以及工作外，安排固定的时间实施项目。劳动节、国庆节……当同学们陶醉在节日的欢乐中时，我独自留在了工作室，搜集数据、统计计算、建立模型、仿真模拟……付出总会有收获，在我的不懈努力和老师同学们的帮助下，项目顺利完成，结题时申请发明专利、实用新型专利各一项，发表论文一篇。此外，我还利用课余时间申请"双保险安全轮胎"和"可不断电换电池的手机"两项专利。

追寻数理 终得一角

大学四年如白驹过隙，回忆追寻数理之乐路上的点滴和学科竞赛、专业科研带来的小小成就，也总算窥得冰山一角。大学课程的学习生活总是游刃有余，课下也经常广泛涉猎专业书籍，常常窃以为数理科学的学习不过如此，沉浸在简单的乐趣之中。为了挑战自己，参加与专业相关的学科竞赛也是大学生活的乐趣之一。

"不登高山，不知天之高也；不临深溪，不知地之厚也。"当我亲身参与到物理专业的学习以及学科竞赛之中才真正体会到了何为"数理"，身在其中，感受数理之乐。物理是一门内容宽泛而且难懂的科目，初学者和旁观者只看到了知识点，而没有看到知识网，所以只能惊叹它是何其之难。物理和数学有着莫大的联系，没有一个良好的数学功底，是不可能学好物理的。《论语》中有"学而时习之，不亦说乎"和"温故而知新，可以为师矣"的说法。对于我，学习物理的过程无外乎课前预习、上课认真听讲、课后认真完成作业，并认真读一些相关的专业书籍。回想起来，当其他人都在休闲的时候，我付出了多少个日日夜夜，独自一人在自习室专心研读书籍，第一次看不懂，那就看第二次并且向老师请教，一直坚持下去，到最后对于物理才有所理解，终于窥探到数理的一个角落，对于物理有所收获。而对于学科竞赛，自己十分喜欢，自然是乐此不疲。全国大学生数学建模竞赛（CUMCM）是我和队友一起奋战三昼夜，从建模、优化模型、编写程序、输出结果，最后撰写论文；美国大学生数学建模竞赛（MCM）是我和队友一起奋战四昼夜，从建模、优化模型、编写程序、输出结果，最后撰写英文论文。有人说付出不一定会有收获，但是如果不付出就一定不会有收获。这些比赛的竞争都很激烈，全国大学生数学建模竞赛国家一等奖的获奖概率仅约为1.4%，我和队友的理念就是我们已经全力付出了，无论结果如何，不会后悔，乐在其中。结果显示我们很幸运，两次建模比赛都有所斩获。虽然历尽曲折，竞赛和科研的成绩让我进一步领略了数理之美，恰如历经苦寒的梅花芳香扑鼻。我会带着母校江南大学教给我的认真的学习态度和严谨的科研方法去征服一个个新的挑战，体会数理的乐趣，学在数理，乐在数理。

修身养性　荣辱不惊

　　思想是行动的指南，大学是形成正确的人生观、价值观的关键时期，所以我非常注重培养自身的思想道德品质，努力提高个人德行。从高中开始，我就一直积极向党组织靠拢，在大学期间曾担任团支书，现在已是一名中共党员。我热爱着自己的班级集体，积极关心班内同学的各种情况，尊重老师，为同学们提供力所能及的帮助，赢得了大家的尊重与支持，也建立了良好的人际关系。我利用课余时间做家教，大一暑假期间曾去某企业的生产车间打工，赚取生活费，同时锻炼自己，增加自己的生活经历，也体验那份自强不息带来的快乐和充实。

　　大学生活是丰富多彩的，除了学习外，还应该有各种娱乐，我想说，学习和娱乐两者可以相容，二者兼得才是最理想的选择。我喜欢旅游，喜欢挑战自己，而且享受它们带来的快乐。

　　《大学》里说：大学之道，在明明德。在道德世界中有许多美好的东西值得我们去追求、去坚持、去弘扬。我觉得大学生应该拥有一颗感恩并回报社会的心，我热爱志愿服务，从大一开始，我就加入了青年志愿者协会，曾志愿参加过低碳环保主题团日、图书馆整理图书、义务植树、无锡市图书馆爱心家教、关爱盲人等活动，希望能给他人和社会带来力所能及的关爱和贡献。大学四年间，我一直没有离开志愿服务这个舞台，从一个组织部干事成长为组织部副部长，最后成为青年志愿者协会主席团副主席，我一直为了自己所爱的志愿服务而付出、而努力、而快乐。

　　2022 年我已经离开江南大学近 8 年，付出了很多，经历了很多，也收获了很多。生活总在不断地发出新的挑战，我会秉承"笃学尚行，止于至善"的校训不断努力，迎接挑战。对于得到的成长与锻炼，以及取得的荣誉与奖项，我非常感谢学校一直以来的栽培，感谢老师们对我的谆谆指导，以及同学们的支持与肯定。我的座右铭是"天行健,君子以自强不息",我会怀抱这份奋斗的激情,继续坚持不懈地努力下去,追逐我的理想,承担我的责任。我深信机遇是留给有准备的人!一路走来,风雨兼程,历练出的是成长,磨砺出的是品行,坚持不懈的是信念,永不放弃的是追求。

求知若饥，虚心若愚
2013届至善特别荣誉生　金虹声

> 金虹声，女，1990年5月生，江南大学纺织服装学院（现更名为纺织科学与工程学院）服装设计与工程专业本科毕业，2013届至善特别荣誉生，毕业后前往美国波士顿大学深造。在美国创立一家国际时尚平台ETFashion，传播东方时尚文化。入选2019年度全美华人创业精英三十人榜单，入选2019年度华裔新生代英雄联盟全美30岁以下创业精英榜单。

我是金虹声，2009年度至善生，连续四年担任班长，曾任至善学院学生会主席，获江南大学"至善特别荣誉奖"、优秀毕业生、优秀毕业设计、优秀毕业论文等荣誉；多次获国家奖学金、省优秀学生干部、校三好学生、校优秀学生干部、校综合一等奖学金等；被评为江南大学"十佳大学生"、"十佳才艺之星"、省"校园青年先锋"之"文体先锋"（国家级三好学生）；获选预防艾滋病"红丝带形象大使"、上海世博会中国美术展馆志愿者暨形象大使选拔大赛总冠军、受《扬子晚报》专版报道等。

本科毕业后我赴美国波士顿大学深造获得艺术管理硕士（MS），同时获得职业募资人认证；2015年于美国剑桥创新中心（CIC）创办创业者太极（StartUppers Tai Chi），通过太极帮助创业者放松精神、缓解压力、增强体质；2017年创立ETFashion，任创始人/CEO，打造了北美地区第一家也是目前最大的致力于帮助亚裔时尚爱好者、从业者及品牌的海外发展，同时传播东方时尚文化的国际时尚平台。曾多次代表华裔参加国际文化节、公益慈善晚会

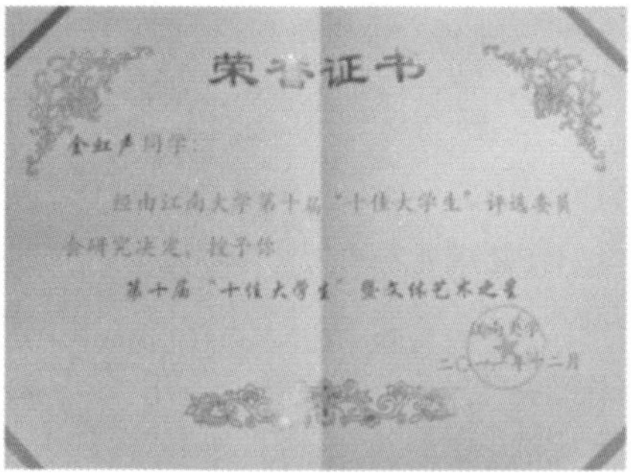

入学期间部分获奖证书及颁奖场景

等；先后组织策划了百余场活动、赛事、培训等，如创办2020抗击新冠疫情线上免费模特健身公益活动、2020北美最具人气模特大赛、2019 ETFashion Week首届北美亚裔时装周等，惠及上万参与者，覆盖中国、美国、英国、法国、意大利等全球20多个国家，整体关注人数超千万；与美国帕森斯设计学院、纽约时装学院、芝加哥艺术学院、北京服装学院等多家顶尖设计院校教授，博柏利（Burberry）、莱珀妮（La Prairie）、兰玉（LANYU）、雅薇尔（Yvel）等多家国际知名品牌建立了良好的合作关系。

2019年入选全美华人30位30岁以下创业精英、2019年度华裔新生代英雄联盟全美30岁以下创业精英榜单，获2019年度创业精英奖，受到美国《洛杉矶邮报》、《人民日报》、新浪新闻、凤凰新闻等媒体报道；2019年同根同梦华人楷模入选提名，2020年华人春节联欢晚会暨华人楷模年度盛典特邀嘉宾（往届嘉宾包括澳大利亚前总理陆克文、第八任联合国秘书长潘基文等）。

乘风破浪，逐梦远航

由于对时尚的热爱，我出国后努力在模特、导师、秀导等方面继续探索、成长。在亚裔模特仍占少数的国际时尚平台中，我有幸成为2020纽约时装周（NYFW）、巴黎时装周、路易·威登（Louis Vuitton）、爱马仕（Hermès）等知名秀展和品牌的特邀模特，2015年获美国亚洲小姐（USA Miss Asia）国际竞选北美总冠军。曾担任美国Peabody Essex Museum（皮博迪·艾塞克斯博物馆）宣传片、普华永道宣传片、美国Ellie Fund（爱丽基金会）乳腺癌慈善筹款大使及美国癌症研究基金时装秀等数十场公益时装秀模特。

通过时尚提升自我，实现自我价值、社会价值是众多人的梦想，而能让更多亚裔新星在更广阔的天空绽放光芒则是我心之所向。两年多的时间里，我一直与ETFashion共同秉承"We make your fashion dreams come true（我们让你的时尚梦想成真）"的目标，将百余名零基础素人模特成功输送至各国际秀场、世界顶级模特经纪公司、全球知名模特大赛等，铺设了一条高速且专业的国际秀场直通路径。其中多位学员登上纽约时装周、巴黎时装周、*VOGUE*、《时尚芭莎》（*BAZAAR*）、《嘉人》（*Marie Claire*）等，获全

2019首届北美亚裔时装周接受媒体采访

2019年度全美华人30位30岁以下创业精英奖荣誉证书

求知若饥，虚心若愚　　2013届至善特别荣誉生　　金虹声

美国《洛杉矶邮报》版面刊登

入选"同根同梦献礼70周年华人楷模"

2020纽约时装周开场及领闭模特

VOGUE（意大利版）整版

球最大模特经纪公司法国 Elite 特邀签约，包揽 2019 纽约超模大赛总冠军、2019 世界华裔小姐大赛北美总冠军等几十项大奖，受邀中央电视台、新华社、《人民日报》、凤凰网、腾讯视频等多家知名媒体专访报道。期间，曾受邀前往哈佛大学担任形象仪姿导师，2018—2020 年连续三年获国际模特大赛金牌导师荣誉。

努力为更多时尚爱好者打开一扇了解时尚、实现"时尚梦"的大门，在更大的平台上展示亚裔新锐和东方时尚的风采，同时搭建东西方时尚互通、文化交流的桥梁一直是我的目标。从一次次秀展到时装周、公益活动，再到国际大赛，一批批潜力无限的后起之秀不断涌现且迅速成长，从模特到导师，从导师到导演，不一样的成就感和满足感让我深深地爱上了我的幕后角色。

爱红妆，也爱"武装"

我始终坚信"民族的就是世界的"，并为中华传统文化感到骄傲。我练习太极至今已有二十余年。2015 年创办的创业者太极（StartUppers Tai Chi）帮助百余位不同民族、不同年龄、不同文化的创业者，让他们身心健康受益于太极的同时，更加了解这门中华国粹；所教学员覆盖中国、美国、英国、德国、匈牙利、日本等十几个国家，并在美国多所大学创办太极社、武术协会，促进中华文化的国际推广与传播；曾多次代表旅美华裔参与公益、文化活动，传播中华文化的同时促进了各领域、各国家间的文化交流与合作。而多年练习太极带给我最具价值的是通过不断攻克难关，砥砺精进获得的坚持不懈、吃苦耐劳和永不自满的意志品质；内外兼修、刚柔并济、四两拨千斤的人生智慧；不忠实则无信用，不谦虚则不进步，不和气则无朋友的为人处世之道。

大学故事

由于对时装和舞台的热爱，以及对江南大学在轻工学科方面优势的了解，在填报高考志愿时，我毫不犹豫地选择了江南大学服装设计与工程（表演方向）

求知若饥，虚心若愚 2013届至善特别荣誉生 金虹声

担任哈佛大学形体仪姿课导师

校综合一等奖学金证书

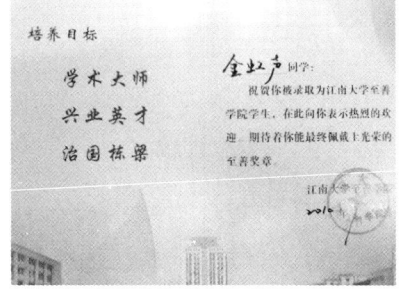

至善学院录取通知书

专业,并以总分第一的成绩踏入了我人生的新起点。初入校园,一切都是那么新鲜,充满无限可能。相较中学这个一切被安排好的"标准学田",大学更像是一个"自由花园"——这里有丰沃的土壤、辛勤的园丁、美丽的蝴蝶,你可以是一棵默默扎根的小草,也可以是一朵争妍斗艳的鲜花。突来的"自由"让很多习惯"高压""被安排"生活的同学一时间不知所措,甚至陷入迷茫。大一伊始,同样没有明确未来发展方向的我借着天生的好奇心开始了"江大奇妙之旅"的初体验。

专业学习上,我很幸运地选择了自己喜欢的专业。从小喜欢绘画和舞台的我,在系统地学习了服装史、服装设计、时尚营销、品牌管理等课程后,更加了解并热爱这个专业及行业。理论学习之余,我们经常代表学院、学校参与各类公益、文化活动,在学以致用的同时得以不断自我提升、成长,并积累了丰富的社会实践经验。兴趣这位"老师"让我在专业学习上充分地发挥了主观能动性,也随之带来了连续多次 GPA 全系第一的成绩,当然最重要的是让我敲开了众多江大学子都梦寐以求的荣誉学院——至善学院的大门。

那年,江南

从初入校园的新鲜、好奇、迷茫到熟悉、了解、明确,我逐渐拥有了"简单而丰富"的江大生活。

"简单"——四年间,除了上课和参与院校等活动外,我的业余时间基本上都在图书馆和教学楼度过,风雨无阻,早上馆前晨读,晚上学习到闭馆再回寝室,回到寝室把没完成的事项继续做完成为了我的生活主旋律。期间也经历过"被用有色眼镜看待""被贴标签"、不被理解等,但这些跟自己明确的内心追求比起来不值一提。充分的学习时间保证了我专业课成绩稳定,除了奖学金和各项荣誉外还获得选调生、管培生、保研等资格,同时也对我的课外学习和提升有着很大的帮助——一次性高分通过英语四六级考试、商务英语中级考试、托福、GRE 等英文考试,普通话水平测试一级乙等,还辅修了一些日语课程。

"丰富"——专业学习之外,作为班长的我带领班级积极参与了多个学院迎新晚会、院校运动会、素质拓展等活动，除了班级学风备受好评外，这个只有21名女生的班级还曾获院运动会团体总分第二名的成绩。除班级事务外，我还加入了院、校级学生会，参与组织策划各类校园文化活动数十场。业余时间参加了院校组织的各类讲座、活动、大赛等。这些给我带来的不仅是丰富的业余生活，更为我结交良友、开拓视野、提升综合素质打开了一扇扇大门，同时对我明确未来方向、做好踏入社会的准备都有着极大的帮助（当然，和朋友们刷遍江大各个食堂和周围的美食也是这四年中最幸福的事之一）。

你好，至善

至善学院——一个顶尖学子的圣殿。这里汇集了来自全校各学院、各专业的精英，拥有丰富且优质的教学和社会资源，以及关爱每一位学生成长的老师。当然，机遇与挑战并存也是每一位至善学子需要面对的重要课题。在拥有优先机会及平台资源的同时，更高的标准和更严格的要求则需要我们具备良好的时间管理习惯、自律意识和不断学习、自我升级的能力。写"To Do List"的习惯让我的时间安排丰富而高效——在保证本学院专业课程学习的同时，还参与了至善学院的各项精品活动，如名师云集的至善讲坛、名校汇聚的荣誉学院交流、外教英语短训等，实现了跨专业、跨学校、跨文化的自我提升和共享交流。良好的时间管理让我的成绩始终名列前茅，在毕业时获得"至善特别荣誉奖"及陈坚校长亲自颁发的金质荣誉奖章。

对我来说在至善学院最宝贵的经历之一是结识了一群青春洋溢、积极向上、团结互助且拥有领导力、组织才能的好伙伴——第二届至善学院学生会成员。我曾因为准备出国考试而想放弃参与主席竞选，真心感谢当时鼓励我的学长、学姐和老师、同学们，是你们让我看到了自己更大的可能性，拥有了并肩作战的挚友和一段无价的美好回忆——一次次例会结束后我们从早已闭馆的图书馆离开，迎新晚会后台的井然有序和我们笑翻全场的走秀串烧，一起努力获得的优秀学生会荣誉，学生会所有成员为我在小蠡湖放飞孔明灯的惊喜和感动……

至善学院"至善荣誉生"证书

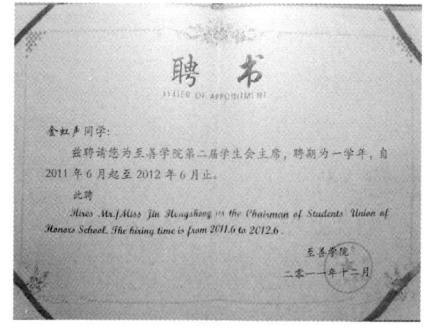

至善学院第二届学生会主席聘书

至善学院优秀学生干部荣誉证书

至此，至善的爱尚未结束。2020年新型冠状病毒在美国肆虐之际，至善学院老师及领导们一起筹资为海外的至善学子们购买及寄送防疫抗疫物资——口罩、药物等。其中以王冰老师为代表的至善亲友更是实时关注疫情动态，分享防疫方法、信息等，无微不至的关心让身处大洋彼岸的我倍感温暖和感动。特此感谢至善学院，更感谢每一位默默付出、辛勤耕耘、时刻牵挂着至善学子的老师们，你们让至善学院变成了我们的另一个家、一个温暖的港湾。吃水不忘挖井人，毕业的我们也当心系学院、回馈母校，尽己所能为后来者做好榜样，提供可能的帮助。

送给后来的你们

有人说，大学生活可以很"闲"，也可以很"忙"。对于非"天才"的我来说，想要实现自己的目标，"闲"并不能成为我的选择，而漫无目的的"忙"对于初入校园和时常陷入迷茫的我们也不一定是最正确的选项。我个人更倾向的是"有节奏的充实"和"有选择的丰富"。"有节奏的充实"，简单说就是把要做的事情分类，比如：必须做的事和想做的事，再分轻重缓急，在对的时间做对的事，实现效率最大化。前面提到的列"To Do List"就是一种很好的方式，刚开始建立这个习惯时不建议目标过高，以真实情况可以完成为前提，哪怕只是一件事，完成后的满足感会促使这个良性循环逐渐形成。"有选择的丰富"——大学生活丰富多彩，有很多机会，初期可以多参与、多体验，和有经验的学姐、学长多交流，了解后要学会根据自身情况"做减法"——有选择性、目标性地参加，比盲目地参与大量活动或组织来得更有效率和质量。

所有的荣誉都将成为过去，只有不断进步的自己才会创造更美好的未来。希望大家在保持真我的同时都可以做一块海绵，不断放空，不断吸收——Stay Hungry, Stay Foolish。

大学——构建自己的思维框架去理解世界

2014 届至善特别荣誉生　　仇臻

　　仇臻，男，1990年10月生，江南大学设计学院工业设计专业本科毕业，2014届至善特别荣誉生，毕业后曾在通用泛亚汽车技术中心有限公司、泰克鲁斯（Techrules）就职，后进入德国普福尔茨海姆应用技术大学深造。现为梅赛德斯－奔驰（Mercedes-Benz）德国总部前瞻设计中心外饰设计师，曾获得过4项国际大奖，包括设计界最高奖项的德国红点奖和1次德国iF概念奖，以及米其林全球汽车设计大赛（Michelin Challenge Design）银奖。

个人照

大学——构建自己的思维框架去理解世界　2014届至善特别荣誉生　仇臻

我是仇臻，江南大学设计学院工业设计系2010级本科生，现担任梅赛德斯–奔驰德国总部汽车外饰终身设计师职务（全球唯一一位现任奔驰总部华人设计师）。

2014年入职泛亚汽车技术中心有限公司，担任汽车外饰设计师。2015年加入Techrules科技公司，担任高级设计（Advanced designer）。2016年9月就读于德国普福尔茨海姆应用技术大学汽车设计研究生专业。2018年入职梅赛德斯–奔驰德国总部设计中心。

大学期间获得过两次工业设计界最高奖项的红点奖（Red Dot Award）、1次iF奖、全球米其林汽车设计挑战赛银奖、全国大学生"自强之星"提名奖（全国Top30）、江苏省三好标兵、江南大学至善特别荣誉生、江南大学校级优秀毕业设计、国家奖学金等荣誉和奖项。

江南大学四年我真正学会的是什么？

我构建了属于自己的思维框架，并用这样的眼光去看待这个世界。

毕业数年，我还是想对在校读书的你们说一些话。我不想洋洋洒洒给后来者说一些大家都知道的"套路"，例如关于如何去学习，如何拓展学习以外的能力，我相信能有意识读到我这篇文章的人，也一定是一个品学兼优且有冲劲的阳光好少年！以上的知识点一定已经掌握了。

说说我的大学生活，我所做的最重要的事就是把自己完完全全地放在了设计的世界里。首先在选择进入江南大学工业设计系的时候，我就已经很明确地知道：我希望能够将脑海中的很多奇思妙想变成真正的能够给人们带来幸福感的小作品。所以我开始每时每刻都用设计的感知去体验自己的生活，所以学习变得很有乐趣。

比如去食堂打饭的时候，我就会注意到点菜的顺序，阿姨打饭时候的动作，行走的距离，把饭送到手上的过程，最后刷卡时的动作，以及拿出校园卡时的流程和卡的触摸质感。我整个大学四年基本都在用设计的感知力去感受生活的所有细节，然后思考如何去优化这些流程或者创造新的方式，并将它们记录在我随身携带的"想法记录小本"里。我获得红点奖的一个作品就是一次我坐公交车去市里逛街的时候想到的。

所以我就是在这样的状态下，去感受我的生活，也慢慢形成了属于我自己的思维框架，并且用这套思维模型和这个世界进行沟通。在新的生活中不断地定义自己，也不断地用新的自己定义世界。当这套思维框架的维度越来越广阔，同时在自己喜欢的方向思考问题的深度越来越深入，你会发现可以通过这套思维模型来解释很多不属于自己专业领域的东西。比如共享单车，我在上学那会儿还没有共享单车，曾经有一段时间有电动车租赁业务，但是商家遇到使用密集的情况，很难把控和追踪每一辆车的状态。那么从设计的角度我就会思考，哪一环的设计不好？是流程需要再设计，还是车辆需要再设计？所以从这个例子中，你是否可以思考下为什么ofo共享单车会出现，但是最终又会没落？

学会构建自己的思维框架，对于我来说是在学好大学基础课程以外最重要的事情。

毕业那天，我们更应该留下什么

毕业后，我们都会怀揣着热情去面对社会，其实江南大学的资源很丰富，毕业后步入职场对于江大学生来说，我不认为会很难。

我更想说大学四年除了学习许多专业知识，更应该学会如何和社会进行交流，我希望各位能够收获一群彼此交心、真诚以待的好友。毕业后，大家都各自在自己的领域飞翔，大家回想一下高中的朋友，还有多少能够彼此保持联系？这就是基于社会的需求，把一群人聚集到一起，再因为每个人独立的需求，又分散开来。人生总是这样，而我庆幸的是，作为设计学院的学生，我除了学习以外，也是个贪玩的孩子，与一些交心的朋友一直走到现在，哪怕我现在在德国生活，我们依旧联系紧密。每每回国也都是坐几个小时动车期待着彼此的相聚。我知道至善生都好学，但是人生也不只有学习，还有情感上能够带来的温暖。当然，除了同龄人，我和很多老师也都变成了朋友，每次回母校我都会和很多老师见面，还去蹭一下老师的饭卡，我喜欢江南大学的食堂，不知道现在二食堂还是不是最好吃的，还有没有干锅可以点。

毕业那天，请充实知识的同时，记得给自己的情感留下更多的联结。

面对未来，我们该保持什么？

正如我第一部分提到的，大学教会我们的应该是用自己的专业眼光看待这个世界。毕业后，我前前后后学习和工作了 6 年时间，回想大学时候那份对设计的单纯投入也会随着社会经验的积累和工作时间的高投入受到影响。我们对于生活的理解不再是简单地学习课程里的知识，而是学会在生活中寻找边际效应总和的最大化，从而导致大部分人无法做到只思考自己的专业状态，这和时间有关，和纷杂的生活琐事有关，和工作压力有关……但我也时常自省，那份初心也一直都在，只是随着对社会、对市场、对用户的理解越来越多，很多想法也会因为这些经验选择了妥协。

但是我很庆幸我一直在一个很好的平台去挥洒自己对这个世界的认知与期待，能够让我尽量保持初心。在奔驰德国总部的设计平台，我接触了世界各个领域最顶尖的诸多人才，比如当今 F1 战绩最好的赛车手刘易斯·汉密尔顿（Lewis Hamilton），我们一起交流赛车的趋势和设计的未来。在合作交流中，我深刻地感受到世界顶级的运动员，是如何在高强度的压力下，让自己在每一秒钟都要去精准地体会身体、车与路面的关系，让我想到《头文字 D》中赛车压过排水槽的那种慢镜头。而对于刘易斯来说，那种慢镜头可能还需要放慢至原来的 1/10 播放吧，并且还要保证全程最高强度的专注，每一秒的松懈都会导致不可想象的车祸。

再比如与《阿凡达》电影制作组合作的项目概念车。我们和世界顶级导演詹姆斯·卡梅隆（James Cameron），以及《复仇者联盟 4》《异形》等世界知名电影的总导演，进行了两年多的合作。我们了解到了很多与电影制作相关的知识，同时和他们一起畅想出了这一辆展现生态与人类之间关系的概念车设计。卡梅隆导演，也是世界上为数不多的在海底生活过的人，他为了追求最真实地还原《阿凡达》中海洋环境里的色彩变化，自己在海底生活了一段时间，体会真实的海底生活，再用这种真实的体验去书写他对《阿凡达》

世界的构想。

尽自己最大的努力去选择一个适合自己的平台，保持那份最真诚的力量，或许也会为追求边际效应分散了这份力量，但是也请时不时地回头望望你是否还在自己梦想的道路上前行。

所以最后对你和我自己也说一句，我带着江南大学给我的力量，在我热爱的领域努力向上飞翔。也希望你能不忘初心，用你在江南大学汲取的力量去构建自己的思维框架，并用它去定义属于你的世界！

爱设计，爱设计学院！

爱至善，爱至善学院！

爱江大，爱你的曾经、现在与未来！

个人照

发现自我，拥抱更好的自己
2015 届至善特别荣誉生　安景瑞

> 安景瑞，男，1992 年 5 月生，江南大学设计学院工业设计专业本科毕业，2015 届至善特别荣誉生，现于荷兰埃因霍温理工大学深造。

我是安景瑞，江南大学设计学院 2011 级工业设计专业本科毕业生，至善学院 2012 年度至善生并曾担任"至善使者"。在校期间还曾是 2013 年创业学院、第六届青年马克思主义训练营、2013 年至善学院台湾游学营的成员。在专业上曾获德国红点概念设计奖两项、UXPA 全国用户体验设计大赛金奖、联想创客大赛全国 40 强、江苏省"紫金奖"铜奖、实用新型专利两项，发表中文核心论文一篇。曾有幸荣获江南大学"校长特别奖"、江南大学至善学院"至善特别荣誉奖"、江南大学第十三届"十佳大学生"称号、江苏省"三好学生"、无锡市优秀学生干部、国家奖学金、德新优秀学生奖学金以及学业一等奖学金。在专业学习之余，还曾担任设计学院分团委秘书长，设计学院创业党支部书记等职务。2015 年以院系综合排名第一的成绩获得保研资格，2018 年毕业后在荷兰埃因霍温理工大学设计学院攻读博士学位至今。如今我虽已在国外奔波学习多年，却依然关注着母校的动态，看到一届又一届硕果累累的同学们，自惭形秽的同时也感慨母校越来越强，至善学院的薪火越加旺盛。如今有此机会可以分享一些心得，我想优秀的你们自是有更好的学习方法、更积极的生活心态，所以在此我希望通过一些故事，分享下自己多年来的一些感悟。

无妙手，多诚意

回想起本科时光，大抵可以用"身无长物"来形容，自己并没有什么可圈可点的本领，而最终能侥幸有些成绩，可能是与我信奉的"通盘无妙手"这个道理有关——每做一件小事情都会让自己更努力一点点，结果就不会太差。相比当时对设计和美学有更好悟性的同学，自己并不算有什么灵性，倒是有股倔强和刻板的味道，所以在羡慕大家出色灵感的同时，我一直秉承的是尽自己努力做好每一个小节任务，而促使我努力的动力，恐怕是尽量做自己有热情的事。

记得大一的时候，设计概论课程的作业是让大家调研无锡周边的传统文化，当时意外了解到浙江海宁有跟自己家乡一样的传统技艺——皮影戏，就热情满满地跟小伙伴踏上了探索的旅途。我们不仅在当地商业街做了采访记录，还坐着颠簸的电三轮辗转找到了当地知名皮影艺人所在的村落，在老艺人家中做了更加深入的访谈考察，收集到了很多一手的非物质文化资料。最终，想必大家也可以猜到，我们开开心心地完成了旅程并拿到了不错的成绩。

也许不同的专业会有不同的学习模式，但相同的是都由非常多的小节任务组成。既然要完成每个小节的任务，不如把每一个小节转化成为自己有热情的探索，真诚地去做每件小事。结果你会发现，虽然自己完成的情况并不一定总是很出色，但好像每一步都会比大部分人好了一点点。这种思维模式

海宁皮影文化考察实录

指引我把任务变成有趣的事情，例如把一门设计作业做成了微电影，让我和伙伴们踏遍周围的城市，让我不知不觉自学了很多技能。

如果眼里只有学习任务，那么你可能看到的只是枯燥的过程。换一种心态，充满诚意地去热爱每一件小事，那么虽然你的成果可能逊色于结果导向的人，但可以换来一路扎实的脚步与积极的心态，这时你回头看，好像重要的不再仅仅是学习知识本身。

学之道，路之源

说到学习，我是一个背东西永远记不全的人，如果一味用高中学习的思维坐在大学课堂，恐怕早已经抑郁。我认为大学里的学习，是培养属于自己的学习体系的过程，让你真正去反思什么是适合你的。过去的应试学习中，你背与不背，课文都在那里，不增不减；而到了大学，你则拥有了选课的权利，同时很多课程成绩里"日常成绩"占了很大的比重。现在的我看来，这就是大学培养每个人学习方式的写照，最终的成绩固然重要，但我更感激有机会去思考适合自己的学习方式。

我在大二进入至善学院之后，很荣幸接触到了不同专业的优秀"学霸"们。由于专业背景不同，我一直对其他专业的优秀同学抱着好奇的心态，想着他们拥有怎样的机智头脑可以装下这么多"枯燥"的东西。在至善学院的一次次活动接触中，我才发现自己脑海中对学霸的印象早已过时，他们不是一群张口学习闭口考试的人，而是眼里有光、充满热情的青年人。在至善课堂上同他们接触和探讨后我了解到，其实我对学习方式的感悟并不算是孤例：与其说他们是"行走的字典"，不如说是经过自我设计提升后的发动机——本质驱动力是对知识的渴望，并有足够的认知来建立自己的世界观。

记得大二时曾选修过至善课程中陈国庆教授的物理课程，作为一个包罗各个专业同学的至善班，课程内容自然是以通识性知识为主，在那个阶段我感受到了主动认识式学习与过去学习模式的不同。在课堂上，陈教授深入浅出地介绍了很多物理常识，鼓励我们结合自己的专业做细分研究，更像是带领大家打开一扇门，让你有机会感知到跨专业知识的无限可能。新的领域帮助我拓宽了视野,最终的汇报中我介绍了通过超空泡鱼雷的巧妙物理原理设计来诠释设计与物理学应用的融合。

大学期间让我保持探索激情的一个原因是随着认知体系的建立,我会发现知识结构中的空缺,同时又可以找到更多延展的空间。与其为了好的成绩而学习,不如想想自己究竟想要什么,是什么让自己忘记吃饭也想去弄明白。

思探索,异构面

在至善学院的几年学习当中,除了对学习的感悟外,我还拓展了大学生涯的多个构面。在参与至善学院的英语短训、台湾游学以及晚会、酒会的过程中,我感受到了学院平台的魅力,它让我有机会锻炼自己各方面的素质。我曾有幸参加过两次至善学院暑期英语短训班,一次是日常英语交际与文化能力提升,另一次是创业学院分设的国际商业课程培训。作为一个高中期间一直在外国语学校垫底的学生,我在训练中找到了弥补自己短板的突破口,着重去感悟英语的表达习惯并尝试大声说出来。台湾游学的经历让我有机会感受了海峡另一端同胞的文化,间接影响了我在2019年决定再次去台北参与实习。

积极参与学习以外的活动也是大学期间塑造自己的重要途径。知识的输入是在帮助你丰富认知,构建自身的价值体系,而生活中的实践则是一个检验自己、调整自己的过程。也许每天完成课业任务,然后宅在宿舍做些感兴趣的事情,是一种理想的生活方式。然而我们往往忽视了,社会是由人来构建的,除了一些匠人和艺人,大部分的大学生毕业后要面对的是社会中形形色色的人。生活中有无数例子证明,大部分人在专注自己手头工作的同时也要注重与人的沟通交流,甚至在某些情况下,这种交流的能力要比业务能力更关键。从长远来看,与其大学四年安静地停泊在避风港造船,不如尝试先在河流里行舟。

除了上文提到的至善学院的相关活动经历,我也分别在创业学院、青马训练营以及学院分团委的学生工作中潜移默化地提升了多方面的能力。我的本科阶段刚好处于国家号召"大众创新,万众创业"的初期,我以微弱优势入选了创业学院。在这里,我看到了与至善学院的伙伴们完全不同的一群人:创业学院的伙伴往往具有一定的社会经验,拥有着坚定的信念和开拓的信心,可以在短暂的沟通中把握机会、挖掘合作可能。青马训练营则让我学习到了更多的管理技巧和与人相处之道，帮助我更高效地组织团队。分团委的学生工作让我感受到了生活的细节，接触到了不同性格、不同习惯的人，使我学会兼容并蓄。

在本科的几年时光，各方面的实践经历是值得我感激的财富。在实践的过程中，我更像是在演练中冲锋陷阵的士兵，将校园作为后盾，探索更多的领地，使我在进入社会后能够稍显从容一些。充分认识大学环境的属性，你才会有意识地去发掘周围的资源。

诚积累，忆反思

谈完了学习和生活，我也想同大家分享下多年来实践的感悟：你当初认为没用的东西，很可能会"哭着回去捡"。举一个最直接的例子，报考江南大学的设计专业需要非常严格的美术专业训练，高中当大家都在做高考冲刺的时候，我要提着十几千克的工具箱在北京奔波学习、赶场考试。等到了大学我发现，千里迢迢搬去的工具箱好像再也没有被打开过，素描、色彩和速写也不再是学习的一部分。说到这里，想必大家都有同感，好像自己过去辛辛苦苦学的很多东西并没有什么用途。如今我回想起来，其实所有的东西已经被我分解，沉淀在了脑海中，潜移默化地影响着未来的每一步。

从前在画室的时候，我就是一个很不容易开窍的人，以致气得老师咬牙跺脚。在美术学习过程中，我经历过很多坎坷，一度停滞不前不敢下笔去画，感觉脑子里有无数的规则，每画一笔都是错的。随着对事物了解的深入，反而会进入一个束手束脚的状态，过分的紧张会导致不知所措。一晃十年后，当我在电脑前梳理研究思路的时候，电光石火间唤醒了曾经的感觉。是的，做研究并不是一件顺利的事情，拨开困扰的表象，实际上有时候是在与自己固有的思维模式搏斗，而这个搏斗的过程我曾经经历过，曾经的痛苦让我更加顽强地应对未来的挑战。

我在做研究时得到过一个忠告，就是一定要保存好原始数据，因为未来你可能分析出更多的可能。大学时期的很多知识积累也是一样的道理，需要随着时间的沉淀慢慢去理解。请不要放弃去学习和了解每一个被不断推荐的知识，即使它眼下好像对你并没有什么吸引力，但也许多年后，你在"哭着去追回"的时候，会用同样的口吻去劝下一拨人。我们需要明白一个道理，不是所有的东西都会随着你认知能力的提升而被全部理解消化，大部分的知识是超出你现有的认知范围的，而积累这些知识的最好时期，是大学时光。在大学里，你不用为工作琐事困扰，不用为家庭生活而操劳，完全是"大快朵颐"地汲取能量的最佳时期，而其中的奥义，可能要用一生的时光去消化。

出来读博后，我非常庆幸自己的这个决定，这让我有时间静下来去反思过去9年中的积累，去重新解读一篇文章，重新审视过去的那些人和事。感恩自己有学习的机会，也庆幸自己还在学习，这个过程让我不断发现更好的自己。

行好事，为前程

"哭着回去捡东西"并不丢人，丢人的是没有了"捡东西"的觉悟。社会的浪潮中，我们经历着不断获得又不断失去的过程，靠加班获得更多的财富，却会逐渐失去健康；靠小聪明换来利益，却会逐渐失去诚信。"诚信"等词汇在曾经的我看来只会危言耸听地出现在作文题目里，但现实的经验让我深刻感受到时间为这个词赋予的能量。"抄袭""拖欠尾款"是设计专业吐槽榜中从未缺席的词汇，由于生活所迫，抑或是利益所驱，可能有很多人正在逐渐变为自己最讨厌的人，甚至还有些同情自己讨厌的人。

很幸运我周围都是一群积极上进且真诚的小伙伴，我想日久见人心，相似的人总会相互吸引。如果说前文提到的东西都是在跟大家聊如何让自己成长，那么我想修炼自己的品格可能是生存的本质。也许你会看到不断榨取别人利益的人活得很潇洒，但我能肯定的是贪婪的本质不会让其内心有一丝的安宁。为人处世要"立德、立功、立言"，我想并不是所有人的努力都可以立功，但"立德、立言"是自己骨子里的东西，希望大家随时要守护好。

明白什么是自己想要的，建立自己的价值体系，再加上现在提及的品格守护，将共同形成每个人自己的生存哲学。每个人都应该有自己的生存哲学，它可以让你在质疑中坚定自己的信念，毕竟此时只有你知道自己适合什么。我在补习经济学知识时感悟到，一个看起来很远的目标，应该思考怎么做可能会实现,而不是一时兴奋地想想便罢。我学会给自己定一个超出能力的目标,换句话说,是不可能实现的目标,然后把它切分成一个个小目标去执行。正所谓"求其上者得其中",很显然完成目标的概率是极小的,这时我会坦然地拥抱自己,知道自己已经尽力了。人的一生都在懒惰和贪婪中博弈:小目标可以把我拉出懒惰,着手去做小事情;而超额的期待让我在面对结果的时候,坦然地削减贪婪,放过自己。此时你回头看,这一路你的收获可能已经比旁人多些。毕竟,以人们现在的努力程度,还远远达不到比拼天赋的地步。

后　记

一路走来,我认为大学最重要的意义就是认识自己,明白自己适合什么,想要什么。在信息透明化的时代,我们满眼接触到了很多美好的东西,科研突破为国争光、艰苦创业为市争荣、在大企业打拼为民造福。人只能活一次,不可能抓住所有的美好,要在有限的时间做出属于自己的选择,让自己未来的路欣然、从容。作为一名毕业后依然默默奋斗的普通学长,可能并不能给大家带来多么令人兴奋的建议,同时过去的成绩在现在看来也是相形见绌。面对更优秀的你们,我想分享一些经过时间积累下来的感悟可能略有裨益,至善学子应该不断让自己更好,我也相信,你们一定会更好。

个人照

悟已往之不谏，知来者之可追
2016届至善特别荣誉生　张静

> 张静，女，1994年6月生，江南大学人文学院原戏剧影视文学专业本科毕业，2016届至善特别荣誉生，毕业后前往南京大学深造。现在北京从事影视创作工作。

我是张静，江南大学人文学院原戏剧影视文学专业2012级本科生，于2014年加入至善学院，毕业时GPA3.79。大学四年来一直保持专业成绩排名第一，曾获江南大学本科优秀毕业设计、优秀毕业生、至善特别荣誉生等荣誉，获得国家奖学金、国家励志奖学金、三次学业一等奖学金、至善海外游学奖、远翔奖学金等。在大学期间我多次参加专业相关比赛，获得全国高校信息技术创新与实践大赛（NOC）二等奖、北京大学生电影节影评大赛二等奖等，并在《看电影》杂志多次发表影评；还参与了至善导师蒋明宏先生的《明清华氏家族教育探胜》一文的调研、撰写；参与了贺昱老师《中国经典电影解读》一书的编写工作，在其中独立撰写了第五、第六章共计7.3万字内容。大四时，我以专业排名第一的成绩保送南京大学文学院戏剧与影视学专业学习，攻读电影批评方向，于2019年毕业。

学好专业课，走遍天下都不怕

大一初入学时，系里会请一些优秀的学长、学姐来介绍自己的学习经验，

悟已往之不谏，知来者之可追　2016届至善特别荣誉生　张静

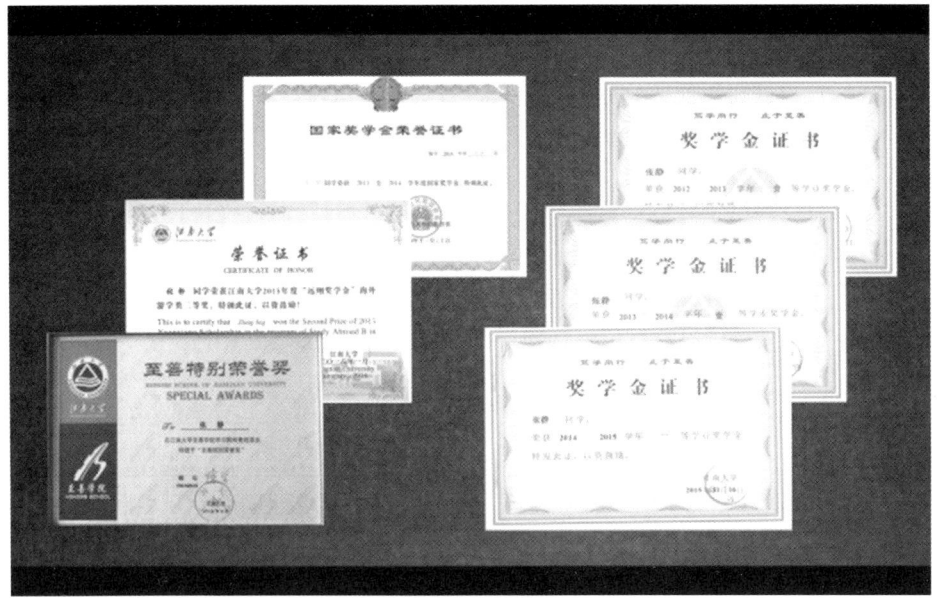

大学时部分校内奖励

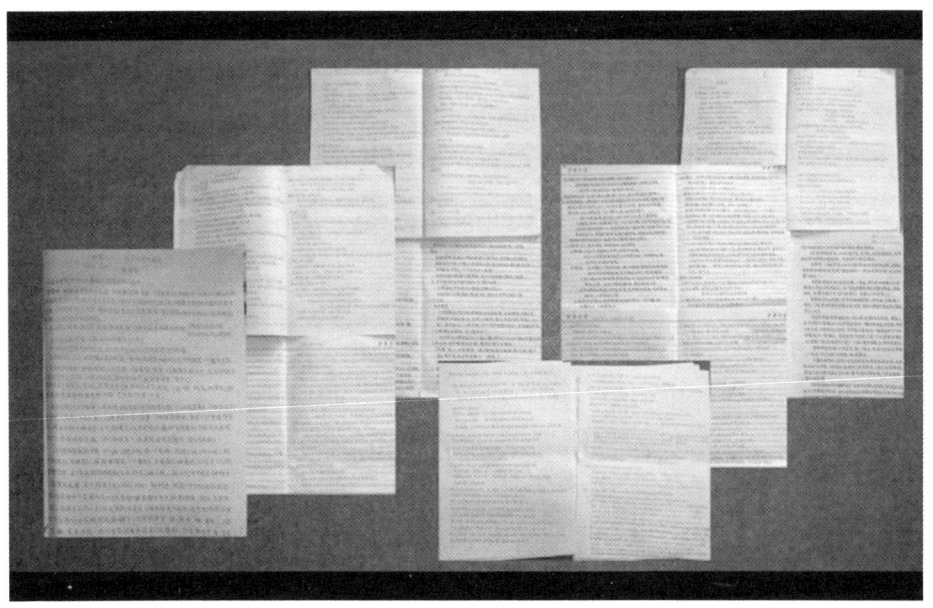

大学时部分课堂笔记

那些履历闪闪发光,让人心生向往。他们念叨最多的就是,一定要知道自己想要什么,然后为自己的目标砥砺前行,但我初入学时并没有这样的觉悟。

上大学后没了高中时排得满满当当的课表,没了高考这个既定的"最高目标",突然多了很多时间,这种突如其来的自由却让我不知所措。我会为每天浪费了很多时间而羞愧,可第二天仍不知道该怎样更好地去利用时间。作为文科生,不用修数学的我甚至报了高等数学课外补习小组,来填补过剩的时间。毕竟,比起不知道干什么,一味蹉跎,起码"忙碌起来"能给自己一些心理安慰。

转机出现在写期中小论文的时候,带我专业课的高老师和同专业的范学姐跟我谈心,他们直接指出,学高等数学只是我填补时间的一种方式,对专业学习没有任何帮助,既然选择了戏剧影视,就应该把功夫下在专业上。

一语惊醒梦中人。

我分析了一下,班里同学有的精通摄影,有的是种子话剧团的骨干,有的擅长写剧本……相比之下,我一无是处又不善交友,只是喜欢看书。而我们专业,刚好需要大量的阅读量和阅片量,于是我开启了一有空就去图书馆看书的模式,一学期下来,读书量居然挺大,在课堂上也能跟老师有所互动。期末考试临近,班里很多同学都来借我的笔记去复印,一时间被冠以"学霸"称号。幸运的是,大学四年,这个"人设"始终保持。

那次期末,我在班主任带的一门核心课程中拿了96分,那是上大学后第一次有自我认可感,这让我更加坚定地认为,学好本专业,是大学的重点。

事实上,我们专业的课程设置很科学,大一的课程主要是艺术史、文学史、电影史、戏剧史等通识类课程,用以打好基础;大二时增加鉴赏类课程,培养审美能力;大三开设的多是创作类和文艺理论类课程,侧重创作、实践和研究能力。在专业性和学习难度上,这些课程是层层递进的,不仅是我们专业,想必其他专业的课程设置,也是这样循序渐进的。

所以比起浑浑噩噩度日,比起自己左奔右突地寻求发展方向,认认真真上好系里安排的课,扎扎实实学好专业知识更有实操性。而且,学好专业课本就是大学最基本的任务,也是以后走上社会的安身立命之本,至于其他,都只能算锦上添花。

基于这样的理念,我一直把专业学习作为大学生活的重中之重,我和"战友"焦同学,是图书馆二楼机房和三楼阅读区的常客,我俩平时不是在二楼看电子文献,就是在三楼查资料。四年下来,我的笔记做了数十万字,图书馆借书记录将近200本,在豆瓣上的观影记录从0到了600+。我相信,只有地基稳如磐石,才能支撑起万丈高楼,只有把专业基础夯实,以后才能走得更高、更远。

越忙的人,越有时间做事

与大多数进入至善学院的同学不同,我是在大三时增补的。大二时我曾申请进入至善学院,在面试环节被淘汰;大三时再次申请,此时的我在专业素养和语言表达方面较一年前有所进步,于是得以进入。

进入至善学院的兴奋没有持续多久,巨大的压力紧随而至。大三正是我们专业开设核心课程的阶段,且创作、实践课颇多,课业压力很大;而至善学院的课业压力也很大,别的同学用大二、大三两年修完的至善精品课程,我需要在大三一年内修完。此外,还有英语强化培训、校际交流、海外游学等"任务"等着我……

于是我开启了"陀螺"模式。大三这一年,周一到周五,我白天上专业课,晚上上选修课和至善精品课,课表被安排得满满当当;而周末,则背着机器和小伙伴们去拍摄实践。说起来,那是我整个大学中最忙碌的一年,却也是收获最多的一年。

首先,我最喜欢至善系列讲座,请的都是业界最专业的学者教授,讲座时间偶尔跟上课时间冲突,我有时甚至会翘课去听。印象最深的是陈亚军教授的哲学系列讲座,他上课不带任何书本讲义,坐在那里淡然地将西方整个哲学史娓娓道来;陈教授所讲内容跟我们专业的文艺理论、电影批评颇有相通之处,尤其是他给出的一些辩证思考方法,在做论文时很有借鉴意义。而精品课程也让我受益匪浅,比如"社会科学研究与方法"和"法律实务",前者使我第一次接触到社会学内容,它提供很多新的思考问题的方式和分析问题的方法,也让我在后来的研究生学习中读到福柯、葛兆光等人的书时不至于措手不及;而那时罗翔老师在bilibili网站(以下简称B站)还没有火,"法外狂徒张三"也没有进入大家的视野,让我初窥到法律严谨又活泼的气质的,是"法律实务"的授课老师。

在至善学院我认识了许多其他专业的小伙伴,一起参加了英语强化训练和游学项目等,让我打开了眼界、增大了格局。这种不知不觉的改变,也在反哺我的专业学习,我开始参加比赛、展示自我,那些曾经不敢做的事纷纷提上日程。这一年,我在相关杂志和网站上发表了数篇影评,创作了电影剧本《角儿》,和同学拍摄了纪录短片《侣行者说》,并在国家级比赛中获得了名次。

大三这一年,我得以初入学术殿堂的大门,除了跟随至善导师蒋明宏老师调研、搜集明清无锡大家族氏族教育的资料之外,更主动申请参与贺昱老师组稿的《中国经典电影解读》一书的编写工作。我自知只是本科生的身份,积累有限,在学术方面抱以严谨慎重的态度,大量阅片、大量阅读资料,从大三到研一,书稿经历了三次大修、数次精修,才最终定稿。

总之,进入至善学院后虽然忙碌,却收获颇丰。在之后的研究和工作中,每每遇到问题时,我也总能在当时的境况中汲取力量:眼前有高山挡路又如何?之前那么难爬的高山我也曾翻越,不是吗?

往者不可谏,来者犹可追

回想大学时光,很感谢那时遇到的可敬师长和可爱同学,他们伴我于乐,怜我于厄,给我诸多指导与鼓舞,使我受益良多。

不过大学于我,也遗憾颇多。大一、大二时我很内向,在社团活动和社会实践方面表现平平,只参加了一个院学生会的新闻部就草草退出,大创也只做了一个校级小项目,与同学们相去甚远;另外,我那时做事畏首畏尾,没参加任何专业比赛,大三在至善学院"磋磨"日久,才激发出些许"狼性",开始尝试。希望"后浪们"吸取我的教训,在低年级时就多做尝试。

总而言之,已过去的,无论荣辱,都是过往。

作为一个已毕业的学姐,基于我自己的经历和经验,给学弟、学妹们一些建议,希望你们多年之后回首大学时光时,心中所存不是懊悔而是问心无愧。

第一,要有自己的目标,然后努力去实现它,这是刚入学时学长、学姐

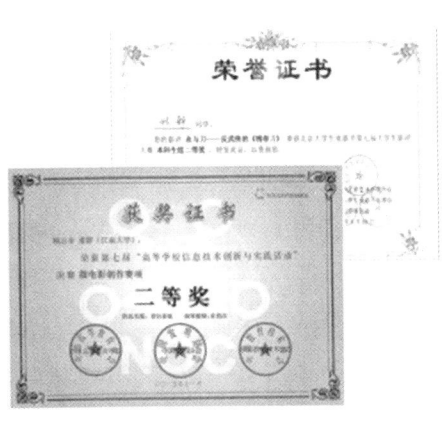

部分赛事奖励　　　　　　　　　　参加的部分比赛

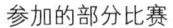

发表的部分影评

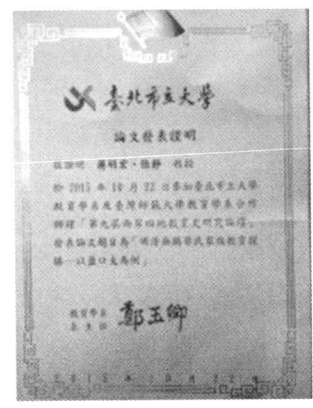

部分学术成果

们送给我们的话,现在的我已走过学长、学姐们走过的路,不由得想把同样的话转赠给"后浪们"。如果你想成为企业家,就积极去参加大学生创业比赛;想成为编剧作家,就利用大学时光多看多写;想读研,就多跟导师请教,不要等到大四才开始准备。大学是时间和自由最多的阶段,你所有的梦想在这里都能得到支持。初入学有一时的迷茫可以理解,但不要彷徨太久,一定要早点找到自己的目标,然后充分利用大学的资源和大把的时间好好地武装自己。

第二,君子和而不同。每个同学的成长背景不同、人生追求也不同,不必苛求所有人都和你想法一致,也不必盲目追求合群,无论是学习、创业还是做研究,注定都是自己的事情,也注定是一个孤独的历程。别人都考的证,若非你所需,大可不必在上面耗费时间与精力;别人都追的综艺,若非兴趣所至,就不必因为和他人没有共同话题而羞惭;别人不关注的领域,若是你心中所向,那么按自己的喜好行事就好。男生也可以喜爱美妆,"00后"女孩也可以喜欢看《水浒传》,研究自己喜欢的东西有何不可?对于他人的选择,尊重就好,这是最大的支持;对于自己的选择,坚持就好,这终究是自己的事情。有人喜欢艺术,有人擅长技术,有人钻研理论,有人擅长交友,君子和而不同,正因为有了不同的碰撞,大学生活才更多姿多彩。

第三,要充分利用大学的资源。大学,可以说是能够付出最低成本去享受最优资源的地方。硬件上,理工科自不用说,那些媲美专业研究机构的实验室、各种价值不菲的高端仪器设备,都对本专业学生开放。作为文科生,自从脱离了学校的环境后,我就再也不能拥有一个藏书丰富、环境安静、距离又近的图书馆了;每次我想查资料又在网上遍寻不到的时候,就无比怀念曲水桥边那个藏书上百万册,每天开放到晚上十点的天堂般的图书馆。

大学的资源更多:一是"大牛"资源,大学会有很多讲座,基本都是业界精英、专业教授级别的人物,作为行业小白却能跟学界、业界领军人物当面交流,这种待遇只有学校里才有;二是专业课老师,这是帮你打好专业基础、带你行业入门的人,有问题一定要多和他们交流沟通,无论是在专业学习还是人生道路上都能收获很多建议,让你受益匪浅;三是同专业的学长、学姐们,你正在走的路他们都走过,你面临的问题他们都曾经历过,多和他们交流,会收到很多有用的建议——当然,等你成了学长或学姐,也要这样去开导帮助新的"后浪"哦。总之，出了学校，如果不是进入研究类机构的话，恐怕很难遇到这种教授、博士、硕士扎堆的环境了，学校是最好的学习和求知的地方，一定要好好珍惜！

第四，同学之间，没有优劣与高下，只有学得早晚之分。刚入学时，也许你身边的同学有的已经是计算机大神，有的是点击量百万的网络文学作者，有的已经持有高级口译证书；又也许，有的同学连 ATM 机都不会用。大一结束时，也许有的同学 GPA 是 3.9+，有的同学"西语"考下了 C2，有的同学已经是社团骨干，有的同学拿下了计算机二级证书，有的同学已经开始跟着老师写论文测数据；又也许，有的同学才刚刚学会顺畅地使用电脑……不得不承认，优秀的人很多很多，相比之下，也许你就是那个连 ATM 机都不会用，或者刚刚学会使用电脑的人，但这并不意味着你注定比别人差，你只是比大家学得晚而已。小时候父母总担心我们输在起跑线上，事实上在人生的长跑中，输在起跑线上又如何？在相遇的时候追赶上去就好，至少在时间的维度上，你们平等地拥有每天以 24 小时计的大好年华。那些看上去优秀的同学，只是比你更早地到达了这个高度而已，没什么可怕，追上去就好。我始终觉得，至少在你所学专业层面，同学之间没有什么聪明与否、优劣高下之分，只是学得有早晚而已。

第五，你不需要多优秀，只要做到小圈子里的最好就可以。大学时，教文学课的老师有一次在课堂上说："你们这些考到江南大学的孩子，成绩说好不是绝好，说坏肯定也不坏，要么是重点学校的普通学生，要么是普通学校的尖子生，可能不是同龄人之中的佼佼者，但会是以后真正的中坚力量，是打拼在二三线城市的大多数，是以后支撑各行各业的骨干。"我深以为然，我们不是同龄人之中的佼佼者，但并不意味着，我们就是一个平庸的群体。

事实上，没有人生来就是佼佼者。如果此时的你尚不是一个目标明确、胸怀大志的人，那么不妨试试在自己的圈子里做到最好，比如在课堂上成为记笔记最用心的，在期末成为写论文最用心的，在英语班里成为口语最好的，在实验室里做那个零误差的，在社团里做文笔/外联/统筹能力最好的，在宿舍里做作息最规律的……诸如此类，这一个个触手可及的小目标完成后，谁又能说这不是另一种优秀？毕竟所有的优秀，都曾经平凡。

我们这"中坚一代"的处境，无论什么时候看，都是比上不足比下有余，

江南大学"至善特别荣誉生"成长实录（第二版）

哪怕你在人生巅峰，若抬头仰望，必定还有你无法企及的高度；哪怕你跌落人生低谷，若环顾四周，不及你者也甚众。所以胜不必骄、败不必馁，即使身在逆境、学在困境，也不必哀怨彷徨，只要成为现在处境下小圈子里最厉害的那个就好了，压力不大，收获却不会小。

总而言之，已往种种皆不可谏，来日种种还尚可追。各位正处烂漫年华，万事尚可尽你所能、有望成你所愿，希望你们好好利用大好时光，尽情去做自己想做的事！

个人照

仰望星空　脚踏实地
2016届至善特别荣誉生　梁修业

> 梁修业，男，1993年8月生，江南大学理学院光信息科学与技术专业本科毕业，2016届至善特别荣誉生，毕业后前往复旦大学深造。现在复旦大学攻读博士学位。

我是梁修业，来自美丽的古城河北邯郸，2012年考入江南大学理学院光信息科学与技术专业，2013年经过选拔有幸加入至善学院。在校期间连续四年GPA名列专业第一名、理学院综合测评四年平均第一名。曾担任国家级大学生创新项目的负责人，共发表SCI及EI论文10余篇，同时以第一发明人身份申请国家发明专利和实用新型专利10余项；曾获得美国大学生数学建模竞赛二等奖，江苏省物理实验及科技作品竞赛一等奖两次、三等奖一次；曾参加江南大学本科生创新论坛，获得最佳团队奖和理工类十佳论文奖；曾获得江南大学"校长特别奖"、江南大学三好学生、至善特别荣誉奖、至善学院尚行之星、至善学院优秀青年志愿者、国家奖学金、学业一等奖学金、远翔一等奖学金等奖项或荣誉。2016年保送复旦大学物理学系直博，攻读凝聚态物理专业。

初识江南大学

2012年的夏天我与父母坐火车奔波20多个小时从遥远的北方来到了无锡

这个江南城市。踏入校门，映入眼帘的是远处的雪浪山。还没走多远，在北区商业街旁的河边，爸爸说："来，给我和你妈照张相，这环境多好。"我知道爸爸是在安慰和鼓励我。其实，在高考后的整个暑假我都表现得闷闷不乐，对自己的高考成绩并不满意，但是现如今回想起来在江南大学的四年，既庆幸又充满感激。庆幸在这明媚的江南度过我人生中难忘的四年时光，庆幸遇到了很多一起"并肩作战"的优秀的小伙伴，庆幸遇到了很多对我学业乃至人生都帮助颇多的老师们，庆幸能进入至善学院这样的平台，有机会认识更多优秀的小伙伴，得到更多的锻炼，看到更广阔的世界。

也许在很多人的回忆中"初入大学的时候，感到有些迷茫"。或许我显得有些不同，进校不久，我就清晰地规划好了自己的大学之路。在尚未入校的暑假，我通过姐姐的同学联系到同专业本科毕业出国留学的学长，向他请教关于考研、保研以及留学的问题。进入学校的第一晚，我去研究生宿舍，找到提前联系的一位学长，向他请教本科期间专业课程学习的经验。现在想想，曾经的自己多少有些"激进"。但是写到这里，我想告诉大家希望你们能善于规划自己的生活和人生，在大学能更早地确立自己的目标，更快地进入学习的状态。大学四年弹指一挥间，尤其是大一，会在你尚未摆脱高中气息，同样尚未适应大学生活的过渡中匆匆而过。

厚重数理

学长说："理学院的课程越往后越难，尤其到大三和大四，量子力学没几个人能听懂。"是的，理学院的专业课程难度不小。也正因为一开始听了学长的话，我在大一的时候就注重每一门基础课程的学习。我把高等数学书本上以及辅导书上的题目全都做了一遍，在线性代数课后追着老师不停地问问题，编程课把自己写的一些有趣的小插件让老师帮忙检查，甚至在思想政治类课程上，都跟同学抢着回答问题，以至于老师激动地说道："你们这些学生是我教马哲以来，带过的最活跃最有思想的学生。"只要能拿出高中学习一半的劲头，大学的课程就一定不会难倒你，一直以来我都是教学楼里最后关灯离开的那个。曾记得，那年的江南下了很大的雪，深夜从教学楼回到宿舍，回头能看到自己清晰的一串脚印，路上的行人寥寥无几。时至今日，这些经历都成为我多年来遇到困难后的力量源泉。

在江南大学的四年，我遇到了很多志同道合的小伙伴以及很多值得尊敬的学习对手，常常与他们探讨问题以及合作参加比赛，这些小伙伴后来也大都去了国内外知名高校继续深造。我先后与同学组队参加了全国大学生数学建模竞赛和美国大学生数学建模竞赛，并获得美国大学生数学建模竞赛二等奖。关于数学建模比赛，将曾经刊录于《江大校报》的一些心得与大家分享：组队时尽量选择不同专业、不同学院的同学，做到优势互补；至少保证队伍里有擅长编程的，有擅长写作的。由于美国竞赛是英文写作，需要有一名英语较好的同学负责写作，同时擅长 Word 甚至 Latex 的使用。对于论文写作尤其注重摘要，摘要是决定能否得奖的关键。比赛是连续多天的持久战，要合理分配休息时间。

笃学尚行

除了课程学习，大二时我在王继成老师与刘诚老师的带领下，与夏秀山、唐宝杰、宋慈和曲世年四位同学组建队伍，申请了国家大学生创新创业训练计划项目"基于电磁诱导透明现象的表面等离子体波导器件的研究"。只有真正接触前沿研究，才能对自己的专业所学有更深刻的理解。

在申请项目半年前，王继成老师就给大家制订了详细的项目进度计划与个人计划。从此大家的生活就在"大创项目"与专业课之间"两点一线"，尤其在大三这一年，几乎每天都是满课，而大家还要抽出大量的时间把重心放在"大创项目"上。正所谓"不积跬步，无以至千里；不积小流，无以成江海"。在此之前大家科研背景为零，需要从最基础的步骤——阅读文献开始。最初遇到的困难是阅读完英文文献之后完全不能理解其所叙述的内容，有的更是百思不得其解，大伙儿纷纷把文献打印出来反复阅读。为了保证项目的正常进行，科研小组每周末都召开一次组会，大家在阅读文献过程中出现的一些新的想法和疑问都在组会上与老师交流，有些比较创新的想法则在老师的指导下进行深入研究。就这样在不知不觉中大家的英语水平得到了大幅提

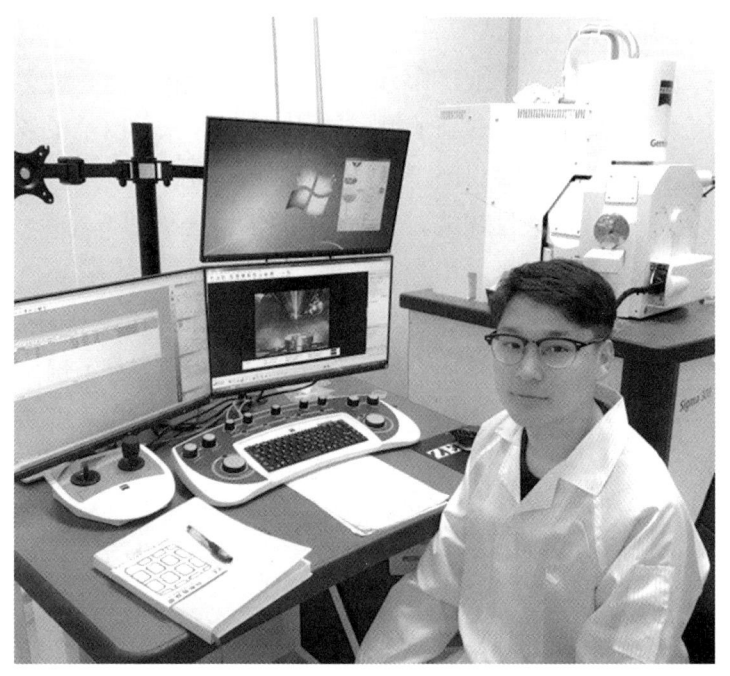

在复旦大学做物理实验

江南大学理学院

高，相关知识和技能也得到了积累。每天除了上课和吃饭，大家都待在实验室里，建立模型，验证公式，分析及处理数据。仿真模拟不太容易得出与理论计算一致的结果，大家必须反复修改，查找错误。

科研就是未知的，未来会遇到更多难题，我们必须具备用学过的知识解决未知问题的能力。基本准备工作都完成以后，我们开始进入撰写论文阶段。由于要用英文撰写，这对每个人来说都是很大的挑战，论文中的每一句话都要经过反复思考才能确定。为了避免过多的语法错误，我们会用到之前阅读英文文献时所学到的好词好句，活学活用。可以看出，阅读文献是重要的基础工作，决定了科研工作是否能够顺利进行。此外，为了保证论文中的每个插图都要完美，大家学习使用了多种专业画图软件。印象最深刻的是修改图片，看似很简单的图片，每一次修改往往要花上几个小时。所以那段时间，大家都在实验室挑灯夜战，回到宿舍时室友都已熟睡，第二天早上还要早起上课，就这样日复一日地重复看似单调、辛苦的日子。当第一次得到理想的结果，第一次得知论文被录用，第一次看到论文见刊，第一次跟组员一起获奖并分享喜悦，心中都是满满的幸福感，也增加了我们继续科研的动力和信心。一年多时间里大家不仅在科研方面取得进展，还锻炼了自学能力，改进了学习方法及效率，成绩都有不同程度的提高，创新小组5个人成绩都名列前茅，多次得到国家奖学金及学业奖学金。

创新小组一年多时间里获得多个有分量的奖项荣誉。2014年获得江苏省高校第十一届大学生物理及实验科技作品创新竞赛论文类一等奖，王继成老师获得最佳指导教师奖。2015年6月获得第五届江南大学本科生创新论坛优秀论文奖、第五届江南大学本科生创新论坛唯一最佳团队奖，并代表江南大学参加全国大学生创新论坛。2015年参加了在韩国釜山举行的第十一届激光与光电学术会议，并跟斯坦福大学、加利福尼亚大学伯克利分校、首尔大学等高校的教授及学生探讨问题，在国际舞台上展现了江南大学学子的风采。和几位小伙伴共同努力、共同成长的经历是我本科期间浓墨重彩的一笔！

至善回忆

2013年我以专业第一的成绩入选至善学院,在至善学院的三年是大学期间很有收获的经历,至善学院提供给我一个接触更多优秀同学、优秀老师、优秀资源的机会。

在至善学院,我认识了来自不同专业的小伙伴,和他们一起组队参加美国大学生数学建模竞赛,向他们,我可以求教编程知识;我认识了来自外国语学院的一起上素质创新课程的同学,向她们,我可以求教学习英语的好方法;我认识了人文学院的同学,现在还是很好的朋友,无论生活还是学习,他们总能毫不避讳地给我建议……近朱者赤,希望至善生们充分利用这样的机会,去结识全校最优秀的一批学生,取长补短。

时至今日,我仍然清晰地记得至善素质创新课上,刘立明老师让我们在PPT中用线段拼接画一架飞机。前几天,我在画图时还依然在感慨,感谢曾经画过的那架飞机。画图事小,真正让我感慨的是在课上学到的严谨认真的做事态度。我记得名著导读课上老师讲授的《孔乙己》《半生缘》,让我这个理科生知道原来文学可以这样解读,文学原来可以如此有趣。所以,至善是一个通过通识教育培养学生综合素质的平台。

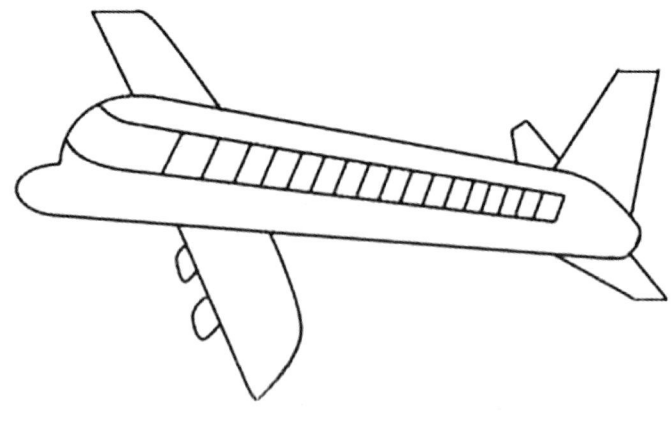

素质创新课程小作业

参加至善学院的义工项目，让我有机会担任无锡市人民医院义工小队的队长，在进行志愿服务的同时，锻炼了自己的组织协调能力，最终以优异表现获得"优秀青年志愿者"、至善学院"尚行之星"称号。

至善学院提供的海外交流机会，让我开拓了国际视野，我曾参加至善学院组织的香港游学营，期间表现优异，获得了香港中文大学的推荐信，同时还获得江南大学远翔奖学金一等奖。感谢至善学院人生导师顾晓峰教授对我科研以及人生的指导，并且积极为我保研书写推荐信，一字一句地帮我修改E-mail中的内容，顾老师严谨认真的态度深深影响了我。

寄语未来

如今我即将从复旦大学博士毕业，距离本科毕业已有4年之久，回过头来给正处在大学期间的同学们一些善意的叮嘱。无论本科学习什么专业，最重要的是在学习过程中培养发现问题、独立思考问题、摸索解决问题的能力，而这一切的基础是要保持好奇心。在这一过程中不要做"伸手党"，遇到问题不要先想着求助于他人，所有自己眼里别人看起来很厉害的本事，都是别人努力锻炼得来的。好奇心将拓宽自己认识问题的广度，而之后的思索、行动将驱使自己加深对问题理解的深度。如此，方能做到广而精。

我在复旦大学给本科生做助教，与他们的接触让我感慨良多。有学生上一门选修课，能够为了准备一个5分钟的展示而阅读几百页的英文文献。我们的至善生中也不乏这样的同学，我只是想借此再提起一些很老旧的话语：努力，珍惜时间。这些熟悉的词，仔细想想本科四年我们真的都能做到吗？很多人说大学是很轻松、时间很充足的四年，但是我希望大家能用这么充足、自由的四年，努力做一些有意义的事情。永远要在合适的时间做合适的事情，脚踏实地走好每一步！

相比喧嚣的大都市，江南的生活有些安逸，希望大家能够关注课堂之外、校园之外的风声雨声，兼听则明，否则容易陷入自己的小圈子。同时，在这样一个各种信息迎面扑来的时代，希望大家能够锻炼自己过滤信息，并经过独立思考再加以吸收的能力。本科四年正是应该开始培养自己逻辑思维以及分析决策能力的好时候，要试图去获得更高、更宽阔的眼界和视野，星空辽阔指引我们走向远方。当大学毕业时，无论是走向社会开始工作，还是去读研深造，我们面临的是来自全国甚至全世界优秀的学生，而本科四年正是积攒实力的四年。

仰望星空，脚踏实地，每一个在各行各业出色的我们才会使江南大学的名片更加闪亮！

斗转星移　扬帆起航
2017届至善特别荣誉生　苗炳祺

> 苗炳祺，男，1995年4月生，江南大学物联网工程学院自动化专业本科毕业生，2017届至善特别荣誉生，毕业后前往北京大学深造，现就职于中国农业银行总行。

我是苗炳祺，江南大学物联网工程学院自动化专业2017届毕业生，至善学院2014年度至善生。在江南大学自动化专业学习期间，以GPA3.74，年级169人中专业排名第一的成绩完成本科学业，推免至北京大学继续攻读硕士学位。

在校期间，曾获得国家奖学金、3次一等学业奖学金、远翔奖学金、国际交流专项奖学金等10余项奖学金；曾获得2017年度至善特别荣誉奖、优秀毕业生、优秀毕业设计论文，并在2017届至善荣誉生结业典礼中作为优秀学生代表发言；曾获得江苏省"三好学生"、无锡市"三好学生"、江南大学"三好学生"、优秀共产党员、江南大学优秀学生干部、校学生会组织优秀干部等荣誉称号；曾获得全国大学生数学建模竞赛国家二等奖、"盟创杯"江南大学电子设计大赛三等奖，作为优秀本科生进入"工业感知与先进控制"科研团队，完成国家级大学生创新训练项目"基于Kinect的矿难救援机器人的设计与实现"。此外，语言能力方面获得托福101分，GRE 318分，英语六级605分的成绩；曾任江南大学学生社团联合会调研发展中心主任、自动化1304班组织委员。

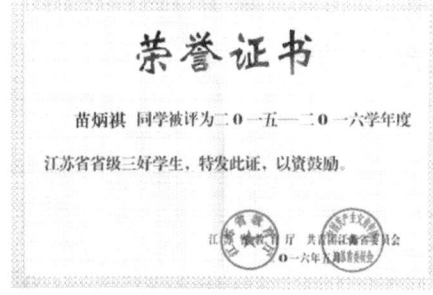

本科期间所获部分荣誉

大学故事

专业学习

"非学无以广才,非志无以成学。"

回忆我的本科经历,可以总结为八个字:人生如戏,厚积薄发。每一个毕业生都曾有各自的辛苦和挣扎,但是选择没有高或低,适合自己才是最好的。这篇分享,其实也是对我大学本科阶段的一个总结。

相信每一位刚进入高校的新生都对大学这段奇妙旅途充满了新奇感,告别了三年高中生涯的寒窗苦读,一切新鲜事物都在加速扑面而来,使得我们应接不暇。初入大学的阶段也正是我们的世界观被不断打破并重塑的过程。大一对我来说是最悠闲的,本着探索未知的想法,我加入了4个学生组织。当时生活的重心主要是各种社团活动,虽然没有翘过课,但是课业在我心目中的重要性已然退居二线,考试全靠考前突击,导致大一上学期的 GPA 只有

斗转星移　扬帆起航　2017届至善特别荣誉生　苗炳祺

英语学习记录　　　　　江南大学至善特别荣誉生金质奖章和证书

参加江南大学至善荣誉生毕业晚会

3.30，年级 31 名（共 169 人）。大一上学期结束放寒假回家，与家人们的促膝长谈使我意识到这样做属于本末倒置。与高中"填鸭式"的教育不同，本科才只是学生生涯的起点，是我们开始系统地建立起自主学习能力、探索内心兴趣的关键时期。于是大一下学期我退掉两个学生组织，把更多的精力投入课程中，绩点也随之稳步上升，大一结束时 GPA 3.61，年级排名第 6。

  大一暑假的美国游学经历也在我的人生旅途中画下了浓墨重彩的一笔。此行后我彻底从散漫的学习状态中转变，变得沉迷学习、不能自拔。当时在江南大学国际交流处了解并参加了该项目，在美国东西海岸游览参访了斯坦福大学、麻省理工学院、哈佛大学、加利福尼亚大学伯克利分校、耶鲁大学等 10 所高校。21 天的游学给予了我很大的触动，如同为我打开了另一个世界的大门。回国后倒时差的一段时间里，我时常在思考，难道我只想待在国内耳听别人描述这个世界，而不是亲自去体验、去感悟吗？此后，我确定了毕业后出国读研的目标。虽然学校的课程并不轻松，但是如果每日放纵自己沉迷游戏娱乐，温水煮青蛙，只能随波逐流，最后平平无奇。

  大二是本科期间十分辛苦但富有成果的一年，我留任了校社团联合会调研发展中心的主任职务，每天除了学习专业课程就是组织社联的各种校级活动。繁重的课业压力与接连到来的大型活动筹办安排使我忙得团团转，整个暑假也在学校与队友一同训练备战数学建模竞赛，计划表中堆满了待办事项，让我体会到了前所未有的压力。作为校团委与全校百余个社团唯一的连接中枢，社团联合会履行着上传事情及下达指令的责任与职能，我需要随时解决并处理部门内部、主席团、校级社团、院级社团的各项事务，手机上一周的电话与短信数量就有上百个。在这一年中我曾无数次抱怨过、焦虑过，也曾想过放弃学生会工作，但是每次大型活动圆满举办后带给我的成就感与归属感，都使我备感欣慰，让我体验到了努力就有回报的喜悦。大二一整年，我继续坚持并尽最大努力保持着专业学习与学生会工作的平衡。功夫不负有心人，学年结束时我的 GPA 3.76，年级排名也升到了第二名，同时获得了国家奖学金、全国大学生数学建模竞赛国家二等奖等一系列荣誉。如果说这段经历对我有什么启示，那就是在完成一项既定目标时，需要足够的信息去支撑成熟可行的规划，需要足够的勇气去从头开启新道路的探索，需要足够的耐心去等待持之以恒的积累带来的质变。

我深知自己英语基础不够好，因此利用寒暑假在语言培训班争分夺秒地学习托福和GRE，然而托福首战落败，仅得78分。于是我决定在大三退出一切学生组织和活动，"归隐山林"，全身心地提升语言和专业课成绩。大三如高三，也是本科"收官之战"的关键时期，早7晚10的图书馆生活早已浸入每一个为梦想而奋斗的朋友心中，痛并快乐着。大三中我经历了二、三战托福，GRE单词背到晕厥，直到怀疑人生，怀疑自己的智力，当时的精神状态可以用压力值"爆表"来形容。值得欣慰的是，GPA在大三结束时到了3.77，年级排名第一，这个排名也一直伴随我到本科毕业。

大四是收获的季节，在推免和出国申请双线并进中落幕。回头看来，其实保研就像是一面镜子，它可以客观地折射出你在前三年中的付出和经历。在写完申请材料最后一个字的刹那间，我突然茅塞顿开，前所未有地感受到没有什么事情是白做的、没有什么路是白走的、没有什么摔倒是无意义的，一切都会在这个时刻证明它的价值。人生其实就是一次次的洗牌，你现在所处的状态，是你之前3~5年行为的累加。你现在所做的事情，决定了你未来3~5年后在什么地方、做什么事情。所以，多去经历，多去摔倒，多去悟道。

无所事事者爱嘲笑，碌碌无为者最安全，深以为然。

至善学习

"无论人生上到哪一层台阶，阶下有人在仰望你，阶上亦有人在俯视你，你抬头自卑，低头自得，唯有平视，才能看见真实的自己。"

还记得大一刚入校时在图书馆五楼报告厅听至善学院的宣讲会，当时偌大的观众席人山人海，连过道都寸步难行，总是踩点到的我只能在门口的过道中站着听宣讲，但这丝毫不能减弱我的热情，台上学长及学姐们的经历真的让我无比仰视与崇拜。分享会很短，但是在心中激起的涟漪却贯穿我的整个大一。在真正进入至善学院后，我才明白这个由各个专业前3%组成的学霸团体，整个江南大学海量资源向我们倾斜的平台为我们提供了些什么。是一次次的精品至善公选课，打破了我们的思维局限，碰撞迸发出学科交叉融合的火花；是人生导师的促膝长谈与启发触动，引导我们避开荆棘，在人生的十字路口不再迷茫，勇往直前；是远隔重洋的海外游学，让我们看到世界很大，值得用尽一生去不断尝试；是建立深厚感情的英语短训，让五洲四洋的文化交汇，结出友谊的长青果；是一次次名家至善讲坛，探究哲学层面的大学之道与人生真谛，引导我们思考自身的物质与精神价值，找寻存在的意义；是各个专业严谨而自律的精英同学，他们散发并传导给我们光和热。

要说我在至善学院最大的收获是什么，那我可以毫不犹豫地说：是这里的人。这里有一群从各个学院不同专业中层层遴选出来的出类拔萃、思想活跃的人，仅仅与他们交流就令我受益匪浅。

人的思维都不可避免地具有局限性，被习惯局限、被环境局限、被阅历局限、被自身知识所局限，而至善学院就是为了打破这种局限。《信息格局论》中这样论述：一个人是由他从出生到长大所接收到的信息所塑造的，我们的底层思维方式是父母长时间的教育灌输产生的，这影响了我们的日常行为法则。另一个影响我们重大决策的因素是我们周围是一群怎样的人，他们的专业思维，他们的个性爱好，他们的人生经验，都是我们在十字路口做出最正确判断并前行的助推剂。大多数时候，我们所在的圈子决定了我们所能接触到的信息，从而决定你的格局、你的人生轨迹。而至善学院，就提供了这样一个平台，一个与众多个人能力极强且前途不可限量的同学、导师进行交流学习的平台，让我们不愤不启、不悱不发。

但是至善学院并不能拯救一个人，唯有我们自救。因为你是什么样的人，身边就会聚集什么样的人。"至善生"这个称号，"至善学院"这个学校苦心搭建的荣誉学院，所做的是把我们推上更高的平台，让我知道，永远有比自己天赋优秀、还自律、勤奋、幸运的人，永远有更强的人在前方挥手。需要一直保持着谦逊的态度，扎实前进、孜孜不倦，而不是就此止步，因为真正的优秀是强于曾经的自己。

学生工作

"经历过，才有话语权。"

在学生工作方面，我在大学一年级时积极参与学生组织，加入了校学生会、校社团联合会、院学生会、国际交流协会。在大学二年级担任校社团联合会调研发展中心主任，和与我有同样目标的学生会工作人员一起带领大一的干事完成"社团之夜"大型晚会的举办，以及"社团巡礼""十佳社团"等一项项精品活动。因为我知道大学是与社会衔接的桥梁，优秀的交际能力、领导力、亲和力都必不可少。就一次面向全校的大型晚会"社团之夜"来说，从晚会前一个月紧锣密鼓地联系协会、统计物资需求、灯光音乐顺序收集、六次彩排、节目协调、学校宣传到晚会中期紧张的化妆跟场、后台催场、追光灯管控、突发状况处理，再到晚会结束后现场清扫、通讯稿撰写、内部总结等，深感举办一次活动的不易。在两年的学生组织生活中我结识了很多优秀的人，并学习其长处，使自己强大起来。在大一结束时我获得"校级学生会优秀干事"和"院级学生会优秀干事"称号，大二结束时获"学生会组织优秀干部""优秀学生干部"称号，使我深深感受到集体的归属感。

此外，在班级中我担任组织委员、至善班级文体活动委员。四年中我与其他班委带领组织了十多次团日活动，如雪浪山烧烤、密室逃脱、梅园游、太湖漫步、长广溪素质拓展、彩虹跑、日租房活动等，同学们都玩得非常尽兴。这些聚会帮助同学们快速增进感情，凝聚在一起，每当活动在融洽欢乐的气氛中圆满落幕时，我们作为筹办者不光收获了组织领导力，也收获了很多真挚的友谊。

国际视野

"人永远无法做出超出自己认知范围的事情。"

北京大学硕士研究生毕业

我从小在政治经济文化中心的首都北京长大,身边的很多朋友都有一定的平台与眼界。受亲戚朋友的影响,大一暑假我就参与了学校的"江苏大学生赴美国文化交流21天"项目,跨越大洋来到了另一块陌生的大陆。这次的行程中,我一共走进了十所著名大学:斯坦福大学、加利福尼亚大学伯克利分校、加利福尼亚大学洛杉矶分校、哈佛大学、麻省理工学院、宾夕法尼亚大学、耶鲁大学、乔治城大学、马里兰大学和哥伦比亚大学,并在位于华盛顿特区的乔治城大学进行了为期10天的学习。这半个多月使我对美国的政治、经济、文化、军事、体育、艺术、教育都有了更深入的了解,体会到了不同的语言背景与文化特色。

站在现在的时间点回看过去,还是很庆幸自己的这次游学经历,真正出了国才知道祖国方方面面的好是哪里都比不了的,祖国永远是我们最坚实的后盾。我们不该在年轻的时候就将自己限定一隅,而应该多去行走游历,多思考、多经历、多体验,才有资格去评判这个世界方方面面的事物。这也是一个不断将自己的世界观打碎并重建的过程,从而慢慢建立起自己的一套成熟的认知体系。

截至完成这篇稿子的时刻,我已经走过五大洲20多个国家,有游学、有旅行、有国际志愿者。曾与来自13个国家的20多名志愿者住在一个大房子里朝夕相处一个多月,也曾一个人跑到零下38℃的西伯利亚看贝加尔湖畔神秘的蓝冰。对我来说,这些经历最大的好处,是帮助扫除无知、狭隘,这跟生物学上强调物种的多样性一样,如果你永远生活在相同的思维格局里面,就很难摆脱这个格局对你的限制。日复一日面对同质化的人与事物,思维必定僵化。

我一向不赞同崇洋媚外,欧美并不必然都是先进的,非洲也并不必然都是落后的,当你站在这些曾经只出现在新闻或课本中的土地上去体验它的风土人情时,你才会直面文化与思想之风的冲击与交融,直到茅塞顿开。

走出国门体验未知的冲击,是一件很有意义的事情。"Step out of your comfort zone"。

斗转星移　扬帆起航　2017届至善特别荣誉生　苗炳祺

目前的学习状态及生活目标

"独立之精神，自由之思想。"

2020年我已完成在北京大学三年研究生的学习，并入职中国农业银行总行。在北京大学学习期间，我继续保持着本科阶段对生活的热忱与刻苦学习的习惯，积极参与学生工作、科研实习、志愿服务，拓展自己的兴趣爱好。在校期间获得了研究生国家奖学金、北京市优秀毕业生、北京大学第九届散打对抗赛75公斤级亚军等荣誉。硕士三年，可以深切地感受到这里是一个卧虎藏龙的地方，同学们的优秀与进取无时无刻不激励着我，推动我前行。

寄　语

白驹过隙，"时间有脚"；白云苍狗，人生海海。

这里有天真与天分，媚俗与理想；这里有枯燥或隽永，灰尘或辉煌。蠡湖之畔，紫竹青莲，我们初识于蠡湖大道1800号，搭着肩，环游美美与共的光辉世界，转眼就走到了凤凰花开的路口。

七年时间，我完成了从在校学生到职场人士的蜕变，不仅在身份上，更是在思想上。七个春秋的变换，已经让我们净化了青涩浮躁的灵魂，将我们练就成严谨善思、独立自主的智慧青年。现在回头看看，终于明白了厚积薄发的含义。

自古江南，钟灵毓秀；从来江南，人才辈出。

回首学生生涯时光，在这里遇到的人，在这里经历的事，都给我留下了太多的欢笑、汗水与感动。此时此刻，是学生时代的落幕，更是职业生涯的起航，愿每个曾在这里留下美好记忆的青年，都能化知识为力量，褪去稚气、识势度己、砥砺前行。祝愿所有还在大学旅途中奋勇前行的学弟和学妹们，都能有一个明媚的未来，祝愿所有的毕业生，前程似锦。

做事须有规划，努力必有所得
2017 届至善特别荣誉生　　熊岩

> 熊岩，男，1995 年 8 月生，江南大学机械工程学院机械工程专业本科毕业，2017 届至善特别荣誉生，毕业后前往湖南大学深造。现就职于华为技术有限公司。

我是熊岩，2013 年进入江南大学机械工程学院，从此就成为了"江南人"。在江大学习的四年，给我留下了深刻的印象和难忘的回忆。2014 年进入至善学院，一直担任机械 1302 班的班长，2015 年担任机械 1502 班副班主任。在本科学习期间 GPA 3.72，获得过江南大学一等学业奖学金、机械工程学院"透平叶片"一等奖学金等 8 项奖学金；在学生工作方面，获得过省、市、校三级的"优秀学生干部"、校"先进个人"、校"优秀毕业生"等校级以上荣誉 8 项；在科研方面，发表 1 篇 SCI 论文；在竞赛方面，获得过化工设计全国二等奖、力学竞赛全国优秀奖、CAD 技能大赛华东区一等奖等省级以上奖项 6 项。总的来说，可取之处是我在学习、学校工作、科研、竞赛等各方面都取得了相对较好的成绩。

回顾：两岸猿声啼不住，轻舟已过万重山

对大学生活的回顾既是对自己得失的总结，也希望能够给后来者提供些参考。中学期间，同学们可能觉得我沉默寡言、内向；大学期间，我决定做

做事须有规划，努力必有所得　2017届至善特别荣誉生　熊岩

一些改变。于是我主动竞选班干部，主动与老师同学们交流，没想到这个改变给我带来了深刻的影响。大家可能觉得大学的班级工作并不好做，而我担任了四年班长，我认为做好班级工作，主要是应该对工作有清楚的认识：一是自我定位，二是工作方法。我的定位是：让同学们放心，让老师们省心，积极为同学们服务，努力做好班级工作，同时让自己得到锻炼。在工作方法上，打铁必须自身硬，首先自己先要做好表率，不管是学习、工作还是生活都争做模范，认真学习、按时出勤、带头复习。此外还要关心、关注每一位同学，了解他们的性格特点，主动与大家沟通，通过沟通交流潜移默化地改变后进同学的学习态度，四年来我很多休息时间都穿梭在班级的各个宿舍与大家谈天说地。还有就是要联合身边积极的同学一起形成班级的向心力。这些对班级工作的认识是根据我自己的规划，并在实践当中不断修正，最后形成的经验。

努力做事必有所得，在我担任班长的期间里，我个人获得过江苏省、无锡市、江南大学的"优秀学生干部"共计5次。更让我高兴的是，班级挂科率全院最低，班级所有同学都顺利毕业，并且获得了无锡市"先进学生集体"、校"优秀班集体"、校"特称团支部标兵"等荣誉称号。

大二时赵军华老师给我们上力学课，赵老师喜欢给大家分享自己的研究课题，这是我首次接触科学研究，并对赵老师纳米力学的研究方向产生了浓厚兴趣。我主动联系赵老师做自己的至善导师以及大创导师，赵老师很快就同意了，通过至善导师和大创项目这两个契机，我进入赵老师的课题组观摩学习。赵老师给我的影响，一方面是让我接触了科研，另一方面是教会了我做人做事要实事求是、踏实努力。

我和另外三位同学组队，主要研究课题是"碳纳米材料器件剥离模型"。当时，我们几位同学利用晚自习时间，自带电脑在赵老师办公室学习，有不懂的地方可以直接向赵老师请教，现在仍然觉得当时的学习机会十分难得。通过一段时间的学习，对研究对象有了一定的了解，赵老师给我们每个人都分配了任务。几位同学互相商量，互相鼓励，比较顺利地完成了任务。但是在写论文时，我们遇到了困难，赵老师给我们提供了一些参考文献，并指出了努力方向，鼓励我们主动探索，深入研究，将各个任务统一起来。经过大家的讨论分析以及导师的悉心指导，终于将各个小任务整合为一个系统，并且对所建立的纳米器件黏结能量模型进行了更深入的剥离研究。

整个过程虽然困难重重，但好在团队成员齐心协力，大家都愿意主动做出贡献，积极向导师汇报进展，反馈问题。沟通和合作是我们几个初窥门径的新人能够完成任务的关键。总的来看，一方面在至善课堂所学的科研技能非常重要，对于要从事科研工作的同学来说，机会难得，对撰写论文颇有帮助；另一方面组建团队是关键，应该寻找志同道合的同学组建团队，大家能够一起讨论，相互鼓励。最终我们团队成员均保送至浙江大学、华中科技大学、湖南大学等高校。

大二时的江苏省大学生机械创新设计大赛是机械专业一个非常重要的比赛，比赛有经费支持和导师指导，是一次难得的学习成长经历。经过组队选题、方案设计、加工装配、调试改进等一系列过程，作为机械专业的学生才首次亲身经历了一个机械产品的诞生全过程。其间也经历了重重困难，作品的创新性、设计的可行性、专业知识的局限性、经费的限制等每个问题仿佛都是不可逾越的，在导师的悉心指导和鼓励下，团队明确分工并制作研发周期表。经过方案筛选、可靠性论证、作品设计再到工厂加工，最后返校装配，把导师办公室当作实验室，我们几乎每个周末都往返于招商城五金市场、加工车间与实验室之间，反复修改优化，最终作品在预定期限内稳定地实现了预想功能，在比赛中获得了江苏省二等奖。

去香港游学

参加马拉松

做事须有规划，努力必有所得　2017届至善特别荣誉生　熊岩

我在专业学习中养成了良好的学习习惯，打下了坚实的学习基础，充分利用学校、学院提供的锻炼机会，用科学的办法分析遇到的问题，将大目标分解成小任务，不敷衍、不气馁，踏实做好工作，必能有所收获。

全国大学生化工设计大赛要求高、涉及面广、任务重，大多参赛团队所在学校都有参赛经验积累，而江南大学化学与材料工程学院则是首次组队参加，对于能否完成任务，比赛结果会如何都充满未知。我被邀请参加组队的原因是队伍中的至善学院同学了解到我对CAD建模和制图较擅长，化工设计大赛的任务之一就是要将所设计的生产设备以及厂房用三维模型和二维图纸表达出来。抱着了解不同学科知识、充分利用课余时间的态度，我加入了队伍。答应了做一件事，就要努力去做好，于是我制订了相应的学习计划，毕竟是不同的领域，还是有许多新的知识需要学习，同时向身边的同学学习请教。在初步掌握了一些基础技能后，我开始按照化工项目要求设计相应的车间与厂房，根据团队同学与老师们的反馈不断地改进完善模型设计，在力所能及的范围内努力做得更好。

2016年夏天的所有休息时间，团队所有成员都在努力工作，互相查漏补缺，不断地完善参赛作品，同时化工学院的老师们也非常重视，全力支持。经过省内赛、全国赛，团队拿到了全国二等奖、省一等奖的好成绩，现在回想起来我也觉得选择加入是一次大胆的决定。科学地分配任务，遇到困难善于学习、善于请教，一步一步地向着目标迈进，努力完成好每一个步骤，综合起来就是一个大的胜利。

我在进入大学前做展望时，计划在本科毕业后进行深造学习。当时心里有这个念头，具体能去哪些学校深造并没有考虑，但有一点是明确的，尽量争取保送免试研究生。在大一时我看到当时各高校的机械学科排名情况，结合地理位置以及我自身的学习情况，我将读研目标定在了华中科技大学和湖南大学。本科期间，我的成绩也有起落，当感觉成绩下降时，我会将学习、工作、竞赛、科研、娱乐等事项的优先级重新排列，专心专业课学习，在课程考试前两周重点冲刺复习，早上八点出门，晚上十点半回宿舍，当时的浴室关门较早，每次回宿舍只能去淋浴间冲凉水澡。总体而言在推进工作、竞赛、科研等项目的同时，我始终将学习成绩保持在能够稳定达到专业保送名额之内。

展望：千秋邈矣独留我，百战归来再读书

本科毕业后，我如愿进入岳麓山下的湖南大学进行研究生学习。刚进入研究生阶段时，陌生的环境、初识的同学、完全不同于本科的学习要求以及办事风格让我不知所措，我失去了目标和规划。有两条路摆在我的面前：一是波澜不惊地学习，安安稳稳过舒适的研究生生活，相信毕业后也能获得一份还不错的工作；二是再拼一把，努力学习，努力搞科研。现实的问题是选第二条路可能并不会比第一条路在找工作时更有优势，但内心中争做优秀、享受奋斗过程的想法占了上风。

有了目标后，我对自己进行了分析。我的优势在于基础学科知识较扎实，有较为良好的科研技能，并有实战锻炼经验；具有较为完整的项目经验，擅长机械设计、项目规划与推动。但是，在自动化控制、编程算法上我不太擅长。综合来看我更适合做科研，科研和项目是研究生常面对的选项，在选择方向时，我选择了研究型的课题。当时面临的问题是要求高、压力大、方向冷门，团队几乎没有研究积累。为此，我开始进行新方向的学习，光学、电磁学、数字图像等。半年多来，除了上课，剩下的几乎所有时间都在进行相关知识的学习，终于走通了相关的技术路线，后面又经过半年的路线优化、数据分析形成了论文所需数据。

其间团队组织人员和资源开发自动化产品，一开始项目并不被团队看好，我在课题研究有了进展后，想进入项目锻炼，主动申请加入项目开发。从管理实验器材做起，主动学习了解设备性能，一直在实验室做实验，并在学习网站上学知识。后期我负责了团队项目的实验器材采购、项目的可行性实验，并参与所有项目的硬件方案设计。研二时，我成为团队第一个被指定为项目负责人的硕士生，开始与中国核工业集团有限公司（以下简称中核公司）接触，了解对方的需求，提供解决方案直至最后形成自动化产品。经过长达半年的调研、磋商，我们提出了最终的解决方案，在与浙江大学和其他优秀研发团队的方案竞标中获胜，为团队拿下了自动化设备研发合同。经过团队的努力，

现已完成设备验收，在中核公司应用。

同时，导师以我的研究课题作为项目的技术路线之一，组织申报国家重点研发计划，我重点参与了此次申报。在导师的带领下，将项目分解为多个小任务，逐步解决每一个任务。遇到难题，积极查找资料，共同讨论，形成最终的解决方案。我另一个优势是科研的严谨性，反复打磨技术路线，字斟句酌地撰写申报书。最终经过初审、复审、答辩、终审，团队拿下了这个重点研发项目。

在研究生阶段，我发表了2篇SCI论文，授权了2项发明专利，另外还有2项发明专利以及1项国际专利已经公示；获得了湖南大学优秀研究生干部、湖南大学优秀毕业生、硕士研究生国家奖学金等荣誉。研三时，我拿到了华为技术有限公司2012实验室的录用通知，期待明天会更好！

寄语：做事须有规划，努力必有所得

在研究生毕业之际，给读者们分享一下相关的经验和教训，希望能够给处于疑惑和迷茫中的同学们启发。

设置目标。每个阶段都应有相应的目标，进入大学后，也不应该丧失目标，四年的大学生活在不经意中就会进入倒计时。应早为自己做打算，想清楚自己最想要的，为自己设置短期目标和近期任务，根据小目标、小任务的完成情况不断调整自己的努力方向。

自我分析。清楚地认识自己、了解自己的优缺点，了解自己的兴趣爱好，这对设置奋斗目标来说也是必要的参考项。综合自己的兴趣爱好、性格特点以及社会需求的目标才是合理的目标。认识了自己，才能有针对性地根据目标补充自己的短板。

总结反思。不断回顾自己的表现，强化做得好的地方，改正做得不好的地方。"见贤思齐焉，见不贤而内自省也"，也可以对别人的表现进行分析总结，学习别人优秀的地方。经常总结反思可以提高自己，让自己少走弯路。

重要的事情认真做，困难的事情尽力做。在大学生活中，不可避免地会遇到各种各样的事情。对于重要的事情，比如自己的学习、完成自己的目标等，这些事情构成了大学生活的主要部分，不要敷衍，要踏实认真。困难的任务，往往是能力和水平的分水岭，做难事必有所得，不要轻易放弃，尝试新方法、学习新知识、解决新问题，坚持走到最后就是胜利。

注意做事方法。一味地埋头苦干有时候并不能解决问题，也要注意抬头看路，找准正确的道路往往能事半功倍。对任务进行调研、分解，努力解决好每一个小问题，积极学习新知识，不断根据结果调整策略等都是解决问题的好方法。学会依靠团队，学会利用学校、学院提供的资源。

分清主次。很多时候需要同时处理很多事情，根据事情的轻重缓急、影响大小，协调好学习、工作、生活、科研之间的关系。将现阶段的任务分清主次，主要的任务优先级高，根据情况调整好任务的优先级。

管理好时间和情绪。对于自己认定要做的事、重要的事，要管理好时间分配，坚持将计划落实到位，不要中途放弃、不要轻易退缩。同时，遇到困难要管理好情绪，不要焦躁，相信自己在科学的方法下能妥善地完成任务，即使没有取得成功，奋斗的过程也是美好的，自己也必会有所成长。

大学四年是人生中最美好的一段时光，别给青春留遗憾，努力完成好自己的目标，尽情享受这段美妙时光。

一个人的朝圣
2017 届至善特别荣誉生　刘丹青

> 刘丹青，女，1994 年 11 月生，江南大学机械工程学院包装工程专业本科毕业，2017 届至善特别荣誉生，毕业后前往同济大学深造。现在同济大学攻读博士学位。

或许能真实地抵达这个世界的，能确切地抵达梦想的，不是不顾一切投入想象的狂热，而是务实、谦卑的，甚至你自己都看不起的可怜的隐忍。

——《皮囊》

我是刘丹青，江南大学机械工程学院包装工程专业2013级本科生，2014年进入至善学院学习，毕业时综合GPA 3.64。初入学时，我的成绩并不算很好，但在不懈的努力下，每学期都在不断进步。大学四年，我最大的收获在于做了许多尝试，在学业、竞赛、科研等方面均有所得，如今回想起来，仍然觉得非常充实。学业方面，我曾获得江南大学优秀本科毕业设计、学业一等奖学金、远翔奖学金、英语水平测试奖；竞赛方面，曾获得第六届全国大学生包装结构设计大赛二等奖、第六届江苏省大学生机械创新设计大赛三等奖；科研方面，在大创与毕业设计期间发表中国科学引文数据库（CSCD）期刊论文两篇。同时，我也积极参加各类交流活动，曾至台湾铭传大学、香港理工大学和保诚公司进行游学与实训。2017年保送到同济大学材料科学与工程学院直博，攻读博士学位。

江南记忆

学业

回忆起与江南大学相遇的起点，是坐着校车经过北门进入校园，以为自己误入了哪个江南园林，对于即将开始的大学生活充满了期待。在新的起点，总希望大展身手，但也最容易迷茫。我入学时只对未来有模糊的目标，就是希望可以出国读研，但仅凭这些是很难完整规划好大学四年的学习生活的。在没有具体的规划前，做好两件事非常重要，即使以后的目标发生怎样的改变都不会错：一是认真学好每一门课，不论是出国申请、保研、换专业，都离不开好的 GPA；二是学好英语，考语言证书，这是出国所必需的，但同样可以为保研与找工作的简历增色（我身边在外企的同学经常需要参加全英文会议）。我从大二开始准备英语，雅思、托福和 GRE 都有涉及。每天的生活都非常充实，白天上课，晚饭后 18 点开始晚自习，18~20 点做完专业课程作业，20~22 点进行阅读和听力模拟，教室关门后回寝室用 1 个小时对当天的听力材料进行反复精听，然后第二天交替进行写作与口语的练习。当时，每周末我都要上两天雅思课，在地铁上背单词；也曾经去北京参加封闭的托福训练营，到大年三十才结营回家。但学习生活并不枯燥：雅思课给了我一周两次在市中心寻找美食的机会，北京妙峰山封闭的环境让我和来自各地的同学结下了深厚的友谊，也感受了一次接近包车的高铁乘车体验，这些都是有趣的额外收获。

竞赛与活动

在参加的竞赛活动中，我印象最深刻的是跟随校排球队进行训练和比赛的日子。在几乎把学习作为生活全部的学生生涯中，这样的经历是独一无二的。大一的时候要参加第一届全国大学生阳光排球联赛，比赛前每周有 3~4 个晚上的训练，偶尔会与课程冲突；比赛在福建漳州腾飞馆进行，时间又与英语六级考试和期末考试冲突。参加比赛就要申请缓考，为此我非常犹豫，就去咨询辅导员吴老师。吴老师说，这样的机会非常难得，如果真的放弃，以后想起来可能会觉得遗憾。现在回想起来，这样的机会如果错过，确实不会再有。那种在体育馆一起抛洒汗水的酣畅，赛场为队友加油呐喊的紧张激动，夺冠时相拥而泣的喜悦，是难以从学习生活中获得的珍贵回忆。而在中国女排训练基地进行比赛，对于热爱排球的我和队友们来说无异于一次朝圣。一直以来仰慕的女排精神，终于要与我们产生交集；终于要用自己的故事，对这种精神进行阐释与发扬，无疑是激动人心的。所以，虽然比赛让平日的学习更加紧张，也让我需要在暑假继续复习准备缓考，我仍然感觉非常值得。从这次经历我认识到，学业并不一定要在生活中一直占据最优先级，还有许多其他具有同等重要意义的活动，并且可以让我们有独特的收获。它们可以并存，可以共同成就我们，而不需要我们从中加以选择和牺牲。在至善学院的选拔面试中，老师对我加入排球队的经历非常感兴趣，就问我日常的训练会不会影响学习。我的回答很简单，训练并不是每天进行，我只是在训练之余的晚上，或者周末，多用了一点时间写作业和复习，并不会有很大影响。学业固然重要，但走出校门看看更大的世界，丰富自己也至关重要。

大三时，在大创训练期间，我与机械工程专业的同学组队参加了江苏省机械创新设计大赛。虽然包装工程也会涉及机械设计相关的课程，但并不如机械专业的课程深入。我认为这是进一步加深机械方面知识并加以运用的好机会。整个比赛从设计、画图、选材、组装到功能调试，都需要自己亲手完成，是一场极有趣的挑战。经过调研，为了更好地结合组内队员的专业优势，我们选择了包装机械为设计方向，希望可以通过自动揽件升降装置，来减轻

部分荣誉及获奖证书

快递员搬运快递的工作量。从 Creo 软件建模，到 CAD 出图纸；从去建材市场挑选材料，到自己锯框架、定位打孔；从组装到调试，每一步我们都在探索中完成，但问题也不断出现。在这个过程中，有队友因为看不到希望而相继退出，留下来的我们觉得，既然决定做一件事情，不论结果如何，都要尽量做到有始有终，于是我们更加努力地解决似乎看不到结果的问题。因为与大创训练同时进行，当时我经常在学院二楼做实验，等待加热或抽滤的间隙，就到五楼的比赛场地组装调试机器。在看到自己从无到有，设计制作出的装置动起来时，一切辛苦都变得值得。从结果导向的角度考虑，为比赛付出的时间和结果也许是不对等的，但是，这种从设计理念开始，将自己脑海中的蓝图变为现实的充实与骄傲，是无与伦比的。

在我所参加的活动中，最独特的是无锡马拉松志愿服务。竞赛、游学，都是以提升自我为目的，而志愿活动则是完全"利他性"的，是通过服务他人来实现自我价值。马拉松比赛当天，所有志愿者都要凌晨起床，在补给站点进行准备。经过几个小时的等待，当选手终于经过学校北门，所有志愿者还是精神百倍，齐声为选手加油，高喊"江大欢迎您"。路过的选手也会和我们击掌，给予"我爱江大"的热情回应。在陌生人互相流露的善意中，我获得了最纯真的快乐和感动。无锡马拉松是无锡的盛大活动，也是展示江南大学风采的机会，看到大家对校园和志愿者工作的赞赏，我为自己是一名江大人而由衷地骄傲。

科研

本科时大创训练和毕业设计的科研经历，是驱使我走向科研道路的动力。大二时我参加了大学生创新创业训练计划项目，课题为"乙烯吸收果蔬保鲜膜"，在团队中负责实验方案的制订与实施。从大二时起跟随学姐学习，制备薄膜、测量数据、组织论文，对科研有了初步的认识。为了解决薄膜透过性欠佳，吸收剂无法充分与乙烯接触的问题，我通过查阅文献，提出无机分子添加与涂覆结合的方法，推动了项目进行。在项目中我收获颇多，掌握了气相色谱仪、五层共挤制膜机、万能材料实验仪等设备的使用方法，也锻炼了实验编排与论文写作能力，使我对功能性材料有了更深的理解与更浓厚的兴趣。大创期间打下的基础，让我得以在确认毕业设计题目后，对项目的进

一个人的朝圣　2017届至善特别荣誉生　刘丹青

（1）部分学习笔记　　　（2）晚自习后的托福训练　　　（3）自北京返程的车厢

部分学习笔记与大学生活记录

（1）排球比赛

（2）机械设计大赛　　　（3）马拉松志愿者

部分竞赛与活动留影

行有了更好的把控能力。从文献调研到确立方案、实验实施、问题分析、方案改进,每个步骤要达到的目标都更加明晰。在大创和毕业设计过程中我发表了两篇中国科学引文数据库(CSCD)论文,虽然读博后换了专业和方向,但科研思路在本质上是相同的。这些经历让我发现了自己的兴趣所在——从解决科研问题中获得快乐与成就感,坚定了我从事科研工作的想法,也让我在读博初期的过渡阶段可以更好地适应科研生活。

至善生活

至善学院为我提供了一个更广阔的平台,极大地开阔了我的眼界,也培养了我的自信。一场场至善讲座与分享会,让我从各领域优秀前辈的经历中获得启发;英语短训中,我获得了与外教老师充分交流学习的机会,在15天的时间里,口语得到了快速提升;在创新研习营中,我得以实地调研考察了台湾士林夜市的食品包装使用情况,欣赏到难得一见的阿里山日出,感受了不一样的风土人情。最为重要的是,在至善学院,我有幸认识了志同道合的伙伴,从此在独自向梦想迸发的路上,多了"战友"的支持与陪伴。至善学院让我见识到了更大的世界,也让我更加明确了对未来的期许。

新的开始

来到同济大学,我面对的是新的专业和方向,科研生活并不像想象中那样乘风破浪,高歌猛进。人生前20年几乎一帆风顺的生活所欠下的挫折坎坷,在博士期间开始集中爆发。时间匆匆流走,但失败十之八九。当总要面对没有数据可以汇报的组会,没有论文发表的困难现实时,我曾经焦虑过、抑郁过,甚至有过失眠到凌晨5点,8点再起来做实验的经历,后来渐渐发现,这种心态反而更加影响我工作的心情和效率。研究生所做的工作,不再是学习知识,而是探索创造新的知识;而起初读博的目的,也并不是发表文章获得学位,而是对这种探索的向往和热爱;更重要的是,既然是探索,那么失败必然是常事。我所能做的,是"尽人事,听天命"。其实科研带给我的焦虑,都在实验之外,而当我站在实验室,就好像回到自己战场的屠龙勇士,感到归属和心安。在这种日复一日遇到问题、解决问题的过程中,我逐渐也有了自己的积累,目前,已发表两篇一区SCI论文,一篇一区正在回复审稿意见并处于在投阶段的论文。这些积累也给了我更多外出交流的机会,让我得以与优秀的科研工作者进行对话,获得灵感;我也越来越觉得能有条件与机会在科研中进行各种尝试,见识到许多论文中或是"传说中"的先进仪器,了解它们,使用它们,本身就是一种难得的体验与幸运。与此同时,我也在准备国家留学基金管理委员会(China Scholarship Council,CSC)联合培养项目的申请,圆一个很久之前就立下的看看世界的梦想。现在的我相比以前最大的进步,大概就是内心更加坚强与沉稳。当不顺利甚至是意外情况发生时,第一反应不再是沮丧和恐慌,而是在心里开始思考解决方法,合理安排时间去处理。读博让我认识到生活本就充满不如意的真相,但也让我认识到曾经顺遂的生活给我带来的脆弱与不足,让我有机会克服,变得更加强大。

(1)日常实验

(2)德国暑期交流

(3)高分子年会

博士期间日常实验与交流活动留影

一些感想

一段时光有多珍贵，往往只有回忆时才能认识到。回想这几年间的经历，有一些感想与大家分享，希望能提供一点帮助。

提高执行力。珍惜大学这最后一段完全属于自己的时间，决定要做的事马上进行规划与行动。到图书馆读书，去长广溪散步，参加各种活动来充实自己都很好。大学毕业后，即使继续读书，也很难再有这么一段完整的时间，可以完全服务于自我的提升，而不被其他琐事打扰。越到后来越发现，能够对自己的时间与进度有掌控权，仅凭自己的努力就有收获其实并不是理所当然的，而是很难得的幸运。在后来的科研与工作中，成果会被许多其他因素左右，也有很多事不是单纯努力就能解决的。但在大学的学习中，所做的每件事都是为自己积累，我们应该为了自己的未来而充满动力。

保持坚定。作为一个普通的人，奋斗路上没有太多热血的瞬间，更多的是日复一日平凡的积累和努力，是不管遇到何种艰难困境都不忘初心地咬牙坚持，是自己和诸多不如意和解后依然不放弃，在当下有限的选择中做到最好。很少有人能做到享受艰难的时光，但即使在最看不到希望的时候，也要尽自己所能做好该做的，要相信事情总会慢慢好转，回归正常。

学会独处。在高中，所有同学都向着一个目标努力，身边都是相互支持的"战友"。而在大学，每个人的目标都不同，有人希望毕业后进入世界500强企业工作，有人希望可以出国深造，也有人希望保研到国内名校继续读书。每一条路，都对应着不同的轨迹，即使是同专业一个寝室的室友，也很有可能没有交集。这意味着，如果你想考语言，也许不会有人和你一起刷题，陪你赶车上辅导班，练习口语；如果你想找地方实习，也许不会有人陪你投简历，做网上申请，准备面试。盲目跟风和迷茫颓废都是不可取的。即使没有"战友"，也要安排好朝着目标进发途中每一天的生活，坚定自己的路线，一个人向前走。幸运的时候我们会遇到志同道合的伙伴，但终究，方向是自己定的，路是自己走的，当困难到来，需要想办法做决定的，永远是我们自己。

抓住机会。大学与高中不同，学业不再是唯一的内容。大学期间，在保证学业且有余力的情况下应该尽量多探索有意义的活动、竞赛。通过这些尝试，一方面可以提高自己的专业能力，另一方面可以丰富自己的经历。在这些尝试中，我们也会渐渐明确自己的兴趣与方向。所以，不要放过这些锻炼自己的机会，不要留下遗憾。

大学后的工作或学习就像一场一个人的朝圣，有孤独、有失败、有沮丧，但只要目标坚定，不懈努力，就总有到达的一天。即使最后的结果与我们期望的有所不同，又何尝不是一笔财富呢。

一个"非典型学霸"的自述

2017 届至善特别荣誉生　王金水

> 王金水，男，1994 年 2 月生，毕业于江南大学法学院社会工作专业，2017 届至善特别荣誉生，本科期间获得全国大学生创新创业训练计划项目创新方法应用优秀团队奖、"挑战杯"竞赛江苏省二等奖、至善特别荣誉生奖，目前在南京大学攻读社会学博士学位。

我是王金水，这篇文章的题目是我在 2017 年至善特别荣誉奖答辩时用的题目，当时选用这个题目的原因有两个：一是我的成绩并不突出，二是当时答辩的时候并没有向评委展示我的学业，只是和大家讲了我自己在江南大学、在至善学院的三个故事。今天想和大家分享的内容也是那次答辩的主要内容，因为我觉得这是对美好的江南时光和至善时光的最好总结。

学科竞赛

第一个故事是关于学科竞赛的故事。从大一的暑假到大四的寒假，两个学科竞赛几乎覆盖了我整个大学四年的时间，分别是"挑战杯"和全国大学生创新创业训练计划项目。

敢于尝试才能把握机会。我们常说机会是留给有准备的人的，但是你不去尝试，怎么知道这个机会到底是不是你的。参加学科竞赛也是如此，在参赛之前可能会觉得困难重重，可能会一无所获，但是不去尝试你永远不会知道会有什么结果。我参加"挑战杯"竞赛时，才刚刚大一，当我向我们学院辅导员提交申报书的时候，她虽然没有说什么，但是她微笑的表情仿佛告诉我，你来"做分母"了。因为"挑战杯"竞赛是每两年一次，通常情况下都是大二备赛，大三参赛，但是第十四届"挑战杯"是我大一军训的时候开始的。对于刚刚结束大一的我来说，写一份申报书的难度可谓"难于上青天"，因为几乎没有接触过学术、没接触过科研，就要来和当时大二、大三的学长、学姐们竞争申报。

当时，我并不知道写申报书可以找学院借往届的模板参考，也不知道在申报之前要先联系专业指导老师，而只是求助于百度，在百度上找了一份理工科"挑战杯"的申报书来模仿着写。至今我还记得我模仿的那份申报书，是研究在鸡蛋中培育不同的胚芽来实现对比这一类的，就这样我写完了自己的第一份社会科学研究申报书。这样的一份"东施效颦"的申报书可能在很多人看来注定会是一个"做分母"的命运，但是好在我写完申报书后，将它发给我选修的创造性思维与创新方法的任课老师伍进教授，伍教授给予了我极大的肯定并细致地帮我修改申报书。就这样我的项目有幸成为了那届"挑战杯"的培育项目之一。

一个综合的磨砺过程。完成一次学科竞赛不仅仅要依靠专业知识，申报只是一个开端，当然也是一个重要的开端，接下来就是完成参赛作品。对于社会科学而言，作品的完成需要依靠于社会调查，依靠社会调查得来的第一手资料来整理形成调查报告——一个竞赛最重要也是最终的作品。所以大二时我就开始着手写作品文本，也正是从大二开始我便开始接触学术研究以及科研工作，"挑战杯"的备赛长达一年，一轮又一轮的修改，无休无止，说实话要不是为了获奖我觉得我肯定坚持不下去。但也正是一轮又一轮的修改让我沉浸于写论文无法自拔，从此也误打误撞地开启了自己的学术生涯。

除了作品文本还有更重要的答辩环节。我还记得在参加全国大学生创新训练计划项目前夕，曾被"关在"至善学院会议室一整天。时任至善学院常务副院长方云教授、副院长王冰老师以及教务处、学生工作处和各文科专业的老师们轮流指导我的答辩。大到答辩思路的布局，小到PPT里每一个文字的呈现，各位老师都给出了非常中肯的建议。那段时间内，这样的闭关指导

学科竞赛答辩现场

第九届全国大学生创新创业年会颁奖仪式

有很多次，自己也濒临崩溃，因为每天都要进行各种改动，进行各种调整。但也正是这次魔鬼般的答辩训练，使得我不畏惧以后的任何一场答辩或课堂展示，并且每次都能做得很好。

只有走出去才知道自己有多差。 参加学科竞赛的另一个重要作用就是更好地认清自己。一直处在同一个圈子内，尤其对于我们至善生而言，我们是全校各个专业的佼佼者，的确取得了一些成绩，在某些方面也比其他同学优秀一些，久而久之的确会让我们产生一种"优秀"的错觉。原来总觉得自己大一开始就做"挑战杯"并能顺利入选全国大学生创新创业年会很厉害，比别人强。但是当听到和你同台竞技的本科生的文章已经发在 Nature 子刊上，当一名本科生说一年发 6 篇 SCI 引得全场惊讶的时候，就会觉得我真差，瞬间就理解了什么是山外有山、天外有天。所以，从那时候开始我十分珍惜学术交流以及外出学习的机会，因为总想去受一下打击然后激励自己，当然每一次都很成功地受到打击，从未让我失望。

两次学科竞赛的参赛经历，三年多的超长备赛时间，对我的学生生涯产生了非常重要的影响。如果不是在学科竞赛中一次又一次的磨砺，我也不会较早地系统地接受科研训练以及得到各方面的综合提高，也正是这样我才坚定了继续从事科研工作、攻读博士学位的决定，也让我能够在这些工作中游刃有余。

"骑迹"的故事

第二个故事是关于"骑迹"的故事。也许学生会主席这个职务显得更重要，但是我从来没有做过，反而"骑迹"这样一个"普通"的兴趣类社团才是我大学四年生活的一部分，这种热爱和经历无法用语言表达。因为它可以让你拥有更充实的生活，认识更多有趣的人。大学四年读书学习固然重要，但这毕竟是你最美好的年华，让生活丰富起来也十分重要。四年的大学时间，骑行让我的生活更加多姿多彩。首先是夜骑，每天 21 点 10 分西北操场集合，绕着蠡湖骑行一圈或者骑上雪浪山享受返程时一路下坡的快乐，说高大上一点可以强身健体，其实更享受的是那种放空的感觉。还有寒暑假的远征，去海南岛连续骑行半个月,每天睁开眼的第一件事就是计划今天要骑几十千米,晚上在一天的疲惫中睡去,这样的生活很充实而且无忧无虑。

最难忘的是环太湖骑行,300千米的太湖我四年环行了五次,而且有三次是只用一天环行完成的,太湖的300千米,每一千米都十分熟悉。每一年的"十一"黄金周,环太湖骑行对我们来说必不可少。2014年环太湖的第二天,队员经历了第一天近100千米的骑行,第二天的路程似乎有些让大家吃不消。15点我们到了环太湖公路,比我们预期要晚三个小时,这是三天环太湖中最美的路段,我的右手边就是太湖,一路几十千米都是这样。但这也是最艰难的一段路,因为要承受来自湖面的侧风以及欣赏这一路几十千米荒无人烟的景色。

傍晚18点,暮色临近,在吴江预订的连锁酒店已经多次打电话询问何时才能入住,一拖再拖,拖到20点,酒店默认我们不再入住。可环太湖公路上的路标告诉我们距离吴江还有40千米,即便维持当时的速度还要至少2个小时才能到达,很多队员都已体力不支,一些女生都需要靠男生推车才能继续前行,毕竟此时距午餐过去近8个小时,大家随身携带的水和巧克力也基本吃完。

21点,我们到了庙港村,所有人都很兴奋,因为终于有人家了,终于可以吃晚餐了。虽然在这个普通的乡村,这个时段每个人只能吃上一碗5元钱的面条,但是这碗面条可能是此生吃过的最香的一碗,没有人抱怨它的咸淡,也没有人抱怨店面的寒酸,仿佛这一刻我们都不是娇生惯养长大的。22点,稍加休整,我们又继续前行。当晚的目的地是吴江,虽然预订的房间已经没有了,但是带着无数的未知和希望,还有那碗5元钱面条提供的动力,我们继续向前。

凌晨一点,我们终于到达吴江,但是此刻已经找不到我们40多人的安身之处。一直到凌晨两点大家都露宿街头,几经辗转我们终于找到了一家可以容身的小旅馆,在这间小旅馆里没有浴室,没有洗漱用品,整个三层只有一间洗手间……而且由于我们人数太多,他们的房间本就不多,只能10个女生睡一个标准间,四个男生睡一个单人间,单人间很小以至于把床垫放在地上之后就关不上门,这一晚上大家就是在拥挤与阴冷之中度过的。

这间人均10元钱的旅馆,是我们从未体验过的,但我们似乎忘记了抱怨,忘记了曾经的娇生惯养。也许，这就是我们在骑行过程中的难忘经历和成长。

可能有人会问这有什么意义，值得在这里写出来，我也道不明，但我觉得并不是每件事都一定有所谓的意义，这就是我生活的一部分。有了它，我的大学才是完整的。它让我的大学生活不那么枯燥，充满了乐趣，交往了不同的人，遇到了生活中更多的可能性。

社区的故事

第三个故事是关于社区的故事。至善学院一直鼓励我们从事义工和志愿服务，一方面是让青年学生为社会做贡献，另一方面我觉得更重要的是让我们有机会感受社会百态。同样，由于我的专业使然，参加各种社区服务似乎成为我们的必修课。我想分享其中的两个：第一个是在社区精神康复中心，因为我在这里做社区服务的时间最长；第二个是在一家养老院，因为那次对我的触动最大，也影响了我以后的研究兴趣。

可能很多人都看过《天才在左，疯子在右》这本书，但是估计很少有人去接触过他们。在社区精神康复中心的那一个月，可以说是完全和另外一个

至善生结业典礼签名墙留念

世界的人在接触。但我所感受到的是，在这里的一个月其实可以体会到人性最本质的纯真，他们没有健康人的那种复杂的心思，每一个心灵都很"纯净"。当你和他们聊天的时候，他们不会顾虑，甚至不用去思考太多的逻辑。有时候你甚至会羡慕他们，这种生活真好。

"老吾老，以及人之老"。在养老院，我可以看到未来的我们。有一年冬天，我去养老院，养老院的工作人员正在给老人们发水果，发的是剥好的柚子，一位老人不顾弄脏衣服直接拿了两块揣在兜里，我问她这不会把衣服弄湿么？她说没事，很久没吃到水果了，留着晚上吃。当时我听完不知道是什么样的感觉，我的父母或者是我将来也会不会如此，过这种凄凉的生活。大概也是从那以后，我开始格外关注老年群体的研究，包括本科毕业论文、硕士毕业论文都是这个方向。

无论是在精神康复中心还是在养老院，其实给人更多的是心灵上的触动，那种不可名状的感觉。这段经历对我最大的影响就是把生活过得简单些，多一些纯真，抽空多给父母打个电话。

希望我分享的这三个故事对至善学院的学弟、学妹们能有所帮助，也非常希望大家尝试参加一次学科竞赛，因为通过学科竞赛可以获得更综合的训练，可以有更多走出去的机会来认清自己，并且，一定要争取成为整个项目的负责人，只有这样才会收获更多。参加一个兴趣类社团培养一个兴趣，通过培养一个兴趣，尤其是体育类的兴趣能让你的人生精彩许多，因为体育活动可能是接触人最多的活动之一，结识更多的人，遇见生活中更多的可能性。参加一次社区服务，不仅是为了贡献个人的力量，更为了通过最基层的社会单位，能够感受人生百态。无论你是什么专业，你终究是生活在这个多姿多彩的社会中。

博观而约取,厚积而薄发
2018 届至善特别荣誉生　陈柳红

> 陈柳红,女,1995 年 9 月生,江南大学理学院信息与计算科学专业本科毕业,2018 届至善特别荣誉生,毕业后前往华中科技大学深造。

我是陈柳红,江南大学理学院 2014 级信息与计算科学专业毕业生,至善学院 2015 年度至善生。在江南大学的四年,秉承"笃学尚行,止于至善"的校训,在学习上刻苦钻研,成绩一直名列前茅。大学四年,所学 33 门核心课程中,30 门课程获得满绩点,以 GPA 3.91 的成绩毕业,三年综合测评排名年级第一。同时在导师悉心指导下,我共发表学术论文 6 篇,其中工程索引(EI)3 篇,中国科学引文数据库(CSCD)2 篇,核心期刊 1 篇。经过老师精心的指导和自身的辛勤努力,多次获得荣誉与奖励。四年共获 14 个荣誉称号,并获得所有学业奖学金等累计 11 次,共计 4.5 万元。获得江南大学"校长特别奖"、江南大学至善学院"至善特别荣誉奖"、2017 年国家奖学金、2017 年美国大学生数学建模竞赛二等奖,2016 年全国大学生数学建模竞赛江苏省三等奖等国内外奖项 20 余个。此外,我积极参加院校活动,曾三次获评"校三好学生"荣誉称号,一次无锡市"三好学生"称号以及以排名第二的成绩获至善学院国际交流专项奖学金,江南大学第十六届"十佳大学生"称号等,个人事迹入选江苏省国奖风采录。

大学期间部分获奖证书

博观而约取，厚积而薄发　2018届至善特别荣誉生　陈柳红

青春给了我一个展示的平台。同每个青年人一样，我也热血澎湃，满是对未来的规划和展望。正是因为这份信念，在求学期间，我用勤奋换学识，用实践换真知！在一次次的学习与实践过程中，收获了喜悦与能力；在一场场的比赛中，我明白了回报与无悔；在大学的舞台上，我用拼搏将青春展现得淋漓尽致。就这样，一次又一次的经历，浇灌了我的青春梦想，铸就了我的江南梦。

书山有路勤为径，学海无涯苦作舟

入学伊始，一切似乎都像童话中描述得那般美好，各种各样的活动信息如雪片般向我们纷飞而来，年轻的我们还来不及学会自我控制，便被迫面对人生中最大的诱惑——彻底的自由。逃课、出游、放纵？自习、努力、不合群？是随波逐流还是定心求己？我曾一遍一遍地问过自己。高考压线入校的我也曾烦恼，也曾彷徨，也曾迷失方向。然而，当内心之中想成为更加优秀的自己的想法依旧强烈时，当我在忙碌与悠闲之间毅然选择前者之时，便已注定我与周围的人必将越来越不同。

别人在宿舍里上网休闲的时候，我在钱伟长楼通明的楼道里与社团的朋友设计拉赞助方案；别人跨上包出门逛街的时候，我在自习室安静地看书写字；下课时大家一哄而散，我选择留下来和老师讨论交流。小小的书桌上总是堆满了读书笔记、论文初稿、论文翻译和演讲稿。我没有可以倚仗的天赋，但我有一种执念，坚信勤能补拙，笨鸟先飞。大二、大三期间，我平均每天学习工作到凌晨2点；每个小长假，我也都是在自习室中度过，甚至大年初六便返校撰写论文。一张张密密麻麻的作息时间表，一沓沓条目清晰的任务清单，见证着我奋斗的足迹。

学习之道，在于自主，在于自省。学习始终是我大学生活的主旋律。四年时间，共计31本、200万字笔记，平均每年借书量达37本，一页页认真批注的书籍，一张张用心总结的笔记，是我走到现在的基石。

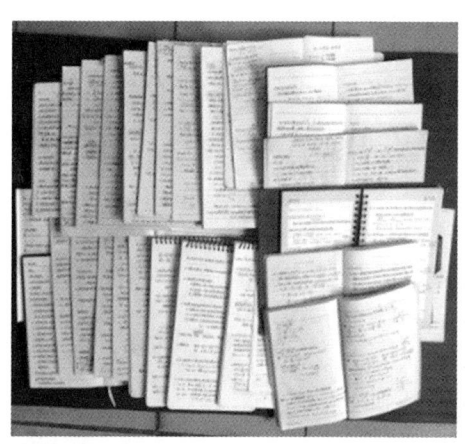

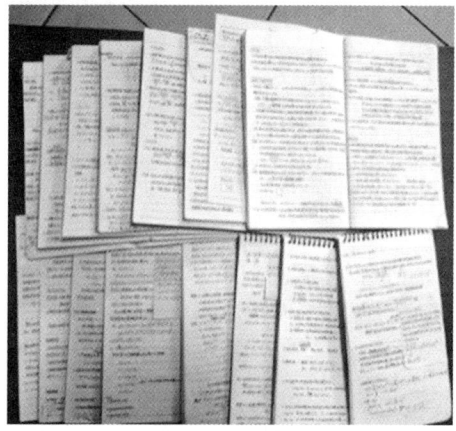
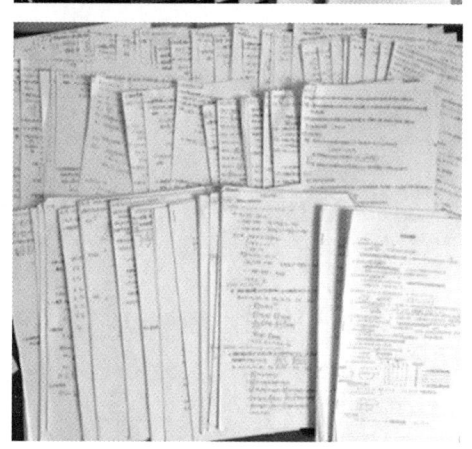

大学期间的部分笔记

回想那四年，也许就是那股"开始了就要做好"的倔强劲头，让我淡然面对周围人的不解，在学习、工作与生活之间，找到一个最佳的平衡点。蓦然回首，那些其他人看来光鲜的名头与经历，似乎在我还懵懵懂懂之时，自然地发生了。大学四年中，连续两年我以满分的 GPA 名列专业第一，在三十三门专业课程中，我有近三十门的课程成绩为优秀。

优异的成绩也让我顺利地进入了江南大学的荣誉学院——至善学院，在至善学院我认识了更多其他专业优秀的同学，接触到了许多不同领域出类拔萃的精英们，不同的学科，看待世界的视角不一样；从他们分享的经验中，我了解到了一个新的世界，还可以与他们面对面地畅谈自己的问题与疑惑。

读万卷书，还要行万里路。通过至善学院，我在大二时赴台湾铭传大学交流学习，参加至善学院创新研习营，实地调研中国大陆与中国台湾消费方式的差异，了解了台湾的风土人情。在创新研习营中，我看到了外面世界的广阔及世界的丰富多彩；我看到了人外有人，天外有天；我也开始思考，哪里才是属于我的广阔天地，哪里才是我未来努力的方向。人生如同坐在硬座车厢里的众生相，相同的终点却有着不同的遭遇，我的台湾之行便是如此。游学的时光里，有喜有悲，有幸福有收获，那段经历让我更加坚定了我的人生目标。

纸上得来终觉浅，绝知此事要躬行

"知之愈明，则行之愈笃；行之愈笃，则知之愈益明"。简短的几个字，一条永恒的真理。我在学习专业知识之余，还积极参加各种数学竞赛和科研项目，注重创新能力的培养。

为了练就过硬的专业素质，大二的暑假、大三的寒假，虽然这个过程漫长而辛苦，我都选择了放弃悠闲的假期时光，投身数学建模的备赛。这一段时间，既让我学识获得提升，同时也磨砺了自己的意志。每日的任务，不比平日上课时的少。此外，还要进行一次次的赛题训练。

我先后参加了全国大学生数学建模竞赛（以下简称"国赛"）和美国大

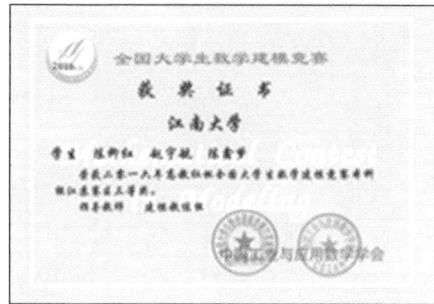

部分学科竞赛获奖证书

大学期间发表的论文

博观而约取，厚积而薄发　2018届至善特别荣誉生　陈柳红

学生数学建模竞赛（以下简称"美赛"），最终论文获得了国赛江苏省三等奖。之后，汲取国赛经验和反思不足，我又积极参加了美赛，美赛论文获得了二等奖。通过这些竞赛，不仅提高了我利用数学工具分析和解决问题的能力，还锻炼并提高了我在团队合作、论文写作以及应对压力等方面的能力。

在科研创新上，我更是积极地参加了全国大学生创新创业训练计划项目"模糊与软KU代数的若干研究"（项目号：201610295005）。

科研不能一蹴而就，需要时间的磨砺与挫折下的坚韧。数理探索的道路上，困难重重，数学领域的原理总是晦涩难懂。两年半的时间，三十个月，在别人眼里单调枯燥的过程，因为热爱，所以充满了乐趣与挑战。

室友都"嘲笑"我是过着本科生的生活，操着研究生的心，做着青年学者的梦。学术研究中，时而痛苦迷茫，时而失落彷徨。然而，梦想在坚持中才会愈发靠近，青春在挑战中才会熠熠发光。也正是因为坚持不懈，才有了耕耘之后收获的喜悦。

数学证明中的失败往往才能引出有价值的数学成果，在不断的失败与努力中，在第七届本科生创新论坛中，项目斩获全校唯一的"最佳团队"奖。

大学四年，我以第一作者的身份共发表了四篇学术论文，两篇EI、一篇CSCD、一篇核心；以第三和第四作者的身份分别发表了一篇学术论文、一篇收录于工程索引（EI）和一篇收录于中国科学引文数据库（CSCD）的文章。

因为有了科研，丰富了我的成长经历，也为我个人的发展提供了更好的助力。因为有了科研，学业的道路不再是简单重复的直线。

穷则独善其身，达则兼济天下

我认真学习中国特色社会主义思想，时刻以党员的标准严格要求自己，践行"全心全意为人民服务"的宗旨。2016年11月30日，一个庄严的日子——我终于成为一名共产党员！

一滴水只有放进大海里才永远不会干涸，共产党员只有生活在群众中才能永葆活力，为同学服务是我大学期间履责践行、实现自我价值的着力点。

我担任了学院党务中心主任助理，积极关心同学们学习、生活及思想上

（1）大创分享交流会

（2）数学建模分享交流会

大学期间参加的部分学习经验交流分享

优秀学业辅导员证书

的动态，经常向同学们传播党的先进思想，增强支部的理论学习和同学们的实践动手能力。我还向党组织积极推荐优秀的入党积极分子，严格审查入党积极分子的履历资格，确保党员的优质性。

作为班级学习委员，我以身作则，在同学中起到了良好的模范带头作用。作为老师和同学沟通的桥梁，一方面能认真细致地传达老师的要求，另一方面尽最大努力解决同学的问题。

我带领同学们开展一系列的班级活动：邀请优秀教师和学长、学姐们与班级同学分享交流，成立学习小组并开展学业帮扶活动，使班级成绩在年级中较为突出。组织优秀同学开展"学长课堂"，专项进行课程答疑。我主动联系一名学习暂时有困难的同学，三年的努力让其从成绩中等偏下到最后录取研究生。我还担任了学院学习促进中心主任，对学院课堂出勤率、学风纪律进行监督，协助学院开展每一次月考、期中考，进行数据分析，搭建同学们的帮扶通道。

因为助人，我感受到了作为班级干部的责任与担当，也更证明了一名优秀科研人不仅局限于自己，也在于自身所发挥的作用。

不忘初心　方得始终

荣誉属于过去，而未来还需要打拼。"成功绝非幸运，幸运绝非偶然"，这句话一直伴随着我走在奋斗的路上。2017年，我又走到了人生道路的十字路口，到底是继续深造，还是直接就业，这一次我依然选择了前者。我收到了南京大学、华中科技大学、同济大学等多所高校的录取通知书。2018年9月，我推免至华中科技大学攻读硕士研究生。

学科内不同的学习层次，看到的世界是不一样的。为了能够拓展心胸、提升眼界，把学识转化为成果并成就事业，拥有一群同层次、同境界的知心同窗携手并进，经过慎重充分地调研和思考，我选择成为了一名博士研究生，我的目标就是给未来的科学研究做准备，留下一些有意义的研究成果，并且努力找到自己的职业方向，努力让我自己变成一个更好的社会工作者。正如肖庆华同学说的："美丽的外表千篇一律，但智慧的灵魂可是万里挑一。"世界就在那里,我们改变不了世界,但我们可以学习,因为我们有多少知识,我们的世界就是怎么样的。有时候,路是越走越宽的,当你把当下做好的时候,你的目标和轨迹也许会发生变化。

笃学尚行　止于至善

在此,送给学弟、学妹们几条良心建议,希望大家少走一些弯路。既然未来很迷茫和不确定,就尽自己所能把当下的事情做好。

以前高中老师会给我们灌输"上了大学你就轻松了"的思想,这句话有没有道理,当然有了:上了大学,没有人监督你,你可以很自由地安排自己的时间,可以睡懒觉,可以翘课,可以迟到,甚至可以申请免修不免考,只要你能及格,无论你怎样安排大学时光,都不会比高三更紧凑。高中老师没有骗我们,我们可以选择轻松的方式,只不过老师的话没有说完,我想完整的话应该是"上了大学你就轻松了,也可以不轻松"。

以下是一些个人经验和体会,列出四点我认为比较重要的学习能力和学习方法,希望能对大家有所帮助。

第一,不要轻信读书无用论,学好自己的专业。有很多同学都会觉得,自己学的这门课程没有一点用处,毕业之后自己也不会从事这一行业,所以上课随便敷衍了事就行。又或者看到身边的某个不学无术的人毕业之后照样赚了很多钱,以此来安慰自己,索性就放纵了自己。但是没有自己的专长,则不足以安身立命。专业是自己未来生存的本钱,同时其他能力会帮你做得更好。现在的很多学弟、学妹们没有认识到专业对他们的作用,而把更多的时间放在了锻炼其他能力上,这样做无异于舍本逐末。没有优秀的专业技能,未来的发展会有影响。

第二,学会主动学习。进入大学的校园,你就必须从被动转向主动。在大学里,没有人比你更在乎自己的工作、学习、生活和未来,你必须成为自己未来的主人,你必须积极管理自己的学业和将来的事业。积极主动首先表现为对自己的一切负责,不要把不确定的或困难的事情一味搁置起来。比如说,有些同学认为英语重要,但学校不考试就不学英语,我们大三、大四没有英语课了，所以许多同学就放弃了自己的英语；或者有些同学觉得自己需要参加社团磨炼人际关系，但是因为害羞就不积极报名；还有的同学看到别人逃课，自己也跟着不去上课，这都是可能会犯的错误。

第三，**善用身边资源**。大学生应当充分利用学校里的人才资源，从各种渠道吸收知识和方法。如果遇到好的老师，你可以主动向他们请教，或者请他们推荐一些专业书籍的参考读物。除了资深的教授以外，大学中的青年教师、硕士生、博士生乃至自己的同班同学都是最好的知识来源和学习伙伴。每个人对问题的理解和认识都不尽相同，只有大家互帮互学，才能共同进步。

第四，**大学四年要有一个正确的认识和规划**。在学习中享受到最大的快乐，在毕业时找到自己喜爱的深造学校或工作，把自己培养成为一个有能力、有思想、有价值、有前途的人。

"成功绝非幸运，幸运绝非偶然""不积跬步，无以至千里；不积小流，无以成江海"，学习是一个积累的过程，人生又何尝不是。希望所有人都能怀揣着自己的梦想并且脚踏实地迈出每一步，天道酬勤！

为者常成，行者常至
2018 届至善特别荣誉生　　吕霞

> 吕霞，女，1994年2月生，江南大学无锡医学院护理学专业2014级学生，至善学院2015级学生，2018届至善特别荣誉生，现就读于东南大学医学院，主攻护理教育与管理方向。

我是吕霞，如果把我步入大学以来的人生，比喻成一棵树的成长，那它将有五个不可或缺的组成部分。

播撒种子

还记得当初参加至善学院选拔的笔试时，有这样一个问题：你想成为什么样的人？选项有3个，分别是"学术大师""兴业英才""治国栋梁"，这是至善学院人才培养的愿景。我犹豫了好久，最终忐忑地选择了"兴业英才"。我没有把这个当作玩笑，而是真的想努力成为这样的人。"兴业英才"这个目标，就像一颗种子一样，在我心里扎了根，发了芽。即使是迷茫的时候，我也会坚定地对自己说：当时的梦想，我还记得！

挺直树干

在梦想的种子探出脑袋之时，我早已开始琢磨树干该怎样生长，为自己拟好方向。而真正系统地考虑并制订计划是恰逢"武进人才杯"江苏省第十二届大学生职业规划大赛，我参加了比赛。在辅导员的帮助下，我对自身能力和成长环境进行综合分析，初步确定要努力成长为高校医学院的一名教师。我抽时间以面谈或邮件的方式，访谈了一些学院专业导师和临床护理骨干，并制订了未来几年内自己的发展规划，也同时预测性地做了适当的评估与调整，经过院级、校级评比，我以一等奖的成绩进入了省级比赛，并最终获得省三等奖。省级比赛之时，我正在北京协和医院实习，十个月的临床经历，让我更加坚定了自己的想法：做一名优秀的临床护士固然能帮助很多人，但做一名优秀的护理教育者，可以培养更多出色的临床护理人员，他们将会帮助更多的人。大学的我，对自身职业的发展，了解得还不是很全面，现在，我正在攻读护理教育与管理方向，对职业的发展有了更多的见解，也许未来，我不一定会成为一名专业老师，但医疗卫生事业的教育与管理一定是我不变的航线，一定是我精准的方向。

扩展枝叶

人们常说"你是什么样的人"和"你想成为什么样的人"之间的差距就是你做了什么，而我做的就是学习。

首先，是学习基础医学知识，因为扎实的理论知识是实践的保障。还记得大一上学期，由于个人原因，我只上了3个多月课，未能来得及参加所有科目的考试就休学了，结果那个学期的成绩是年级倒数。休学两年没有接触专业课程，再次捡起专业知识，我感觉很吃力，但我没有抱怨，也没有放弃，我告诉自己，不会的话就多看几遍，看不懂的话就多问几遍，总能明白的。此外，我还开启"宿舍-食堂-图书馆"三点一线的生活，用大一下学期这半年的时间，从年级倒数爬到了年级第一。接下来的三年时光里，我除了专业学习之外，还选修了至善学院的应用文写作、学术论文撰写、英语口语、现代艺术与现代设计等课程，学习自己感兴趣的交叉学科，扩充知识面。四年里，我 GPA 和综合测试成绩一直保持前列，还获得国家奖学金。其实我并不确定自己比别人聪明多少，但我确定的是自己很努力。

我一直觉得，学习并不是把自己局限于某一专业、某一方向，学习应该是培养能力，提升阅历。

为了不断提升专业实践能力，我前往北京协和医院实习，和舍友合租在不到 10 平方米的屋子里，每天往返医院要两个多小时，忙的时候每周上三个夜班。现在回想起来依然觉得很累，但不后悔当初的选择，因为那一段经历，我有机会接触到专业领域优秀的师兄、师姐们，有机会接受到医学护理行业最前沿的信息和相关培训。也因为那一段经历，我更加坚定了自己的选择。实习期间，我还和同学组队参加全国护理技能大赛，进一步提升护理评估与实践能力。

为了不断提升科研创新能力，我和人文学院的同学一起开展关于"城市公共场所建立母婴室"的校级科创项目，与外国语学院的同学一起开展关于"TED 训练对英语输出的浸入式影响"的至善模拟论坛，和同专业的同学一起开展关于护理专业价值观的近况研究，多维度地挖掘自己的创新潜能。

为了不断提升语言运用能力，我多次担任海内外交流项目志愿者，并担任外教助教，在老师和学生之间协调，出色完成至善英语应用能力强化训练，并获得 A 等级。

为了不断提升社会实践能力，增强服务意识，我积极参与各种学生工作和社会工作，无论是班主任助理、军训副教官，还是征兵形象大使、励志强能班讲师，我都尽己所能地去履行自己的职责。我热衷志愿服务活动，其中历时最长，印象最深的是参加江苏省"博爱青春"项目，关爱孤独症儿童。当时我担任资料组组长，与团队成员一起讨论并采集信息，策划并书写文案，宣传并实地走访，变身小记者，收集点滴心愿，开设名师讲堂，前往市儿童康复中心与孩子和家长们积极互动，为关爱孤独症儿童尽绵薄之力。4 个月的付出，我们的"博爱青春"项目得到了市领导、相关机构的广泛关注及高度

为者常成，行者常至 2018届至善特别荣誉生 吕霞

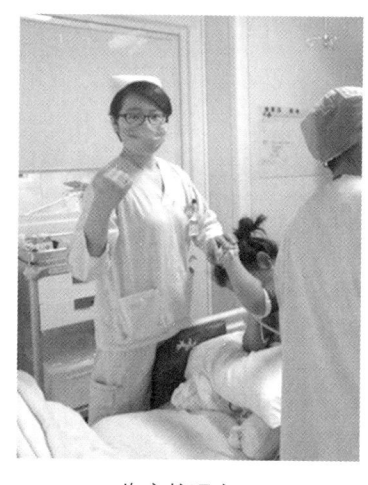

临床护理实习

参加全国护理技能大赛

评价，还被评为了"省十佳团队"。这是对我们的肯定，也是对我们的鼓舞。大学四年，乐于实践的我，被评为"校三好学生""校先进个人""校优秀共青团员"等，个人确实成长了许多。

为了增长阅历，开阔眼界，我抓住机会进行游学。为我开启第一扇大门的是至善学院组织的台湾铭传大学游学项目，和一群来自各个专业的小伙伴游学，接受室内上课与室外调研相结合的课程安排，领略当地的风土人情，探讨两岸文化传统，我们碰撞出了许多火花，也拓宽了国际视野。第二年暑假，我参加了无锡医学院组织的香港理工大学游学项目，期间参观了香港的养老照护中心和移动医疗中心，并完成了"中国香港临床护理技能实训与两地*养老照护模式比较"的课题。这是第一次针对专业的游学，我受益匪浅。第三年暑假，我再次参加了无锡医学院组织的"瑞士洛桑源泉卫生学院（HESAV）"游学项目，去到当地的多家医院见习，完成了"国内外护理教育与护理实践的差异对比研究"课题。一次又一次的对外交流经历，拓宽了我的国际化教育视野，也激发了我探索职业发展的潜能。

现在，科研之余，我依旧注重多方面能力的培养，参加"模拟国际会议"，锻炼英语演讲能力，参加"东南大学117周年文创设计大赛"，发展自己的兴趣爱好，均获得了佳绩。作为研究生辅导员助管，我协助老师处理学生日

注：* 两地指中国内地及中国香港特别行政区。

常工作，从入学教育到毕业就业，从衣食住行到思政科研，都努力扮演好助手的角色，注重细节，追求完美。作为医学院综合第二党支部副书记，我协助书记做好各项党务工作，开展形式多样的党日活动，培养党员干部力量，先后被评为校"优秀研究生共产党员"和"优秀研究生干部"。还记得研究生入学之初，老师让我竞选无锡医学院研究生学生会（以下简称"研会"）主席，我犹豫了，我担心自己做不好，担心自己无法合理分配时间，但老师说，他相信我能胜任。也许是基于对老师的信任，我肯定了自己，并在研一担任了研会主席。为了进一步优化研会工作和管理，加强自身组织建设，我和研会骨干起草公布了《医学院研会规章制度》，对研会工作准则、职务职能、例会考勤、财务物资管理等做了明确规定，使研会在更加完善的监督体系下卓有成效地开展工作。为加强研究生各项活动的宣传及信息管理，我们启用了微信平台，联合校研会、教务处、团委等，将课程教学、医学技能、培训就业、讲座指南、通知公告等信息进行整合，以便更规范、全面地为师生提供资讯，为学院做好宣传。为做好学术倡导和思想引领工作，受益于当初至善讲座和讲坛的影响，我带领研会成员，在学院老师的帮助与指导下，前后开展27场次医学前沿讲座、人文与科学素养讲座，邀请海内外嘉宾40余人。此外我们还开展心理健康、爱国教育活动，开展校庆论文报告会，举办学术沙龙，不断引领学风建设。一年的研会工作，紧张而充实，我的领导能力也得到了进一步的提升，可是同时我也发现了一个问题：研会工作占据了我过多的精力，我的科研进程有些落后，所以在正式交接研会工作之后，我就立即转战自己的科研课题，看论文、下临床，和导师探讨，向师兄、师姐们学习，尽快提升科研进度。现在虽然科研和日常工作比较繁忙，我依然给自己定了一个小目标，每年至少参加一次志愿服务活动，在完成自己的目标之余，还意外地收获了"优秀志愿者"和"荣誉志愿者"的称号。

汲取营养

人一路走来不可能只靠自己，周围的人和事多少会对我们产生影响。大学以来，乃至现在，除了父母以外，老师、同学、朋友是影响我的三大群体。

刚复学归来时，我不太适应校园生活，跟不上教学进度；去北京实习时，生活条件有限，工作压力较大；参加全国护理技能大赛时，培训时间紧张，练习效果不佳……每每这些时候，学院的老师、身边的同学和朋友都会第一时间过来帮助我、鼓励我、支持我，给予我坚持下去的动力，他们像阳光雨露般滋润着我的成长，感恩他们的一路相伴。

  大学四年，我没有受过较大的挫折，唯一算得上"被风雪雷电洗礼"的应该就是两年的军旅历练。很多人问过我，为什么参军入伍，我也回答过很多次：其实没有为什么，我就是想去，家里又不反对，正好层层筛选下来我又符合各项要求，就去了。看电视机里那一抹抹橄榄绿，那一个个挺拔的身姿和矫捷的身影，那有棱有角、整整齐齐的内务，我很羡慕、很向往，在进入军区大院的那一刻，我下意识地收起了所有的锋芒，接下来的时间里我慢慢体会到，这里的一切都不是一蹴而就的。刚入伍的我就是一只"菜鸟"，军姿站得一碰就要倒，体能练得靠别人左右搭把手，内务太丑被扔进厕所，话务考得班长直跳脚……我都开始怀疑自己了，怎么就这么差劲呢？班长虽然很生气，嘴上不停地批评我，但一有时间就过来指导我，我也是个不轻易放弃的人，军姿体能不行就晚上"加餐"练习，内务、话务不行就早起练习，经常每天只休息三四个小时，如果半夜班长一时兴起，再来个拉练，那就真的是痛苦得不行，过了将近6个月的煎熬时光，我和战友们终于完成了"菜鸟"向"雏鹰"的转变。各项训练基本步入正轨，挎包、水壶、95式机枪齐上阵跑体能，15千克背囊负重行军基本没有问题，拉练时再也没有闹过"左脚战备靴右脚胶鞋"的笑话，蜕变如此之快，我们自己都不敢相信，但我们真的做到了，这就是我们的潜能。两年的部队生活，我履职尽责，展现"大学生士兵"的风采，并凭借出色的表现，获得部队"嘉奖"和"优秀士兵"的称号，而军旅的历练，让我在以后的人生中也更有韧劲。很庆幸，我当初做了这样的选择，大学期间经历这样的"小插曲"无疑在我成长的道路上增添了几分色彩。

开花结果

  常言道：三四月做的事儿，在八九月自有答案。我的目标——兴业英才，比较长远，可能没这么快见分晓，但我将继续坚守自己的承诺，以时间为杠杆，用效果做叠加，在探索医疗卫生事业教育与管理的道路上努力前行。我始终相信：为者常成，行者常至！

其实，在进入江南大学的那一刻，我们就已经拿到了一副好牌，而怎样去打好这副牌，取决于我们这四年的努力。我们都很年轻，当下需要做的，就是辛勤耕耘，平整自己的这一方沃土，而不是去焦虑时光。如果这世界上有一千种等待，那努力的我们一定是最好的那一种，叫作未来可期！

研究生期间继续志愿服务

不负韶华　终将芬芳
2018届至善特别荣誉生　张满琪

> 张满琪,女,1996年11月生,江南大学生物工程学院生物工程专业2014级本科优秀毕业生,2018届至善特别荣誉生。曾参与各类社会活动二十余项,曾获得两次国家奖学金、江苏省三好学生、校十佳大学生等各类奖学金及荣誉称号近四十项。学习、科研、竞赛、学生工作、社会实践、兴趣爱好各方面全面发展。毕业时以专业综合排名第一名被保送至中国科学院攻读硕士研究生。

我是张满琪,江南大学生物工程学院生工1403班班委,至善学院1505班班长,创业学院2015班班长。学习科研之路的探索者、健康文娱生活的爱好者、向往美好未来的奋斗者。

迷茫中成长

大一刚入校的我,对大学有着最热烈的情感,对周围的人和事的热情及新鲜感,让我较快地融入了新的环境。但学习方面,思维还延续着初高中的模式,将重心放在提高各科成绩上。于是教学楼、图书馆、宿舍楼下自习室便成为了我经常出没的地方。我渐渐发现,各科的学习方法已经和高中有所不同,能通过刷题解决的东西越来越少,能针对性反复练习的题目和时间也在变少,而学习的内容却在变多,考核的形式也在变多,这些都需要自己去摸索抓住重点。此外,还有不同于初高中的地方是,很多事情不再由家长、老师代办,而是需要自己去搜寻更多信息。换而言之,自己要变得越来越独立。

高中的时候,该做什么不该做什么,基本都是被规定好的,除了上课、考试和刷题,吃饭和睡觉都变成了一种娱乐。大学生活最大的特点就是"自由",有很多的时间做自己的事情。课堂上大家做的都是相同的事情,但课后就不一样了。这不仅指晚自习的时间,还包括晚自习后的那一段时间。有的人看书写作业,有的人追剧打游戏,有的人刷淘宝看直播,这都是个人的选择,没有对错之分。宿舍楼下的自习室24小时开放,大学四年里,我无数次地第一个来最后一个走,看过在角落每天抱着书狂啃的同学,在楼道里背书练口语的同学,坐在草坪上画设计图的同学,早上六点半就占座自学编程、日语的同学……这背后反映出来的东西叫作自律,或者说,对自己的控制能力。把这些隐形的时间利用起来,久而久之,你就会发现自己已经跑在别人的前面。

因此,寻找合适的学习方法,平衡学习与工作、生活的时间分配,学会独立和自律,成为我大一的主要事项。这时的我,着眼点还在眼下,对未来还没有一个清晰的计划,但我知道,只要脚踏实地走好当下的每一步,最终自然会有收获。

摸索中定向

经过一段时间的摸索,我对大学的学习方法渐渐有了自己的思考,懂得如何在繁多的知识中抓住重点,并在考试考核中反映出自己的努力,获得了国家奖学金。慢慢地,我开始丰富自己的角色,担任至善学院和创业学院班级班长,加入校艺术团舞蹈部,赴贵州黔东南支教,担任江南大学酒科技馆讲解员,主持国家级大学生创新创业训练计划项目,参加至善学院组织的香港、台湾游学项目等。一次次的尝试和突破,让我收获了更多的成长。

至善学院对我的本科阶段有着重要的影响。学院里每学期丰富多彩的选课,使我了解了其他学科领域的知识,我深知多学习才能少偏见、多欣赏。游学过程中,我增长了见识,学习了新知识,其中最令我难忘的是团队坐在床边通宵,一起紧张筹备第二天汇报作业的样子,这样"疯狂"的经历,也增强了我再次面对新挑战的勇气，开始敢于一个人探索一座新城市。同时在这些活动经历中，我认识了越来越多有趣、优秀的同学。慢慢地，我的朋友圈变大了，经历丰富了，视野也拓宽了。在不断的探索中，最终我确定了自己前进的方向，打算努力学好本专业，继续做科研。

前进科研路

我的科研之路开始于大二一份偶然的工作。那时，生物工程学院临时招募勤工助学的学生，帮忙刷洗实验室的培养皿。我和室友们一方面对真正高大上的实验室充满好奇，另一方面又觉得能利用闲余时间挣一份小小的收入，就一起报名上岗了。我在实验室碰巧遇到了副班长，他教我第一次拿起了移液枪，我开始接触学习分子生物学实验。之后我"辞职"了，但每次课余时间，就去向副班长学习实验操作。就是这样一个机缘巧合的机会，副班长成了我科研路上的启蒙人和引领者。

真正接触实验后才发现，其实科研和自己现在学的东西关系不是很大，很多科研需要的技能需要另外去学习，是否适合在实验室做科研不是由目前掌握知识的多少所决定的，而是凭想要做科研的动机和决心决定的。所以，不要受自己现阶段掌握知识的局限，只要有热爱科研的心，就应该大胆去尝试。

一年多研究生的生活其实大多学的不是"术"而是"道"，更多的是理

为小学生们讲解酒科技馆的历史文化

参加舞蹈比赛

论和观念的更新，而不仅仅是某一领域知识的堆积。老师不会对你耳提面命地教导，一群成年人在一起学习则全靠热情和自觉。除了平时的上课、科研，我还参加各种讲座和大型会议，以及去野外采样等，用实践检验真知，让我更好地学习和思考。

分享心里话

多去图书馆

意大利法学家和哲学家维柯在那不勒斯大学的开学典礼上说过："人的堕落，首先是语言的幼稚贫乏。由于语言的幼稚贫乏，无数事物和意境无法呈现于心灵之中，混乱、蹩脚和粗野的语词欺骗了心灵。它导致心灵的弊病，永恒的愚蠢控制着它，事物的虚假印象戏弄着它，草率鲁莽的判断将它推向悬崖。"那有什么办法能摆脱这种情况呢？我想，多读书，可以改变一个人的思想与命运。

在我们高中的时候，看闲书是会被没收的。那时候只要看一些与高考内容无关的东西都是罪过。进入大学后，书是没有三六九等的。毛姆说："阅读是一座随身携带的小型避难所。"江南大学的图书馆就是一座超大型避难所，感觉难过的时候就在一排排的书架之间站一会儿吧，会给人一种心平气和的感觉。我喜欢江南大学的图书馆，我非常享受每次站在书架中间那种身心放松的感觉。现在每每想起母校，脑海中立刻浮现出图书馆矗立在曲水桥边那威严又亲切的样子。没能再去几次图书馆也是我毕业后才发觉的一件憾事，学校为我们提供了如此温馨舒适的环境和丰富多彩的学习资源，但是很多人会把大把时间放在社团里、聚会中。人际交往固然好，但要学会甄别和取舍，拒绝浪费时间的无用社交，尽量把时间放在提升自己上。当你变得有魅力又有实力的时候，还愁人缘不好吗？劝君惜取少年时，好好利用眼前美好的一切吧！八卦消息可以给你片刻的热闹，但你读过的书能给你永恒的陪伴。

记录和反思

高中时，老师会推荐大家使用"错题本"，然而这不该局限在高中，也不该局限在记录错题，人生之路上时刻需要总结。我一直有做记录的习惯，做完记录再进行总结反思，总结的内容可以包括但不限于老师授课的思路、阅读时的逻辑、行事的方法、成功或失败之后的复盘。好记性不如烂笔头，通过总结和消化，不仅可以进一步提高自身的专业技能，还能让我更加了解自己，越来越自律。自律的生活给我带来了很多好处，其一便是感觉自己在掌控自己的生活，其二是让自己有了更为清晰的时间观念，这是个非常好的习惯。

让爱你的人安心

太湖之滨、雪浪山麓，风景如画的江南大学见证了无数的爱情故事。我祝愿并支持你们在大学里遇到相知相爱的人，爱情是非常美好的东西，给予我们对于生活和生命的全新体验和灵感，但是很多人处理不好自己的感情状态。不仅爱情、友情，亲情也是如此，总觉得自己应该被照顾和重视。大学里你需要尽快变得成熟起来，成熟并不意味着会说多少大道理，而是意味着我们开始理解身边的小事情，去体谅周围人的不得已，并且在遇到困难的时候处变不惊。作为一个成年人、未来家里的顶梁柱，离家在外，记得时常给牵挂你的家人发个短信、打个电话，告诉他们你很好，你想念他们。给予他人安全感，不让家人、恋人、朋友担心，是你应该学会的。

共勉

记得大学时，我的恩师曾经告诉我："大学教育真正的意义，不是为了增添技艺以便于我们在阶层的攀爬中抢占先机，而是把我们塑造成为一个完整的、身心健全的人，找到自己安身立命的根本。"在大学里，人的成长不是一蹴而就，它需要的不仅是技艺的提高，更重要的是身心的健全，而这个过程是困难而又艰苦的，想要获得任何一项成就，达到任何一个目标都不会那么容易，都需要比别人付出更多倍的努力，倾注更多的心血，一直坚持自己最初的志向。

四年时光，说长不长、说短不短。有欢乐、有遗憾、也有成长。你会发现，不经意间，身边的人或事，或多或少都发生了一些变化。但是，大学四年的酸甜苦辣，都是人生中美好的青春。从迷茫，到思考，到主动去寻找，再到做出选择，其中有很多未曾涉及的领域。比如科研，这也是我目前研究生生涯的主攻方向；创业实践，大学有很多优秀的同学勇敢尝试，也不乏成功的案例。我想，如果本科阶段我在这两方面有更深入的研究和思考，现在可能会有更大的进步吧。

《卡萨布兰卡》中有句话："如今你的气质里，藏着你走过的路，读过的书和爱过的人。"我很庆幸自己有机会经历很多，有过很多美妙的时刻，遇到了很多具有人格魅力的师长，从而让我在学习中感受到惊讶与迷惑，常常自愧于自己的愚蠢，也让我下定了决心要摆脱这个愚蠢的自己。今日之我已成过去，明日之我才更需努力争取，故希望在这里能与各位师弟、师妹们共勉，秉持"笃学尚行，止于至善"的校训，在众人退缩、放弃之时仍然拥有那份"虽千万人吾亦往矣"的决心和勇气！四年不易，转瞬即逝，一切后来的选择也确实是归功于前期的积累和思考，一定要做好准备，多积累，不荒废这四年宝贵的时光。愿大家都有一个更美好的明日之我，也都能拥有美妙的大学时光，谢谢！

无远弗届 不辱绘事
2018届至善荣誉生 陆婷

> 陆婷，女，1995年11月生，江南大学设计学院美术学（师范）专业本科毕业，2018届至善荣誉生。曾担任江南大学设计学院学生会组织部干事、部长，团学服务中心副主席，设计学院学生分团委副书记，江南大学至善学院1502副班长。获得2018年度校长特别奖荣誉，毕业时以专业综合第一名的成绩，保送至苏州大学艺术学院攻读硕士研究生。

硕士毕业已经一年，正在工作室埋头创作新系列工笔画的我，收到了母校的约稿消息，心中五味杂陈。学校的岁月、人事、自己，那些姹紫嫣红的过场戏一幕幕浮现，时间即刻静默。本科阶段的学习生活、校园时光，像镶嵌着金边，珍藏在心底。离开母校时，我告诉自己，虽然离开了江南大学，但还是要爱生活、要画画、要看世界、要好好过人

个人照

生,如今依旧与那刻的自己意气相投,山海在心。

以诗为画,以梦为马

"和所有以梦为马的诗人一样,我也愿将自己埋葬在四周高高的山上,守望平静家园……岁月易逝,一滴不剩,水滴中有一匹马儿,一命归天。"海子这首诗,一直诠释着本科那些年的我。

高中的三年,我一步一步往上爬,在千军万马过独木桥的高考过后,我有了属于我的天空——艺术。对这个专业盲目的执念来自我高中时的母校——苏州市第六中学,这所远近闻名的艺术高级中学浓浓的文化底蕴与艺术氛围滋养了我。而经过大学四年的深入学习,这份盲目执念似乎渐渐拨开云雾见青天,变成澄澈热爱,至今仍旧愈演愈烈。它正像海子诗中那匹马的意象,始终指引着我,收获学业成绩、创作自足作品、明确人生追求、实现梦中愿景。

大学之"大",因有大师而谓大,因有大业而谓大,因有大度而谓大,因有大雅而谓大,因有大德而谓大。最初踏入江南大学的我,像开发了新大陆,满腔的好奇与向往,使不完的元气与精力。我总是以最严苛的要求约束自己,在集体中尽情发光发热,在独处中饱尝自我突破,经历的林林总总,像潘多拉魔盒,充满无限可能与未知,而我正擅长这种不怕苦的飞蛾扑火与沿着静谧轨迹的安宁滑翔。

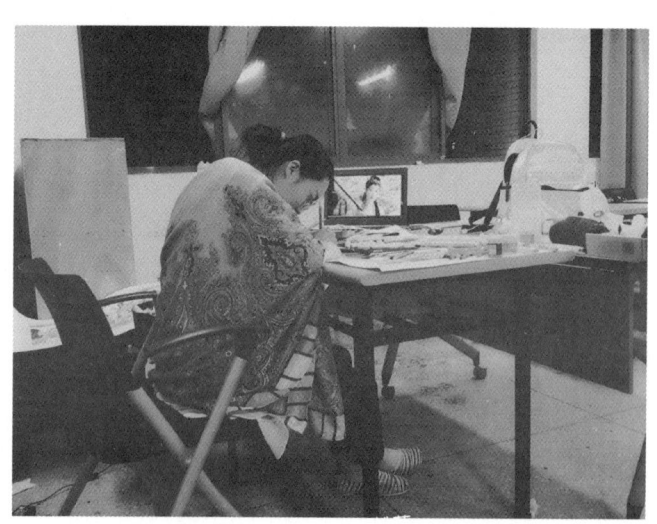

深夜设计学院自习教室的沉浸学习

赤子孤独了，会创造一个世界

大一刚入学时，由于环境的改变与个性的慢热，我始终沉浸在自己的学业与生活中，半分迷茫半分执着。当初《傅雷家书》中一句话点醒了我："赤子孤独了，会创造一个世界。"人的孤独是宇宙性的，唯一能应对的方式就是自适。心思沉静，确实能解决许多问题，这句话是傅雷先生一生的写照，也成了我的座右铭。

后来的四年，在宿舍小小几平方米的空间、图书馆各楼层的自习区域、国画教室的长桌、素描色彩教室的画架前、食堂的咖啡厅、设计学院的空教室、深夜的校园街道……都能看到我的身影。我努力学习每一门专业课程，每一样作业我都追求精彩绝伦，花上多少时间、精力在最终璀璨的成果面前都不值得一提。每一次作业都是一个主动学习的过程，我坚信如果你的起点够高，你能涉猎的范围方方面面，学到的东西自然就多，潜移默化中它们在重组、融合，四年后交织成一个全能型人才，实在一举多得。

一丝不苟、不遗余力这些词未免不够谦虚，对于自己学习的这股子热忱，最应该感谢的，是兴趣，是执念，是热爱，是梦想，是一颗不甘平凡跳动的心。故此，我严格要求自己，艺术专业的学习所要掌握的绝不能是一套附庸风雅和装神

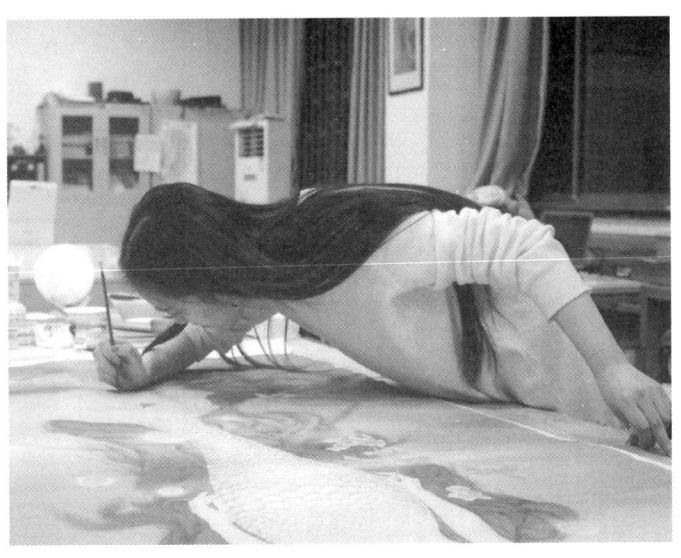

专业课程中的工笔画创作

弄鬼的本领。因为，艺术完全不同于文学、音乐等其他文化门类，其实物呈现及展示对于受众对作品的认知和学习至关重要。从艺术作品中看到的应是对艺术史的认知及艺术家对艺术精神的坚守，必须求真务实，以突破性的观念语言切入问题内核，表达深层次的个人情感或反映社会现实，传递思想精神，赋予艺术作品感召力和启示价值。正是对自身专业极高的要求，落到实处，我收获了些许学业成绩：GPA 3.88，本科四年学习成绩始终保持专业第一，专业排名 1/43，智育排名 1/43，德育排名 1/21，体育排名 1/21；连续三年荣获国家奖学金，后被评为校三好学生标兵，并通过选拔成为 2015 年度至善生。

至善的幸运儿

大一学年在学习上的沉浸使我取得专业第一的好成绩，更大的收获是与之带来的自信心，大二刚开学，学院通知江南大学荣誉学院——至善学院要选拔新生，我心怀忐忑地尝试递交了申请，通过笔试、面试，顺利成为 2015 年度至善生。在至善，我打开了又一个潘多拉魔盒：这个多学科交叉的全能型人才培养基地是在真正意义上开拓我的学业视野、拓宽专业局限的地方。至善学院大大小小跨领域跨学科的讲坛讲座，汇集了最精英的大咖导师和学习资源；更难得的是，这里汇聚了一大批人生观、价值观高度一致的同学，可以说是来自于各学院各专业最顶尖的优秀学子汇集一堂，在与他们交流学习、互相影响之下，我获得了更大的学业格局。

在至善多姿多彩的实践活动中，最让我难忘的是至善学院创新研习营——台湾铭传大学寒假游学活动。在台湾，我们亲密接触和体验当地的美景、美食，以及美好的传统文化。两岸师生互看、互听、互知、互认，宝岛台湾在我们的认知中、心目中变得更为立体丰满。整个学习与游览过程中，我们倍

参加台湾铭传大学游学活动

感这座城市的亲切可人、民间社会涌动的人情冷暖、人才的特色培养、文化内涵的深刻底蕴，繁华与怀旧间杂，宁静与热闹并存，现代与传统兼容，温润秀丽，我们受益颇丰，自在适意。课程教学上，台湾老师的教学，与其说是"教"，不如说是"聊"，师生总是互动很多，真正在同学们口中得来话题聊上那么几小时，真正从学生出发在教学、在交流、在传承。最难得的是，面对不同专业的学生，课程的安排却能兼顾又不失新颖，用心程度实在难得。课上课下朋友般的师生关系，老师教给我们的不仅是生存之道，更是生活之道、人生之道。印象最深的当数以素质拓展形式的体验，除了感悟到团队合作的重要性、收获友谊，还认识到日常潜意识里"设限"给我们带来的停滞不前。作为刚步入成年人生活的我们，总是给自己设限：因为我们是女生，因为我们还是学生，因为我们还未正式步入社会种种。任何事、任何挑战面前，我们没有第一时间说我要试一试，而是先告诉自己，我因为种种原因是不可能完成任务的。因此，很多时候我们失败都是被自己设下的限制捆绑了手脚，止步不前。

能够来到至善，我是幸运的。这里的知识传承不是死板的灌输，而是诗意的熏陶；这里的技艺实践不是僵化的训练，而是觉悟的修行。三年来，在至善学院的积极引导下，我们不断尝试找到自己语言下的文化心性与人生理想，这正是我们这一代文化人的时代职责。与至善所有同学一样，我们来自五湖四海，为了同一个"江南梦"走到一起，为了同一个"人生梦"砥砺前行。

小专业大情怀，小领域大极致

经过在至善学院的学习，我拓展了专业格局，在心中暗自确立目标——将小专业做出大情怀、在小领域做出大极致。

除了日常在学校经营个人学习，在专业上我积极参加各类全国性的艺术比赛、展览征稿等，一次次的努力与尝试，使我受益颇多。先后获得了第八届中国高校美术作品学年展大学组二等奖、第九届中国高校美术作品学年展大学组三等奖；第三届学院派全国艺术与设计大展《芷兰思》获二等奖，"梦的起点"全国首届学院派优秀毕业生作品展助学金，第三届学院派全国艺术与设计大展《以梦为马》获入选奖等。有幸在本科期间担任中外美术研究院特聘美术家、中外美术研究院理事、包豪斯国际设计协会会员、北京包豪斯文化艺术院理事等。在专业领域，我始终希望自己就像一支稳定的绩优股，不暴涨也不暴跌，每天涨一点点，最后黑马般杀出。

四年在设计学院、艺术楼的角角落落，永远充盈着：不停歇的小组讨论、不间断的专业拓展、不落幕的深夜学习、不截止的学术交流、不终结的笔墨横姿……四年磨一剑，在毕业创作时，我将四年的心血和成果全面展现，争取为本科学习交上最后一份满意的答卷。作品在漫长的时光中积累、沉淀、尝试、诞生，承载着对于专业所有的理想和希望，犹如是从生命中被抽离的血脉，除了艺术的真诚，更是自己的天性。我用线条与色彩，用材质与灯光，用具象与抽象的语言，游弋在艺术的血脉之中，寻找自己的语言，解读我们的时代，诠释我们的世界。正如我当时在本科毕业设计作品展上作为毕业生代表发言中所说："也许，这不是最成熟、最优秀的作品，但这一定饱含着最诚挚、最由衷的热爱，它承载着永恒生命的背景。因此，这艺术或美的愿望，永远不会失去魅力。"

感恩、感谢与感动

宝贵的四年，最该留下的，是感恩、感谢与感动。

感恩，是值得我们用一生去敬重的一次爱的教育。陈寅恪在清华提出了那句"独立之精神，自由之思想"，它所代表的学术精神和理念，在我们江南大学努力建设世界一流学科建设高校的今天，也同样得到了彰显与印证。四年的本科生涯，学校培养我们专业知识的同时，更加注重的是每一位同学的精神独立与思想自由，千千万万的江南人，用潜心的专业探索、执着的学术钻研，彰显着一所大学最澎湃、最热血的氛围与生机。正如我们的校训"笃学尚行，止于至善"，这不光是为学之道，更是为事之道与为人之道；这也不光是教与学的行动指南和至高追求，更成为激励、凝聚江南人永恒的精神财富。

感谢，是值得我们用一生去守护的一次诚挚表达。四年学习生涯的所有

无远弗届　不辱绘事　2018届至善荣誉生　陆婷

本科毕业设计作品展

作为本科毕业设计作品展代表发言

努力在毕业之际获得了最重磅的一次肯定——校长特别奖，后来参加颁奖典礼的我已经是苏州大学一名在读硕士，怀着激动之情重回母校的当天，我感谢曾经努力的自己，也展望着今后的自己。如今毕业多年，作为画者，我依旧坚持我的作品是当下的、直白的，对当今社会敏捷的回应。它们有着鲜明的时代痕迹，也不乏超出时代，理性地用这个时代所能接受的方式，回应社会问题，把握艺术最本质的东西，达到艺术自身"思想"和"形式"的自足和完备。最终能够在不断地追寻着，在全球范围内艺术发展的脉络中找到自己的位置，沐浴在缪斯女神永恒的光辉之下。

感动，是值得我们用一生去珍视的一次真情流露。多少姹紫嫣红，都被光阴武断辜负，赏心悦目也被寂寞关在寻常院落里，留不住时光，留不住年华。时间总是从我们指间悄悄流走，如今的我已是一名社会人。一

校长特别奖颁奖典礼

旦尝试过飞的滋味，你就会时刻仰视天空行走，天空才是归宿，我们每个人都是自己的太阳。也许曾经的我是老师眼中的优秀学生，同学眼中的学习典范，后来也在许多时刻因突出成果而闪耀出光辉，而我的心始终如一，载着梦想的马儿，在飘着小雪的清晨、被热浪炙烤的黄昏，穿越这个世上汹涌的人群，一一走过他们，走向梦想。冰火世界的传奇永不落幕，平凡如你我，怀着满腔的热情与目光里沉甸甸的热爱，心怀传奇的风骨，勇敢地苍白徐行，去验证着那个众生平等的真相，去追寻那个心中永不磨灭的初点。我可能什么都想要，那每回无限旋落的孤独以及每一个步伐焕发的令人战栗的光辉。

此去经年，春秋数载。四年的本科生涯被编写进我们各自的剧本里，轻松一句便可交代的过场戏，或者需要浓墨重彩几十场的重头戏，在时光里无法快进、快退或者暂停。付出也好，收获也罢，我们都曾细碎地度过，带着各自的信念与故事。如今，无论身处何地，我们永远都是江大的孩子，分领着这个时代、这所学校、这段人生赐予我们的不同使命。

最后，衷心祝愿：明天会更好！

我的至善时光
2018 届至善荣誉生　唐贞妮

> 唐贞妮，女，江南大学法学院社会工作专业本科毕业，2018届至善荣誉生。本科期间，连续四年学业成绩专业第一，平均GPA 3.94；先后获得国家奖学金（两次）、学业一等奖学金（三次）、远翔奖一等奖学金等；获得江苏省"三好学生"、校"十佳大学生"、校"三好学生"（两次）、校"优秀共青团干部"、校"优秀毕业生"等多项个人荣誉；曾主持国家级大学生创新训练项目、校级挑战杯项目，参与撰写团中央、江苏省暑期社会实践"优秀调研报告"；曾任至善学院学生会主席、社会工作1602班副班主任、法学院1516级联合党支部书记、至善学院2014年度直招班班长、社会工作1403班班长等。本科毕业后保送至南京大学社会学院攻读硕士研究生，现于南京大学新闻传播学院攻读博士学位。

在江南大学就读的四年，也是我在至善扎根成长的四年，回忆那段既美好又辛苦的本科时光，在一群顶着"优秀"标签的至善生中间，想要突出自己的亮点和特色实属不易。专业学习、科研探索、社会服务、创新创业……在这样一个"学霸"云集的学院，似乎在各个领域做到顶尖已经是一种普遍而非特殊的存在。与此同时，在学院诸多领导、老师的精心构思下，海外游学、至善讲坛、英语短训、学术沙龙等丰富的培养项目给我们本科期间的学习体验留下了浓墨重彩的一笔，也由此塑造了属于全体至善生的共享集体记忆。

相遇至善

　　与大多数目标明确想要进入至善的同学不同,我与至善的初次相遇实则是在个人迷糊状态下产生的偶然。犹记得高三毕业的暑假,拿到江南大学录取通知书后的我一直处于"疯玩"状态,对于即将要入读的学校信息毫不关注。大一开学报到那天,我走到法学院的迎新展台,意外得知我有机会成为"至善生"。我听后一脸迷茫的反应让辅导员当时就长长地叹了口大气:"赶紧去那边的至善学院展台了解了解,大学生得学会自己主动收集信息了。"这是我成为一名大学生后学到的第一个道理,尽管已经过去八年了,但那天的场景仍然历历在目,这句话也一直萦绕在我的耳边,并成为了我在往后求学时光中的践行指南之一。于是,秉持着主动收集信息的想法,我找到至善学生会的学长学姐们请教考试经验,他们的热情解答与耐心帮助让我感受到了来自这个"学霸"学院的友好与善意,更深切地感受到了一种早已浸透在学生气质中的开放、多元、包容的学院文化氛围。"我得努力成为至善生。"这个信念就这样在我内心深深地扎下了根。后续的一切似乎都很顺利,我有幸成为了至善学院的一员。我想,如果没有至善当初向我抛来的橄榄枝,"主动收集信息"这个道理或许要在我进入大学很久之后才能明白;如果没有至善提供的那个考试机会,我想我也不会主动去接触至善生并由此被学院文化深深吸引从而坚定自己的意志。如果说与至善的初次相遇是我迷迷糊糊间的偶然,但进入至善、成长在至善,却是我坚定的个人选择。而那四年的至善求学经历早已向我证明了,我的选择是无比正确且幸运的。

个人照

坚实成长

至善学院提供的平台确实赋予了我们在大学期间成长的更多机会与可能。"至善生"的光环夺目璀璨，进入至善不易，但要想能在残酷的分流机制中顺利从至善结业更加不易。于是从进入大学的那一刻起，向前奔跑似乎就成为了我的常态。四年专业第一、52门课程满绩点、两次国家奖学金、各大社会调研项目负责人、学生会主席、副班主任、班长、江苏省"优秀调研报告"执笔人、海外游学、江苏省青年演说家、迎新晚会主持人、辩论赛冠军、十佳大学生……一个个关键词共同构建了我大学四年的求学经历，而这一切成绩的取得都与至善息息相关。

如果现在倒回去看大学四年里我最骄傲的事是什么，我想就是在专业学习中的收获。大学四年里，我有52门课获得4.0满绩点；自大一入学到大四毕业，一直保持着GPA排名专业第一、综测排名累计班级第一的成绩；本科期间共计获得过国家奖学金两次、学业一等奖学金三次、远翔一等奖学金等多项奖学金。这些成绩的取得，不仅受惠于法学院所有专业课老师们的悉心点拨与指导，也离不开来自至善培养机制的引导与至善师友的激励。尽管至善学院开设的课程主要是提升个人综合能力，但在至善学院学习的过程中，与老师们的交流却让我在专业学习的道路上走得更为顺畅，也由此埋下了我日后选择继续深造的学术种子。还记得在每月的导师见面中，我的至善导师吴正国老师在第一次见面时就给我推荐了《黄河上的中国》这一著作，阅读完此书无疑是为彼时半只脚刚踏进社科领域的我打开了一扇新的窗——原来社会科学研究还可以做得这样生动又接地气。那些窝在图书馆八楼的日子里，白冰老师经常在谈话间问起我最近在读什么专业书，如果答案是"没读"，那总会收到他"文科生还是应该多看书"的警醒。至今我还记得大三寒假前夕白老师为我发来的一份阅读书单，希望我能够在忙于学生工作的同时不要怠慢专业学习，并嘱咐我只有广泛涉猎相关学术著作才能走得更远、想得更深。现在回想起来，正是这些渗透在至善日常中的点点滴滴，才让我在专业学习的过程中不断精进，最终走上了继续攻读博士学位的道路。

但专业学习并不是本科求学生涯的全部，在学生组织里服务的经历也是我本科生活的重要组成部分。四年里，我曾先后担任过班长、副班主任、党支部书记、学生会主席等学生工作职务。其实头衔并不重要，重要的是围绕着这些职责所收获的亲身体验与个人感受。而这其中最让我难忘的，就是那些在至善学生会与朋友们共同奋斗的时光。大学四年中的前三年，我几乎将自己课余时间的绝大部分都投注在至善学生会的日常服务中。无论是大一作为一名干事参与志愿活动，还是大三作为至善学生会主席和大家一起协助运行学院的部分日常工作，开放、平等、自由的氛围始终在这里弥漫并能被轻易感知。学院的老师们给予了至善生最大程度的发展自由，更提供了诸多机会让我们能够亲身参与到学院的日常管理与运行过程中。在这里，我学会了如何策划并落定执行一场活动，学会了如何协调不同部门间的关系并调动组织的积极性，学会了"在其位谋其政"的工作责任意识，学会了如何以主人翁的身份管理并服务大家……在至善学生会的三年，是让我综合能力得到全方位锻炼与提升的三年，而这三年的历练与经历也成为了我日后能够更加从容地应对生活中所遇种种状况的坚实底气——因为经历过，所以更勇敢。

在学生会奋斗中培养的"战友情"更是本科期间一直激励并温暖着我成长的情感源泉。还记得在那无数个头脑风暴的夜晚里，图书馆八楼通明的灯火总会亮到图书馆闭馆的那一刻；如果当周的工作任务比较紧急，闭馆后大家顶着寒风在图书馆楼前继续开会也是常态，即便那是零下的冬夜；还记得学院七周年庆典的举办前夜，我和小伙伴们一起敲流程、抠细节到凌晨十二点，深夜空旷的文浩馆留下了我们共同为至善奋斗的身影；在学生会分会评比提交材料的前一晚，学生会成员在接近零度的夜晚一起陪我蹲在图书馆楼前最后一遍修改、校对材料，从小蠡湖吹来的寒风冰冷刺骨，但大家一起奋斗的热情却暖到心尖。我想，正是因为对至善的认同与热爱，才让我们汇聚到一起，以"聚似一团火"的气势肆意挥洒我们的青春与汗水。我们不仅将热情投注于学生工作，在日常学习和生活所遇中，互相鼓劲打气，共同向前奔跑也成为常态。我们因热爱而汇聚，也因为汇聚而变得更好。

本科期间，我一直是一个爱折腾的活跃分子。我一直觉得，既然本科四年的时间长度是固定的，那我一定要在这四年间尝试更多可能。因此在各类社会实践和文体活动中也总能看到我活跃的身影。暑期的山区支教、社区组织的调研、流动儿童的心理疏导、残疾人服务站的照护服务、公益组织的筹款项目……四年间我参与了许多社会实践与志愿活动,从一开始只为完成至善的考核任务,到后来变成主动参与,是至善培养方案的引导和对专业理念的不断内化、理解才让我在亲身实践中逐渐产生了关注社会、了解社会、回馈社会的价值情怀。而一场场不分昼夜筹备的辩论赛、江苏省青年演说家比赛、迎新晚会主持……这些文体活动都是我拓展人生宽度的尝试。事实证明,我的四年过得确实忙碌,但于我而言也确实很值得。

参加江苏省青年演说家比赛

至善赋能

时间过得很快,转眼间我已经从江南大学毕业四年了。尽管人已经离开了至善,但那些年在学院有意或无意状态下接收到的指导,早已内化在我的生命中,成为了我的一部分。在毕业后的数个场合中,我发现自己在至善的跨学科交流中获益匪浅,不仅塑造了我更加多元、开放的处世性格,也让我在博士的跨专业选择中多了许多底气与信心,这对学术研究而言无疑十分重要。博士就读的时光是枯燥且孤单的,但当年在至善结交的朋友却成为了我在这段求学时光中能够得到温暖的所在。朋友圈里的互动尽管不如当年紧密，但看到彼此的近况还是会由衷地送上祝福并不时来上两句调侃；偶尔出现的微信消息无关利益，只是彼此突然间想起的牵挂与担心。在刚刚过去的两个月间我有幸又与两位当年在至善学院结交的朋友重逢，我们一起回忆往事、分享当下、谈论未来。毕业后的相聚是奢侈的，见面得"有心"。毕业后不同的人生选择与生活阅历或许早已让我们变了模样，但"至善"这个话题却经历了时间的涤荡与生活的磨炼，永恒地凝结为了我们共享集体记忆的核心符号。而谈话间与"至善"这一符号相伴随的修饰语总是"不悔""难忘""值得"等具有正面情感意蕴的语词。这足以说明，我们对这段经历饱含的共有情感早已成为了将散落各地的我们紧紧联结在一起的情感纽带。

　　我从至善走过，精神上永远铭刻了至善的元素。尽管现在的我离"学术大师、兴业英才、治国栋梁"这样的学院培养目标遥不可及，但我想在至善的日子里，在那些与至善挚友携手并进的时光间，我们都更加明晰了自己的人生应该如何度过，并已经在各自的人生道路上朝此前行。"人生不是一场短跑，而是一场马拉松"，我们终点再见吧。

心如花木　向阳而生
2019 届至善特别荣誉生　　王美娇

> 王美娇，女，1996 年 10 月生，江南大学环境与土木工程学院环境工程专业本科毕业，2019 届至善特别荣誉生，毕业后前往中国农业大学深造。

我是王美娇，毕业于江南大学环境与土木工程学院（以下简称"环土学院"）环境工程专业，曾任环工 1501 班班长、环工 1701 班副班长和本科生环境与工程管理专业党支部组织委员，环土学院学生会科技创新部部长。现任中国农业大学生物学院研究生会主席、中国农业大学生物学院研究生第九支部党支书、中国农业大学生物学院 2019 级植物学研究生班班长。

我大学期间学习成绩优异，获得奖学金总额达 26500 元，曾获国家奖学金、无锡市"优秀学生干部"、江南大学"三好学生"及至善学院特别荣誉生、江南大学优秀毕业生、环土学院优秀党员、校级优秀毕业论文、省级优秀毕业论文、国家励志奖学金、校优秀学生干部、校优秀学生学业辅导员、江南大学学业二等奖学金、江南大学优秀共青团员、军训先进个人、环土之星之"班团之星"等荣誉，并积极参加各种竞赛，获得第四届"互联网+"大学生创新创业大赛三等奖、"联通杯"江南大学选拔赛三等奖、环土学院第二届"加载试验大赛"二等奖、第十二届全国数学建模大赛二等奖、至善学院第八届"学术研究与交流"模拟论坛三等奖、环土学院暑期社会实践策划大赛三等奖、江南大学"节水、护水、保护太湖"文化作品创作大赛优胜奖等。科研上锐意进取，目前已有一项发明专利"一种短流程低成本含油废水及其烷烃类物质处理方法"、一篇中文文章《地表硬化的植物学效应及机理研究进展》(CSCD 核心)和两篇英文文章 Effects of soil compaction on plant growth, mineral nutrient and root respiration in soybean seedlings (SCI 核心)、Effects of soil compaction on endogenous hormones in Arabidopsis (投稿中),且均为第一作者。

心之所愿,无所不成;非学无以广才,非志无以成学;不仅需要梦想,还需要完成梦想的毅力;脚踏实地,方能让我安心仰望天空。这些是我自入学以来的信条。

今朝苦心孤诣,明朝化蛹为蝶

要想比别人优秀,就要付出十分的努力。只有付出十分的努力,并且能够一直贯彻始终的人,才能比别人优秀,才能先于别人取得成果,取得成功。2015 年夏天,我从一个小乡村来到了这里,成为大学芸芸众生中的一员。山一程,水一程,大一的我有踌躇满志,有茫然无措,也有拮据胆怯,也正是这些迷茫无措让我的学习成绩止步于专业第六的位置,而那时的我也深知这离我的目标很遥远。我深知作为一名学生,学习是第一要务,准备将学霸进行到底,所以从那时起,我严格要求自己,制订了属于自己的目标计划,一步步完成自己的目标,希望终有一天可以化茧成蝶。我在大一结束后进入了至善学院,至善学院的学习过程让我受益匪浅,游学路上的熬夜拼搏,英语夏令营的欢声笑语,至善学院办公室的准时值班,讲座沙龙的收获满满,志愿义工的汗水坚持,以及毕业典礼的不胜光荣,荣誉生之夜的依依不舍,都是满满的回忆、满满的收获、满满的不舍。

我大二时,心底羡慕着老师口中优秀的学长、学姐们,也希望有朝一日可以与他们并驾齐驱,笨拙的我在晦涩难懂的专业知识里逐渐摸索到一些方法,勤勤恳恳,认真上课,在大二结束时成绩也上升了一些,成为了专业第四。但我也知道只要还有发挥的空间,就不要放弃。因为事情不会真的结束,除非你放弃了努力。所以大三时我继续努力,教室、图书馆、实验室到处跑,几乎没有闲下来的时间。我习惯在别人休息的时候充实自己,每天坚持背英语单词,课后坚持预习复习一起抓,考试前,学习到凌晨已是家常便饭,同时在学好课本知识的基础上,我积极参加课外实验操作,把理论运用到实际中去。所有成功的背后,都是苦苦堆积的坚持,所有人前的风光,都是背后傻傻的不放弃。只要你愿意,并为之坚持,总有一天,你会活成自己喜欢的模样!

天道酬勤,我的英语四、六级早早通过,也考取了普通话证书及CAD中级证书。大一时,综合测评第二,获得了国家励志奖学金、学业二等奖学金及至善学院海外交流专项奖学金港澳台专项奖;大二时,我学业成绩和综合测评都有提高,同时获得了许多荣誉称号;大三时,我学习成绩和综合成绩均在班级排名第一,获得国家奖学金和无锡市"优秀学生干部"称号,并有一项专利及三篇文章;大四时,我成功保研至中国农业大学,并获得了国家奖学金。那时候的眼泪与汗水,这个时候想想也觉得值了。梦是甜的,路是长的,我们总是怀着美好的愿望,进行着我们的人生。即使道路艰难,路途遥远,依然不悔,因为只有努力了,你的梦想才有可能实现。

同舟共济扬帆起,乘风破浪万里航

成长的路上,除了努力,还要坚持,借鉴别人的经验,走出属于自己的道路,成为更好的自己。身为班长的我更为理解"同舟共济,乘风破浪"这句话的含义,能用众力,则无敌于天下矣;能用众智,则无畏于圣人矣。

班长对于我来说,绝不是一个带有权力性质的"官",而是一份沉甸甸的责任,班长主导着一个班级的走向。担任班长伊始,班级的各项大小事情都压在了我的身上,有的时候完全忙不过来,从开始做错事被训斥和责怪,到后来轻车熟路地做各种文案、表格统计,这期间只有不断地学习、犯错、思考、改正,当然还有那份为同学们服务的心。大一的时候身为班长的我会有很多的不足,同学们也会有很多的不服气,不论是运动会彩排时的吵闹,还是迎新晚会排练时的委屈,这些都源于我当时的不成熟。但是不论是好事还是坏事,它们都让我成长了。四年来,从一开始同学们对我的安排会有异议,到大四班级成员的团结一致,我清楚地知道我要引领班级前行的方向。发挥好每一位班委的作用,我们定期召开班委会,明确工作内容和工作要求,并积极组织丰富、多元的班级团队活动,班级前后组织了不下20次的班级团队活动,并在班级全体的努力下成功获得"雷锋特称团支部"的称号。后来我连任班长,对自己也充满了信心。

之后我又担任了环土学院本科生环境工程、工程管理专业党支部的组织委员,认真组织每一次活动,根据"三会一课"制度做好党支部建设,认真做好支部的文案工作,积极与其他支部共建,加强支部党员与群众的联系,树立党员标杆作用。我还担任过学生会科创部的部长和环工1701班的副班主任,肩上又多了几份责任,但这些也成就了一个充满责任心的我。可能到了大学结束的时候,同学们都会习惯在各种群里看到我发布消息,习惯在分团委看到我的身影,习惯在各种活动中看到我的忙碌。生活中同学们寻求帮助也会先想到找我,学弟、学妹们的疑惑我也会热情解答,大家有困难想到我的时候,我很幸福,感觉自己是被需要的。在大四期间,我积极帮助分团委老师完成各种学生工作,一定程度上弥补了专业辅导员缺失的损失。之后我多次以组长的身份参与各种竞赛,如至善学院第八届"学术研究与交流"模拟论坛、第十二届建模大赛、全国大学生创新创业训练计划项目、江南大学

个人照

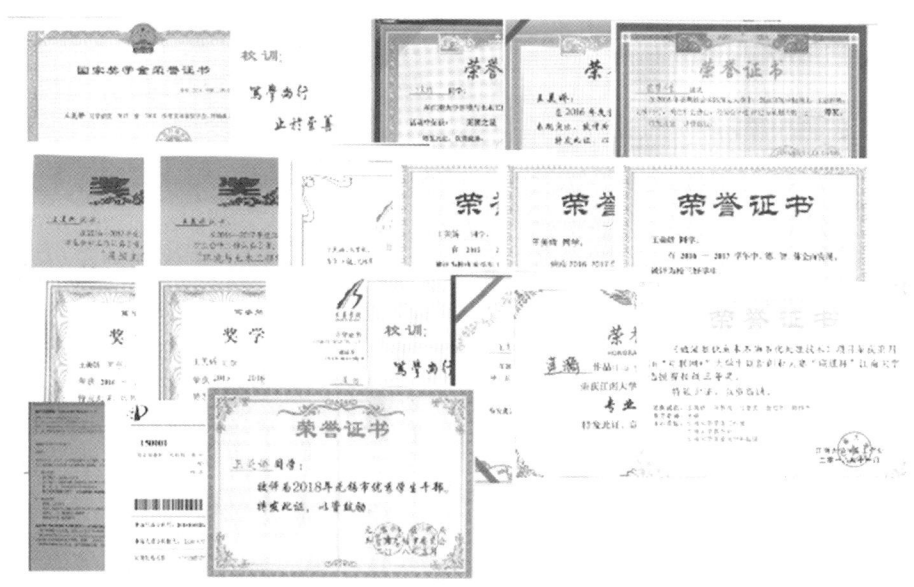

大学期间部分荣誉证书

第四届"互联网+"创业创新竞赛、全国环境友好科技竞赛。在各项比赛过程中,只有学会发现每个人的专长,发挥其潜能,合理分配工作,才能使一个团队的力量发挥到极致。本人因在学生工作中的突出表现被评为无锡市"优秀学生干部""校优秀学生干部""江南大学优秀共青团员""校三好学生""江南大学优秀学业辅导员"等荣誉称号。

到了研究生阶段,我还是继续发挥一名党员的光和热,担任了诸多职务,半年来组织了各种活动,处理事情相对于本科来说也稳重很多。在这个新冠疫情特殊阶段,主动承担学生工作,参与搭建信息平台,学院每日健康汇总,党员文献互助等,为学院老师分担工作。疫情期间组织的优秀党员领学"最强直播"活动,累计共有11000余人次观看学习,也被央视新闻媒体所报道。

百尺竿头须进步,十方世界是全身

抱怨身处黑暗,不如提灯前行。愿自己不论身处何方,都可以成为一束光,照亮世界的一角。

我的科研之路并不是一帆风顺的,大二时参与大学生创新项目,我的课题是"攻克含油废水的治理",那时候对于科研没有概念,只是盲目地进行实验,跟老师的沟通也很少,也有可能是当时我的性格太胆怯。项目进程中有不顺,也有眼泪,印象最深的是对于柴油如何溶解于水中,之前的方法由于成本太高需要替换,我就自己在实验室待了整整一天,利用之前查的文献,尝试很多方法。超声波、不同的催化剂、不同的破乳剂、不同的反应时间,最后发现把试剂级药剂变成工业级药品,并加大使用量,就可以成功溶解柴油,那一天我也体会到了科研的困难以及克服困难的喜悦。而且身为组长,需要身先士卒,想要成为更优秀的自己,很多的计划会跟同学们大相径庭,我在那个时候也习惯了孤独,习惯了一个人活动、一个人做一些实验。大二结束的时候我有了一项发明专利,但还是觉得科研太过于艰难,付出远大于收获。但在这个时候,我遇到了王丽红老师,她让我先从写综述开始,利用寒假时间我完成了一篇中文综述,并成功发表于中国科学引文数据库(Chinese Science Citation Database,CSCN)期刊,老师的鼓励使我重新燃起了对科研的希望。在大三开始的时候我就加入了老师的课题组,利用寒假写综述积累的专业知识,开始进行"土壤修复中地表硬化对植物生长的影响研究",在这个项目中,王老师耐心陪着我制订实验计划,实验过程中为我解答一切或大或小的问题,老师的耐心和陪伴让我觉得做实验并不是枯燥的,让我重拾了对环境工程专业的自信。通过一年的努力,我成功发表了一篇SCI文章"*Effects of soil compaction on plant growth, mineral nutrient and root respiration in soybean seedlings*"。其中我经历了反复修改、投稿被拒、再投稿,现在回忆起来或许觉得没什么,但是放在真实的两年前,我当时觉得每一天都会有一个刷新,不论是老师指导论文思路导致论文构架大改,自己摸索各种软件应用,还是英文语句不通导致彻夜修改,这些对于当时的我而言都是一次又一次的挑战。这份收获让我决定以后从事有关植物方向的工作,而我又得知现在环境方面很多工作需要融入分子生物学的知识去更深入地探索机理性的问题,所以我现在研究生阶段学习与分子生物学相关的知识,以后可以更好地回馈环境专业。这个决定让很多老师、朋友、同学很是吃惊,可能大家基于我之前在学生工作中的表现,都觉得我以后肯定会去公司工作,而不是去投身科研。但是人生就是这么奇妙,不知道什么时候就会发生转折,现在我仍然在

大创项目的实验

获得至善特别荣誉奖

继续完成我本科毕业论文的另一部分的投稿任务"*Effects of soil compaction on endogenous hormones in Arabidopsis*",也希望能尽快成功。王老师让我做的这两个课题作为毕业论文课题,让我感受到之前的努力为我赢得了毕业时候的轻松,可以有更多的精力去完成自己的事情。科研需要学会孤独,学会自己思考,学会举一反三,我在大三这一年里学会了很多,对科研也有更深入的认识,同时也感谢王老师的鼓励与爱护,让我在迷茫中找到了方向。大四下半年我提前到研究生学校进行学习,减少跨学科学习带来的差距。现在我已经成为研究生半年多了,也习惯了每天固定的生活方式,早上8点半打卡,晚上10点回宿舍,同样伴着夜晚的灯光走回宿舍,但是少了大学时路上的喧闹,虽然时常会想念大学同学在身边打打闹闹的日子,但是日子就是这样一去不返,我们能做的就是一直前行。

大学中的生活与教育是我一生的财富,大学中我如愿成为一名党员,成功保研,也获得了很多的荣誉、老师的夸奖和同学们的信任,但大学对我来说已经结束,过去的一切我都要珍藏,我又要在新的地方从零起航,但我也相信自己可以用赤诚之心和百折不挠的精神再一次闯出一片天地。

流年笑掷,未来可期。未来的路还很长,就像放风筝,把握住手中的那根线,然后放飞它,放飞自己的梦想,就算线断了,也不要难过,因为那没什么,每一个阶段都有一个奋斗的目标,就算是失败了也不后悔。捡起看似"疮痍"的风筝,继续放飞,相信自己总有一天,会越飞越高,越飞越远,最后那风筝会化身蝴蝶,不用别人牵引,也可自行飞向属于自己的繁花锦路。

这片土地上优秀的人有太多太多,我知道我不过是平凡尘埃中微不足道的一粒,但我希望可以因为我的拼搏努力让一颗埋在土壤里的种子开花生长,来年,可以摇曳在属于它的秋天里。不论身处何方,我只愿自己心如花木,向阳而生!

我们能做到的，远比想象的多
2019 届至善特别荣誉生　魏宇

> 魏宇，男，1996年4月生，江南大学机械工程学院机械工程专业本科毕业，2019届至善特别荣誉生，毕业后前往北京理工大学深造。

我是魏宇，江南大学机械工程学院机械工程专业15级本科生，于2016年加入至善学院，毕业时综合GPA 3.85。在江南大学学习期间，以第一作者在断裂力学顶级期刊（Engineering Fracture Mechanics，EFM）发表SCI论文一篇（力学2区，IF 2.908），为机械工程学院历年本科生一作发刊影响因子最高（截至2019年），目前该论文已被多篇文章引用；以第一作者申请国家发明专利1项，授权实用新型专利1项。曾获江南大学优秀本科毕业设计，优秀毕业生，并作为优秀毕业生代表在毕业典礼上进行发言；曾获2018—2019学年江南大学"校长特别奖"至善特别荣誉奖、国家奖学金、学业一等奖学金两次、桑麻基金会一等奖学金、德新优秀大学生奖学金、至善海外游学奖学金等；曾获全国高等数学竞赛二等奖、江苏省高等数学竞赛一等奖、江苏省大学生力学竞赛二等奖、江苏省大学生机械创新设计大赛三等奖、华东区大学生CAD大赛省赛二等奖等。现已保送至北京理工大学宇航学院直博，攻读波动力学方向。

大学故事

专业学习

刚来到江南大学的时候,和许多新生一样,我充满了迷茫。大学的生活完全不像中学那样,每天的行程都被安排得满满当当,有各种各样的人帮自己制订各种各样的计划。而在这里,时间一下子变得自由了很多,每个学期除了上课和最后的考核,似乎再没有人"推着"自己做任何想做或不想做的事情。那一刻,我仿佛体会到了自由的含义。

在江南大学有很多新鲜有意思的活动,比如学生会、兴趣社团、趣味比赛等;在江南大学的周围也有很多美丽的景区,比如长广溪湿地公园、鼋头渚、三国城、梅园、寄畅园、惠山古镇、拈花湾等。曾有一段时间,我只想沉浸在这诸多的选择里,假借"好好体验大学生活"之名开开心心地玩几年。直到一次和副班长熊岩的交流,让我意识到,"好好体验"应该是在做好自己分内事的前提下,享受时间自由带来的便利,而我却恰恰忽视了大前提。

于是,自己开始制订计划,周一到周五大部分时间用来学习,周六周日和朋友们去逛景点,体验江南的人文情怀。刚开始的时候,还有点不适应,

个人照

于是更多的是和朋友们一起约定时间去图书馆学习，互相监督和促进。但后来大家都有了自己的事情，几个人约定时间一起学习仿佛成为了不可能。于是学习成为了自己的事情，也是那个时候才开始明白自律的重要性，做事情靠环境和氛围是不行的，靠得住的还是自己内心的那份坚定。

从那时起我便开始自己督促自己的学习，经过一个学期的努力，取得了 GPA 专业第一名的成绩，之后的几个学期也一直保持在年级前 1%，并在毕业的时候将综合 GPA 保持在了 3.85，获得了江南大学优秀毕业生的荣誉，并作为优秀毕业生代表在毕业典礼上发言。

至善学习

在第一个学期的期末，我顺利地通过了至善学院的面试，正式成为众多至善生中的一员。为了开阔自己的视野，增长见识，体验更丰富的经历，我积极响应至善学院的号召，参与了至善学院的海外游学项目，前往香港大学游学并到英国保诚香港分公司实习，顺利结业并取得了"优秀学员"的称号，因此也获得了至善学院的海外游学奖学金。

在至善学院中，印象最深刻的当属至善讲坛了。在至善讲坛上，经常会有各个领域的成功人士来办讲座，为我们了解各学科、各领域的前沿信息提供了机会，也有幸让我们一睹成功人士的风采。此外，我还积极参加了至善学院组织的英语短训项目，在参加短训的过程中，我认识了可爱的外教以及很多英语非常棒的同学，大家每天都能够在一起快乐地边做游戏边学英语。由于自己的英语水平不是很高，尤其是在做游戏被提问的时候，往往会深切地感受到"有话说不出"的痛。于是，借着英语短训的两周时间，我认真地锻炼了自己的口语，也为之后保研夏令营的英语面试打下了基础。

"大创"经历

在大学生创新创业训练计划项目中，我也积极投入，主动担任了省级项目的负责人。那是我的第一次科研训练，我找到了几位好朋友一起组队，在赵军华教授的指导下开始研究基于纳米尺度单晶硅带裂纹圆盘的断裂韧性问题。正所谓"初生牛犊不怕虎"，由于是第一次做学术研究，总把事情想得过于简单，实际的研究过程远比我想象中的曲折。

在最开始的几个月里，我和队友们每天都在一起查阅中文文献，然而，我们发现根本找不到相关的参考内容。那个时候我们都很苦恼，完全摸不到方向，后来在赵老师的指导下，我们开始学着检索英文文献，并一点一点地翻译、学习。2017年的夏天，我整个暑假都留在了学校，图书馆、实验室、寝室，三点一线。文章中有不懂的术语就去查阅，有不懂的基本原理就去自学相关教材。曾经有一段时间，我和队友们因为感到这个问题太过抽象而想要放弃，但我想到在大创开始的时候向老师和队友们许下的承诺，便咬咬牙带领队友们继续坚持了下去。在那之后，我尝试了10余种本构模型等效方法，却都无济于事。后来，在老师的指引下，经过8个月的不断尝试，我成功地使用Tersoff势函数在有限元中建立起了单晶硅的非线性Timoshenko梁模型，这也是首次在有限元中用梁模型模拟了单晶硅的断裂韧性问题，并很好地论证了宏观三维三参数K-T-TZ断裂理论在微观层面的适用性。

为了尽快解答心头疑惑，我和队友们一起制订计划，利用所有课余时间轮流在实验室机房进行模拟运算。在元旦，我迎来了实验室的空窗期，由于师兄们放假过节，闲置了很多设备，于是，我利用2018年的元旦假期，4天3夜，一个人，4台高频计算机，80小时不间断运算。当师兄们回到实验室时，只有眼眶发黑的我，和提升了近20%的进度。最终，400余组实验数据，200余个运算模型，60余个日夜坚守使得我心头疑惑迎刃而解。那一刻，我感觉这一路的艰辛都值了。

最终，在老师的细心指导及小组共同努力下，我们完成一篇 *Fracture properties of nanoscale single-crystal silicon plates: molecular dynamics simulations and finite element method* 论文。2018年4月25日我们将文章投稿，5个月的漫长等待后，文章被业内认可度很高的断裂力学顶级期刊 *Engineering Fracture Mechanics*（力学2区，IF 2.908）成功收录。至此，填补了不同厚度和手性角的单晶硅在混合加载方式下的断裂特性的空白。截至目前，该文章为机械工程学院历年本科生一作发刊影响因子最高，且已被多篇文章所引用。

学科竞赛

我始终认为在学习之余应该抓紧课余时间多去参加各类学科竞赛来丰富

自己的经历，开阔自己的视野，达到真正的学以致用的目标。在入学的第一个学期，我便本着"重在参与，学习知识"的原则，开始参加学院和学校组织的各类竞赛活动，如高等数学竞赛、船模大赛、CAD 技能大赛等。在参加比赛的过程中发现，运用知识是对所学知识掌握程度最好的检测方法，能够更好地训练自己多学科交叉的思维方式。于是，我渐渐地开始参加一些省级竞赛，并且取得了一定的成绩，如第八届全国大学生数学竞赛二等奖、第十三届江苏省高等数学竞赛一等奖、第十届江苏省大学生力学竞赛二等奖、第七届华东区大学生 CAD 大赛省赛二等奖、第七届江苏省大学生机械创新设计大赛三等奖等。

其中让我学到东西最多的，便是 2018 年的机械创新设计大赛。我们的小组有 5 位同学，由我担任组长，指导老师为刘利国教授，比赛的准备时间是 2017 年 9 月到 2018 年的 5 月，共 8 个月。这段时间也正是大创的攻坚期，因此要两边一起抓，同时还要顾及专业课的考核，着实有些分身乏术。

在拿到比赛的题目后，我们 5 个人都很开心，以为题目比较简单。然而，在确定方案一事上就花费了整整 3 个月，而这 3 个月，不光是把精力花费在了设计方案的原创性上，还花费在了大创以及各类考核之中。在确定最终方案之后，便开始了作图的工作。

首先是三维图和工程图，需要尽可能地复现真实的装配效果，这就意味着有大批的零件需要画图和装配，也就需要大家分工合作。由于大家对所学知识的掌握程度不同，很快就出现了问题，不同人员所画的零件无法实现装配或交换。这给我们上了一课，充分认识到了标准的重要性，只有每个人的工作都按标准进行的时候，才能发挥分工合作的最大效率。

在完成三维图和工程图后，便是加工制造。由于缺乏实际工程经验，很多零件的构型和尺寸都是想当然地拼凑，没有过多考虑加工方式和制造成本，这就直接导致了零件无法加工或成本过高的问题。于是，我们重新拾起《互换性原理》和《机械设计手册》，按照各类标准重新完善工程图，并寻找合适的材料进行加工。对无法实现的结构临时采用新的方案代替，对无法实现的功能采用新的结构方案替换。当改完工程图，零件全部加工完成时，距离比赛开始仅剩下不到 2 个月。在这期间，由于临近大三的尾声，大家需要提前做毕业打算，再加上比赛任务量巨大，两位队友被迫退出，剩余组员身上的担子就变得更加沉重。而为了更好的机电一体化，我又邀请了两位微电子专业的同学加入。

零件加工完成后，便是装配了。这里要特别感谢刘利国老师，为了让我们有地方组装装置，刘老师特意将办公室腾出来给我们使用，而这一用便是3个月。由于我们的装置不仅要静态展示，还要通过机电一体化进行运动展示，所以仅仅安装好还远远不够，还需要各部件之间的运动配合，这就无情地展示了"装得上，动不了"的尴尬局面。因此原本计划一个星期装好，结果前前后后花费了整整一个月的时间。而这一个月，也彻底让我们理解了《互换性原理》的重要性，因为，零件的功能往往是由配合件体现的，即便每个零件都很完美，但互不配合，也很难实现复杂的功能。

装配完成之后，便是最终的调试阶段。而在这个阶段，我们又认识到"隔行如隔山"的意义。本以为逻辑清晰的一系列简单顺序操作只需要几行代码就可以搞定，没想到这一系列操作由于包含了遥控控制、多电机协调，使得它和我们这些初学者"形同陌路"。经过队友夜以继日地调试，终于赶在了比赛前两天实现了所有的预设功能。然而由于在前往比赛场地的路途中邮寄托运使参赛作品受损，没能完整演示操作的全过程，最终只拿到了三等奖，稍有遗憾。比赛之后，在刘老师的指导下，我们以参赛作品申请了发明专利和实用新型专利各1项，其中实用新型专利已经授权。

这次比赛，让我深深体会到了工程师的不容易，以及工匠精神的内在含义。看似简单的机械装置背后，竟蕴藏着如此深厚的知识体系。也让我深深地感受到，孤立地学习一些科目往往不能认识到它在实际工程中的重要性，只有在实践过程中才能感受到它的地位。比赛回来后，仅剩2周就要期末考试，由于学期的前几个月全部投入在比赛准备中，也就意味着只剩2周时间给我复习机械制造等课程，不过好在最后完成了考核。这也再次让我想起了副班长的话，"好好体验"应该先满足做好自己分内事的大前提。

学生工作与社会实践

从大三开始，我担任了机械1703班的副班主任一职。在机械1703班的大家庭中，我结交了很多新朋友，并带领同学们快速适应大学生活，引导大家认真学习，营造了良好的学习氛围，在坚持自己原则的同时，接受和采纳老师及同学们的意见，积极协助班委进行班级建设，最终赢得了辅导员孟老师和同学们的支持与认可。所带班级获得了2017—2018年度"学风建设优秀班集体"称号，更是在优秀班集体评比中获得了全院第二的好成绩。

此外，利用空余时间我还积极参加了各类社会活动，如担任无锡国际马拉松志愿者、滨湖区法院义工、雄安新区土地法宣传周志愿者等，并荣获"至善学院优秀志愿者"等称号。这些经历使我在工作的经验和能力上，又有了长足的进步和提高。

学习状态及生活目标

2021年成稿时，我在北京理工大学宇航学院继续深造，在波动力学实验室攻读博士学位。我将硕士与博士的课程都安排在了第一个学年，虽然课程比较多，再加上实验室的工作会显得时间很紧张，但我希望能尽快完成培养计划规定的内容，留出时间补充新方向所需的基础知识，以便早日适应新环境，进入新状态。希望在未来的几年可以帮助实验室做出更多有意义的工作。

寄 语

有人说，大学是一个放飞梦想的地方。的确是这样，大学的宽松环境为学生带来了时间上的便利，丰富多彩的资源为学生搭建了分享知识的平台，可以让同学们在充足的课余时间做更多自己想做的事情。然而，学习的过程不都是甘甜的，更多时候会掺杂着些许苦涩，也正是这一抹的苦涩使得过程不再那么单调。当学习或生活遇到困难的时候，需要自己耐得住性子，适时调整自己的阶段计划，朝着目标一步一步地迈进。就像只有小火慢炖之后，大火收汁才会色香浓郁。也正是这种耐得住寂寞、吃得起"日积跬步"的苦涩，才让江南大学学子显得格外优秀。

大学是一段充满新奇而有趣的旅程，希望学弟、学妹们能够好好体验大学生活，祝愿学弟、学妹们都能够拥有愉快的旅程！

做难事 必有所得
2020届至善特别荣誉生 王佳希

> 王佳希，女，1997年3月生，江南大学外国语学院英语专业本科毕业，2020届至善特别荣誉生，毕业后前往中国人民大学深造。

我是王佳希，江南大学外国语学院2016级英语专业本科毕业生，于2016年加入至善学院。2015年我进入江南大学医学院学习，2016年降级转专业进入外国语学院，保研至中国人民大学外国语学院。在校期间，始终秉承着"笃学尚行 止于至善"的校训，在学习、科研、学生工作、海外交流各方面勇于挑战，展现出至善生风采。本科期间连续三年综合测评第一，连续三年获一等学业奖学金，获得至善学院"至善特别荣誉奖"、英语水平测试奖、海外交流港澳台专项奖、远翔奖学金留学类特别奖、无锡市"优秀学生干部"、江南大学"三好学生"、2019全国口译大赛江苏省一等奖、华东区三等奖等奖项，共计获得荣誉22项，奖学金累计8万元。本科期间，我主持国家级大学生创新创业训练项目——英语尾重原则的多视角研究，并于2018年出版《英语中的尾重》。此外我还担任了外国语学院2016—2018级联合党支部党支书、江南大学团委通讯社编辑部副部长等工作，担任无锡市图书馆、江南艺术幼儿园、2019年无锡世界跆拳道锦标赛志愿者。2018年参加国家留学基金委优秀本科生交换项目，前往美国加利福尼亚州立大学交换。

做难事　必有所得　2020届至善特别荣誉生　王佳希

我的江南故事

初入江南　追寻外语梦

2015年8月，我第一次来到江南大学，当时的心情却不是好奇与期待，而是充满了迷茫。由于接受调剂，我不得不进入医学院学习我从未考虑过的专业，所以我的大学生活并不是从感受自由开始的。刚入校的两周，我所忙碌的不是认识朋友、加入社团、熟悉校园，而是收集各类转专业的信息，包括招收人数、考核方式、本专业需要达到什么水平等。其实在进入大学前，我也期待着大一是沉浸于各种社团、实践活动，了解当地的文化、美食、美景等。但是由于专业的不理想，我的大一少了一些"自由体验"，多了一些计划。为了不让自己准备转专业的一年过于单调，我也加入了学生会和两个社团，学习之余，也体验了大学丰富的活动。由于我们班副班长是一名至善生（2018届至善特别荣誉生吕霞学姐），在入校前她向我们介绍了不少至善学院的优势，所以我也一直希望加入这个优秀的团体。

带着想要成功转专业和进入至善学院的目标，我的大学生活就此拉开帷幕。大学的学习方式和高中有很大不同，我提前咨询了不少学姐，讨教大学里有效的学习方式，了解不同类型课程考核的特点、相关课程推荐的参考书目以及不同老师的风格。对即将要学习的课程了然于胸后，我便给自己制订了详细的学习计划。这一年，在体验大学新鲜生活的同时，我将更多的时间投入了图书馆和实验室中。一学期后，经过选拔，我顺利进入至善学院，在这里认识了外国语学院的导师和同学，进一步了解了英语专业。大一结束后，我也成功转专业进入外国语学院（以下简称"外院"），学习自己热爱的英语专业。

精益求精　科研初体验

来到外院前，我对英语专业充满了幻想。渴望成为一名口译员的我，以为来到外院后，就能接受系统的翻译训练、参与口译实践等。然而，初到外院才发现，这里和想象中并不一样。在大一阶段，英语专业学生主要还是接触基础课程，包括语音、语法、文化等，口译基础课程在大二，技巧性更强的交替传译、视译等大三才能接触，因此一开始我并不是很适应外院的生活。转专业后的我又经历了一段迷茫的生活，一学期后我开始自我反思，认为自己有些眼高手低，于是我开始全身心投入基础课程的学习中，不再想一口吃个胖子。

这时候我开始接触到大学生创新创业训练计划项目，了解英语专业的科研内容。在真正学英语专业前，我的目光都着眼于口译，对英语语言与文学本身的研究并无多大兴趣。但是在经过大一一年基础英语的培养后，我开始看到英语作为一门语言本身的美和意义。于是大二时，我在龚晓斌教授的指导下，主持了一项国家级大创项目——英语尾重原则的多视角研究，这也是我的科研初体验。

我们组建了一个非常优秀的团队，又有亦师亦友的龚晓斌教授带领，大家都信心满满以为很快就能看到项目进展。然而科研并非易事，我们面临的第一个问题就是给尾重下定义。既然我们要研究尾重，那么总得先讲明白什么是尾重。整整一个寒假，我们也没能成功地给英语中的尾重一个定义。由于国内关于尾重的研究几乎空白，我们没有太多可参考的文献。这时导师提示我们，很多时候，我们不一定从定义开始，可以直接收集语料，然后再归纳总结，最终可能会整理出尾重的定义和类型，也可能发现尾重并不是一个值得系统性研究的课题。这时我才感受到，原来科研就像进入一片茫茫大海，往哪里走能发现有价值的东西更是没有定数，但我们必须朝着既定的目标前进。

为了尽快展开项目研究，我与小组成员开始大面积收集语料，翻阅了包括《英汉大词典》《红字》《中国哲学简史》等书籍、文献共计54项，整理了许多与尾重相关的语料。在大家都忙着期末考试时，我们不仅要兼顾学业，还要保证每天收集一定量的语料。暑假里我们也没有停歇，马不停蹄地分类整理相关资料。功夫不负有心人，我们从收集的各类语料中整理出了9种类型的尾重，一定程度上填补了国内尾重系统性研究的空白，并于2018年5月与导师合作出版《英语中的尾重》。

这次科研经历让我体会到了语言研究的魅力，也让我变得更加脚踏实地。

做难事　必有所得　2020届至善特别荣誉生　王佳希

在校期间部分荣誉证书　　　　　与导师合作出版的书籍

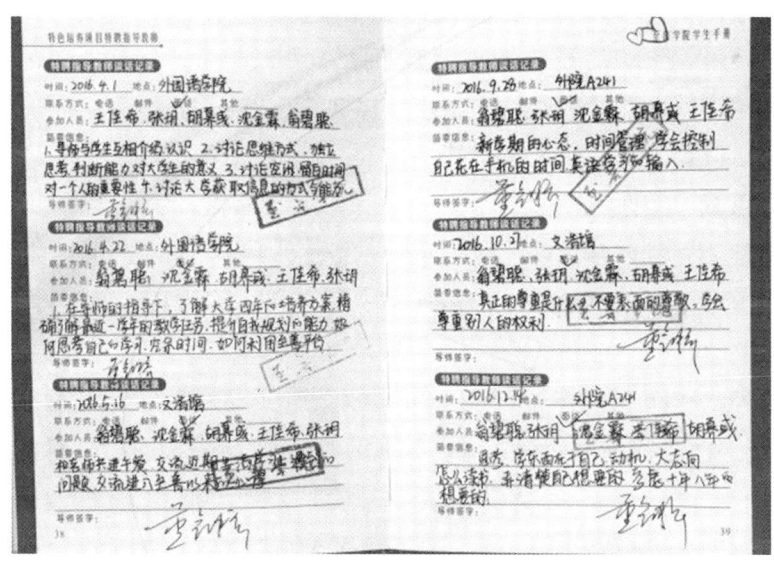

与导师见面的部分记录

我不再盲目追求心中的口译梦,而是一步一个脚印,夯实语言基础。

笃学尚行　我的至善故事

徐志摩曾说过:"我的眼是康桥教我睁的",而我的眼是至善学院教我睁的。在至善学院我得到了学院提供的许多机会。大一时我结识了我的至善导师——董剑桥老师。一开始我以为导师给我的会是学业上的答疑解惑,后来我才明白至善学院所说的"人生导师"的意义。没有人可以替我们决定人生,但有经验的前辈可以引导我们更客观、全面地看待这个世界。董老师开阔独到的思维总能带给我们新思路,极大地改变了我的思维方式。

在至善学院印象最深的活动就是英语短训,这是至善班级能聚在一起上课最久的一次机会,也让我认识了大学里的挚友。来自不同学院、不同专业的我们,却能完美地融合成一个集体,成为彼此前行路上最好的支持。

至善学院也给了我更多对外交流的机会。我参加了韩国仁荷大学暑期学校课程及活动,主修跨文化交际,向印尼、马来西亚等国的同学讲述江南故事、中国文化。海外交流让我看到更多不同思维方式的碰撞,于是我又申请了国家留学基金委的加利福尼亚州立大学交换项目,前往美国交换一个学期。在美国时,我最喜欢的不是专业课程,而是批判性思考,这堂课让我看到了自己从前诸多的思维局限,也变得越来越客观包容。

口译实战　接近梦想的时刻

我是带着口译梦来到外院的,但是从大一到大三,我时常觉得自己越走越"偏"。在还没有机会接触到口译实践时,我的重心慢慢转移到了文学方向,

参加全国口译大赛

做难事　必有所得　2020届至善特别荣誉生　王佳希

如果不是加入"译江南"、参加口译比赛，我可能以为自己始终不能胜任口译。2019年我参加了全国口译大赛，意外地拿到了江苏省一等奖、华东区三等奖的好成绩，让我重新看见了成为译员的希望。仅2019年下半年我就参加了5场口译比赛，都取得了不错的成绩。

这之后我开始慢慢获得口译实践的机会，为无锡目达智能灯光有限公司、天佑泰来包装公司提供口译服务。还记得第一次口译实战时那种紧张又激动的心情，那一刻真的感觉到了梦想开始照进现实。我尽最大的努力帮助客户与外国伙伴交流，还记得在一次翻译结束后，一位印度的客户发消息感谢我，并且说我是他在中国遇到的最棒的口译员。那天翻译结束后已经是21点，我一个人走在回校的路上，站在路灯下看到这条消息时，真的非常感动，原来有一天我真的可以学我所爱，并用我所爱为他人带去帮助。后来我又参加了目达灯光举办的中小型灯光企业大会，帮助他们引进德国客户。当我看到这些小型企业因为对外交流得到了更多机会与平台时，我更感受到了口译的魅力与使命。

由于江大之前没有口译类社团，我和同学一起创办了江大第一个口译社团——译江南，希望为江大每一个热爱口译的人提供锻炼的资源和平台。新冠疫情期间，社团也没有停止活动，高年级负责人每天都会在群里分享时事话题的练习材料，我们的指导老师——谢瑜老师也全程在线，讲评大家的口译。

现在回想起来，对口译从一开始的满怀期待到逐渐失落，再到现在重拾信心，最大的感悟就是不要急功近利。很多事情急不得，只要一步一个脚印，总有接近梦想的那一天。经过不懈努力，在毕业前我已经顺利取得了上海中级口译证书、上海高级口译证书、人社部二级口译证书。

全面发展　止于至善

学业以外，我在学生工作、社会实践方面的经验也很丰富。学业是我大学生活的主基调，但是并非唯一。我在大一时加入了学生会、江南大学团委通讯社，这些经历不仅是对大学生活的体验，也让我学习了基本的PS技能，以及与人相处交往的技巧。我还担任过三年班级团支书，期间组织了数次团日活动，参与度都很高。担任班干部非常锻炼人际关系处理、解决突发事件以及时间分配管理能力。担任班干部期间，我积极帮助老师和同学交流，解答班级同学关于党团的各种问题，工作能力得到了一致认可，并获得过2017年江南大学优秀共青团干部、2018年无锡市优秀学生干部。大四保研后，我又担任了外院2016—2018级联合党支部书记，带领支部开展了国庆观影、马山医药公司参观等各类活动。

此外我还利用课余时间参加了各项志愿活动与暑期实践，如担任无锡市图书馆义工、江南艺术幼儿园义工、无锡世界跆拳道锦标赛志愿者，参加推普脱贫暑期实践等活动。这些活动不仅丰富了我的大学生活，还锻炼了我的工作能力。

2020年6月，结束了至善特别荣誉生的答辩，我的大学生活也正式落下帷幕。此后我将进入中国人民大学外国语学院，继续学习英语语言文学。还记得在至善学院招生面试和最后申请特别荣誉生时，都被问到了我的目标。来到至善学院前我的回答是成为"兴业英才"，而离开至善学院时，我的答案变成了"学术大师"和"兴业英才"，是至善学院让我发现了自己更多的潜力与可能。希望未来的路上，和各位至善生共勉，真正实现学院对我们的期待。

寄　语

有人视大学为放飞自我的天堂，也有人因为高考失利在大学对自己步步紧逼，但是大学生活的精彩远不止于此。对于大部分人来说，大学都是我们真正开始独立的时间，独立地学习、生活、思考，这其中有太多需要我们花心思、花时间的地方。希望学弟、学妹们能在大学时勇敢地尝试各种各样的生活，只有多体验才能明白自己擅长什么、想要什么。在学业上多尝试不同的方向和专业，很多时候我们的灵感都不是来自专业本身，而是其他知识的刺激。江南大学和至善学院有很多好的资源与平台，包括导师、同学、海外交流、讲座论坛等，希望大家能够结合自身需要，充分利用。大学四年是自我成长的关键时期，如果在这一阶段浑浑噩噩，到了毕业面临未来人生的诸多选择时，就会因为思想幼稚而带来许多烦恼，愿学弟、学妹们能在大学时虚心求教，乐于体验，成长为更优秀的自己。祝大家都能拥有独一无二的大学旅程！

努力是奇迹的第二个名字
2020 届至善特别荣誉生 章金怡

> 章金怡，女，1997 年 6 月生，江南大学食品学院食品科学与工程专业本科毕业，2020 届至善特别荣誉生，毕业后前往复旦大学深造。

我是章金怡，食品学院 2016 级本科生，至善学院 2017 年度至善生。在江南大学的四年，我始终牢记"笃学尚行 止于至善"的校训。学习上，我严格要求自己，GPA 3.74（6/301），33 门课程满绩点，综合测评连续三学年位于班级第一。学科竞赛上，共参加学科竞赛 30 余次，获得国际基因工程机器大赛（International Genetically Engineered Machine Competition，iGEM）金奖、国际食品科学技术联盟（IUFoST）国际学生新产品开发大赛优胜奖、2017 年美国加州核桃创意风味休闲食品大赛核果组一等奖等奖项，累计 19 项，其中国际性赛事获奖 2 项。科研上，在导师的悉心指导下，申请专利 2 项。学生工作上，我担任食科 1603 班班长，肉制品俱乐部主席等 10 项学生工作职务。曾获得 2017—2018 学年度国家奖学金、至善特别荣誉奖、北美校友会创新奖一等奖学金、2017—2018 学年一等学业奖学金、2018 年度江南大学远翔奖学金学术专项类一等奖等 17 项奖学金，累计 6 万余元；曾获 2019 年无锡市"三好学生"、2017—2018 学年"优秀学生干部"、2019 年度江南大学"优秀共青团员"、2018—2019 学年"优秀学业辅导员"等 8 项荣誉。现已保送至复旦大学生命科学学院。

大学故事

专业学习

我刚进大学时以为大学是和老师、家长口中说的那样，轻轻松松，只要玩玩就好了，但事实绝非如此。学习、竞赛、科研、社团构成了丰富多彩的大学生活，在大学里，只有学习是不够的，还应该体验一下丰富多彩的活动，尝试不同领域的事物。

未读大学时，我就听说了至善学院，并将进入至善学院作为自己的目标。第一个学期，我觉得只要上课安静地坐在那儿听讲，按时完成作业，就可以获得一个不错的成绩，结果排名只有年级五十多名，连去至善学院面试的资格都没有。

那时很受打击，觉得自己学习还算认真，为什么考试成绩不行，觉得自己很失败。在低迷了一段时间后，我决定调整学习方法，将课堂的被动接受转换成主动学习。

于是，我开始上课坐在第一排，并积极回答老师的问题；在实验课前做好预习，了解每个实验的原理和操作关键点，认真完成实验和实验报告，即使实验结果有问题，也认真分析问题所在；同时，我开始联系导师，进入实验室学习，提前进入实验室学习让我更早接触实验器材及相应操作，使我在之后的实验课上能更好地完成实验；期末复习时，我给自己制订计划，一遍一遍地梳理学过的知识，我还主动参加学院的帮扶活动，这不断督促我认真复习，整理知识框架，以更好地进行讲解。最终，我的GPA取得了很大的进步，也成功通过增补进入了至善学院。

至善学习

至善学院是个卧虎藏龙的地方，我很庆幸能在至善学院遇到这么多优秀的同学。

记得和至善学院的小伙伴一起去香港游学，大家为了能交出一份完美的汇报，每天晚上都在熬夜讨论，不停地修改。在大家都不熟悉的保险领域，每个人都从不同的角度提出看法，不同思维的碰撞让我们的汇报内容不断丰富，在这一晚晚的讨论中，我们的友情也不断加深。这次至善的游学项目，是让我印象最深刻的一次游学，不仅收获了有关人工智能与多行业跨界结合的知识，还让我对保险有了初步的了解。

游学之后，我参加了 iGEM 比赛。第一次比赛讨论，每个队员都带着自己查阅的英文文献及想法，我因为没有生物学基础，很多文献看不懂，看到大家都准备得这么认真，觉得大家好厉害，同时也很惭愧，因为自己没有做什么，有点拖后腿。之后，我开始努力跟上大家的步伐，慢慢开始看文献，每次遇到不懂的地方，我的小伙伴们都会耐心地给我讲解，我很感谢这个比赛，能让我遇到这么一群为了一个目标努力奋斗、不断拼搏的朋友，大家都很认真，愿意付出自己的精力，发挥自己的长处，这也激励我不断努力。

很庆幸能进入至善学院，能在至善学院遇到我的导师梁丽老师，她在我困惑的时候总会耐心解答，不仅在学习上给我指导，还给我讲了很多人生哲理，让我知道何为学术大师，何为治国栋梁。至善学院的课程、讲座、沙龙也让我有了更广阔的视野，了解到不同领域的知识。最幸运的是，在至善学院我结识了这么一批志同道合的朋友，大家可以一起探讨、一起进步、一起努力去实现一个目标，也正是因为大家的专业各不相同，每个人都可以从自己的

个人照

大学期间部分证书

专业出发，产生更多更好的想法，和他们在一起，我会不断督促自己向着更加优秀的人看齐，与他们一起向着目标奋斗。

学科竞赛

刚进入大学，我以为学科竞赛对低年级本科生来说是很难的，整个大一上半学期，我没有参加过任何一个学科竞赛。到大一下半学期时，我才抱着试试看的心态参加了我大学的第一个学科竞赛——2017年美国加州核桃创意风味休闲食品大赛，并出人意料地入围进了决赛。因为核桃的外壳比较厚，如何给核桃入味成为了一大难题。为了解决这一问题，我们查阅了130篇文献，尝试了数十种入味方法，对工艺参数进行了上百次调整，最终生产出了令人满意的产品。在一个月的时间里，我们白天奔波于各个教室上课，晚上睡在实验室的仪器旁，见过无数次的东方日出，教室、实验室、宿舍三点一线的生活不断重复，噪声、压力、疲惫充斥着我们的生活。

功夫不负有心人，产品最终获得了评委的一致好评，获得了核果组一等奖。

这次的比赛也给我带来了信心，我开始积极参加各类学科竞赛，并且在一次次的比赛中不断摸索，最后总结出了自己的一些心得，介绍如下。

首先参加比赛，需要有关于这个比赛创新点的灵感，很少有灵感会突然产生，大部分灵感需要平时的积累。我平时主要通过阅读关于食品的公众号［Foodaily（每日食品）和FBIF（食品饮料创新）］来寻找灵感。在吃饭或排队时（主要利用一些碎片化的时间），我会看这两个公众号，看看里面的创新食品以及一些行业大咖对食品前沿的解读，当看到比较好的想法时，会截屏记录下来，等到晚上睡觉前进行整理。平时生活中，我一旦有灵感时也会立即记录下来。此外，当具体的比赛章程出来后我会去超市，了解和这个主题有关的食品目前的上市情况，以及分别做到了什么程度，还有什么方面可以进行创新，我还会做调研，分析消费者对产品的诉求。

光有想法也不行，还需要进行策划案的书写，因为初审评委主要是根据策划案来评判是否有进入决赛的资格，所以策划案的书写很关键，创新点一定要突出，格式要注意，要能体现专业水平。

入围决赛后需要进行产品的制作。食品最重要的是口感，大部分消费者选择食品时考虑的第一要素就是口感，即使再健康，如果食品的口味不能被大部分消费者接受，其市场也会很小；其次，食品的包装要精美，大家去超市购物会首先被独特的外包装吸引，所以包装外观的颜值很重要；在此之后，则是食品的功能，能否进行大规模生产，生产后如何运输、储存、货架期长短等要素都需要进行考虑。

学生工作与社会实践

刚进入大学时，我参加了几个学生会部门的面试，由于自己面试经验不足，表现较差，都没能入选，在总结之前的经验后，我又报名了肉制品俱乐部的面试，成功入选。但自己大一在俱乐部的各方面表现都不是很突出，没有得到很多的锻炼。回顾大一，我在学生工作上表现平平，没实现自己当时加入社团的初衷——锻炼自己的社交能力。于是在大二时，我希望能改变自己，便参与了留任竞选，成功担任肉制品俱乐部外联副部长。在与班级同学相处上，我也比较被动，和同学们交流不多，为了改变这一局面，我参与了班长竞选，成功担任了食品科学1603班班长。

大二一学年，是我学生工作的逆袭之年。我从之前一个平平无奇的"小白"，开始慢慢成长，最后能独当一面。大学四年的学生工作，让我得到了很多的成长。作为外联的副部长，我带领低年级同学跑商家、拉赞助、做宣传、写策划，这些工作都是我第一次做，觉得很有意思，并收获了新的技能。后来又担任俱乐部主席，我需要规划年度安排，分配好各个部门之间的工作，组织俱乐部的比赛，这些事务很好地锻炼了我的统筹规划和随机应变的能力。作为班长，我希望我们班级能有较好的凝聚力，同学们的成绩能得到提升。为此，我和团支书一起举办了10余场班级活动，和学习委员一起建立了学习群，定期分享自己的学习资料，当自己为班里所做的一切被大家认可时，我感到特别开心。

其实任何一个社团或者学生组织，只要你真的努力过，希望它变得更好，最终都能有所收获。

周末，我也会积极参加各类志愿服务，曾担任过无锡市马拉松、国际体育舞蹈锦标赛等多项赛事志愿者。参加志愿活动是一个接触社会的方式，去盲人图书馆做义工时，我遇到了一群视力有问题，但是心态积极乐观的老人，他们每周都会去图书馆学习，听工作人员给他们讲新闻或者自己阅读盲文图书。在他们身上，我学到了乐观，体会到了"吾生也有涯，而知也无涯"，他们是一群可敬的人，值得我学习。新冠疫情期间，我作为中共党员，主动参加社区的疫情防控工作，在这个过程中，我遇到了一群无私奉献、热爱祖国的人，他们为了大家的安全，甘愿冒着自己受感染的风险工作。在不同的志愿活动中会遇到不同的人，发生不同的故事，既收获了快乐，也收获了友情。

寄 语

现在我已毕业，很感激江南大学四年来对我的培养，回想自己的大学生活，有一些话想和大家分享。

第一，上大学并不轻松。 如果你抱着玩乐的心态进入大学，等到毕业时，你会发现自己一无所成，最好的青春都被浪费了。在读大学前，我们生活中最重要的部分可能就是学习，数十年的努力付出为了能进入一所好的大学。

而进入大学后，不同于以往，有很多时间可以支配，我希望你们可以充分利用好时间，尝试一些以前没有尝试过的事物，不断提升自己，而不是躺在宿舍玩乐。毕竟现在的大学生活是你们之前拼搏了十多年换来的，如果现在每天无所事事，不是愧对自己之前的努力么？等到毕业的时候回顾自己的大学生活，发现什么成就都没达成，自己的简历也一无是处，那时后悔就来不及了。我建议平时可以看一些优秀高年级同学的简历，找到自己需要进行提高的地方，也可以每年写一份简历，看看自己是否有进步。

第二，学会利用资源。第一个资源是周围的朋友，应该多和优秀的人交流。至善学院提供了一个平台，可以认识这么多优秀的同学，因此应该利用好这个资源，多看到他人优秀的地方，才会知道自己的不足。你们身边的同学、学长学姐、研究生师兄师姐、导师等都是身边最好的资源，多和他们交流，可以让你吸取前人的经验，少走弯路。第二个资源是网络资源，慕课、B 站、学习强国等学习 APP 上都有很多优秀的学习资源，可以进行学习。

第三，量力而行。每个人的时间都有限，不可能把所有的工作都完成得很好，这就需要知道自己最想要的是什么，关注最主要的目标。我在大三时想在每个方面都做得很出色，参加了很多学科竞赛，社团也很忙，还有学习需要兼顾，最后导致分身乏术，成绩也下降了，希望大家还是应该根据自己的能力，给自己制订合理的目标。

第四，加强体育锻炼。大二之后就没有体育课了，很多人可能就不再参加运动，但身体是革命的本钱，每周应该坚持锻炼两三次，学校也有很多体育俱乐部，有兴趣的也可以去参加，希望大家在学习的同时也能有一个强健的体魄。

在江南大学的四年里我收获了很多，遇到的所有老师、同学都很优秀，给了我很多的帮助。希望所有人在大学都能学有所获，得到锻炼，得到成长。

人生不设限,理想当如是
2020届至善特别荣誉生　方佳华

> 方佳华,女,1998年4月生,江南大学生物工程学院国家生命科学与技术人才培养基地班本科毕业,2020届至善特别荣誉生,毕业后留校深造。

我是方佳华,江南大学生物工程学院国家生命科学与技术人才培养基地班(以下简称"基地班")2017级本科生,至善学院2018年度至善生。在本科期间,连续两年综合测评排名第一,GPA排名前三,至善学院修读课程GPA 3.95。三年来,学科竞赛获奖7项。其中,作为队长带领团队参与国际基因工程机器大赛(iGEM,MIT主办)获得金奖及两项单项奖提名,是江南大学参与iGEM以来的最好成绩。获得江苏省"三好学生"、江南大学"十佳大学生"、江南大学"三好标兵"、2020年"至善特别荣誉生"等荣誉称号10项。获得国家奖学金、江南大学一等学业奖学金、至善学院游学专项奖学金、桑麻奖学金等奖学金11项。同时,在Metabolic Engineering(SCI一区,IF=7.808),参与发表题为Engineering Corynebacterium glutamicum for

个人照

the de novo biosynthesis of tailored poly-γ-glutamic acid 的论文,现保研至江南大学。

至善之境,踏实以行路

专业学习

没有人说过,文科生读不了理工科,也从来没有人说过,文科生不能在理工科专业拿第一。而我,就是那个文科生。因为对生物的热爱,从高中选课为政治、地理、生物的我,选择了江南大学生物工程学院,并且考入了基地班。基地班实行挂科退出与末位淘汰制,每一年都有人离开,面对这样残酷的机制,我的生存法则是——踏实。

我从来没想过要拿专业第一,我喜欢生物,我只是希望自己能踏踏实实地学好每一门课。我自认为基础薄弱,因此在上课时认真理解,记笔记时把自己不理解的部分做标记,以便在提问时间进行探讨,在上课时,尽量跟着老师的思维走,之前遗漏的部分做标记,课后认真复习并且完成作业。在第一学期结束,惊喜地发现自己成了专业第一名。这给予了我莫大的鼓励,同时也感到莫大的压力。因为专业第一名是一根标杆,代表着这个专业学生的巅峰,需要不断地去突破自己,这才是第一的意义。

我花更多的时间在图书馆、自习室。但是后来我发现,在图书馆,尤其在下午,我的学习效率不断下降,总是会不经意打瞌睡。有时为了准备去图书馆还要整理很多相关资料,背着沉甸甸的书包,但是回到宿舍发现什么也没干。后来我发现,学习效率最高的地方是宿舍,因为所有的学习资料都在宿舍,于是我会经常选择在宿舍学习,同时为了防止自己偷懒,会提前将自己的被子叠好,避免到床上休息,午休也只会选择在桌上趴一会,防止自己一睡荒废了一下午。如果遇到课比较多的时候,就会就近选择在教学楼进行学习。

有时候周末我会在图书馆待一整天,因为图书馆的闭馆时间比教学楼晚一些,一个人走在回宿舍的路上,会听着广播,吹着晚风,同路的人谈论着一天的见闻。也会时常想起以前高中时生物老师说的:人生当中,真真切切地为未来努力的日子真的不多。我感到自己就是在真真切切地为未来努力着，我感到很满足。有人说，学习是苦行僧一样的生活，其实不然，学习是一场自我修行，多数情况你会一个人走，但不会感到孤独和痛苦。我将自己的生活安排得满满当当，在江南大学这片沃土上，踏踏实实地走着自己的每一步。

学生工作

没有人说过，学生工作和专业学习是相互排斥的，也从来没有人说过，担任学生干部会疏于学业。我从一开始就担任班级的团支部书记，一开始，没有掌握工作方法确实有些晕头转向——接受培训、开会、发通知、整理资料……

我意识到自己的问题——低效率的工作，只会让自己陷入恶性循环。我立即改变工作方式，在培训和会议时解决所有疑问并且记录关键内容，以便在落实时更好地操作；建立消息群专门发放通知，并且告知班级同学务必查收通知群消息；信息收集和统计时设置时间节点，其余时间则关闭QQ。这样，我就多出了很多时间用来学习，同时我发现吃饭排队这件事情也浪费很多时间，所以我总是选择错峰吃饭，一般都是下课在教室再多待一会，再去食堂。有时免不了要排队，我会选择发通知或者查看资料，有时也会背单词或者看一些TED演讲，当作放松。在一开始，我就建立起了时间观念，在安排好自己生活的同时，更好地学习和工作，带领班级获得江南大学"五四红旗团支部"称号，同时自己也获得江南大学"优秀学生干部"、江南大学"优秀团支部书记"等称号，并且成为首届江南大学大学生宣讲团成员。

至善之境，坚持以成才

学科竞赛

没有人说过，本科生参加学科竞赛很难拿到好成绩，也从来没有人说过，大二的学生不能担任国际比赛的队长。我从大一开始就参加学科竞赛，先是院级的比赛，如国学知识竞赛、平板菌落大赛、"外研社杯"写作阅读比赛、"方宇杯"及三创竞赛等，慢慢地到校级赛、省级赛甚至国际比赛，就像是

人生不设限，理想当如是 2020届至善特别荣誉生 方佳华

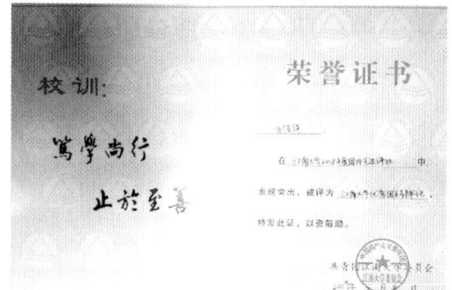

本科期间部分获奖证书

一个不断试错的过程，但是我一直抱着"学习为主，交友为辅"的理念参加学科竞赛，只有去参加学科竞赛才会发现与他人的差距，才会知道自己的渺小，我一直期待着自己也能蜕变成优秀的样子。

  但是有一点我心里很清楚——我永远无法复制别人的成功路。有时虽然羡慕优秀的学长、学姐，但我知道我需要走出自己的路，人生无法复制。在大二的时候我遇到了iGEM，那时我刚好通过了雅思考试，面对全英文的面试完全没有压力，得到老师的肯定。老师询问我是否有担任队长的意愿，我毫不犹豫地答应了，真的是毫不犹豫，就像是遇到一个偌大的机会，我害怕它溜走。但是当我离开老师的办公室，发现自己做了一件很冲动的事，因为iGEM比赛是江南大学第二次参与，不管是熟悉度还是对内容的了解度都不够，而且上一次的队长均为大三的优秀学生，一个大二的学生来担任队长似乎有些冒险。但是我很感谢自己当时的勇敢，毕竟初生牛犊不怕虎，况且也没有人定义过年龄，人们只会定义能力。我觉得我可以，而且这个任务我要圆满完成。

  一切远没有我想的那么简单。一年的时间里，我们从开始的定题到调研，都一直在看文献，同时还需要熟悉实验室工作，各种操作和设计需要向实验室的师兄、师姐学习，有时候我们没有充足的时间做实验，只能选择晚上甚至凌晨去做实验。凌晨起来，或许途经的树林露水还没有干透，完成实验又急急地赶去上课。周末几乎是我们一周的冲刺，不是为了iGEM的科普宣传就是待在实验室做实验。寒暑假也不例外，我们依旧在实验室。但是，努力并不代表好运，我们遇到很多问题，一开始我们无法确定项目灵感，一直踌躇不定，大家很快失去了信心，开始懈怠，甚至想着放弃。后来，我们意识到问题的严峻，老师和团队的主要人员确定了项目方向，我们最终确定的题目为"不同D/L比例聚谷氨酸的生物合成"，开始着手做实验。我们急需实验产品进行进一步的应用方向的研究，但是发现买不到相关的试剂，我们只能自己生产，包括后续的纯化、透析、冻干、测定物化性质和D/L比例。我们尝试着探究D型和L型聚谷氨酸的区别，展开的实验全部失败了，一下子一两个月的努力都白费了，我们的项目进度严重落后。

  经过与老师讨论，我们转换了思路，希望能够做到精确调控聚谷氨酸的D/L比例，并且吸取了之前的教训，尽量做到不拖拉，为项目的各个模块都制

人生不设限,理想当如是 2020届至善特别荣誉生 方佳华

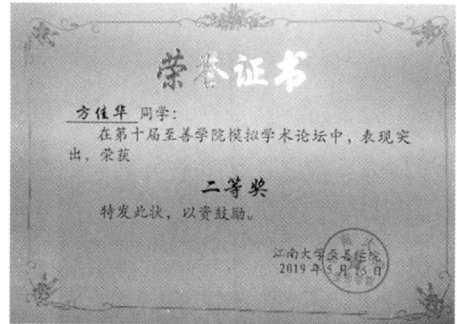
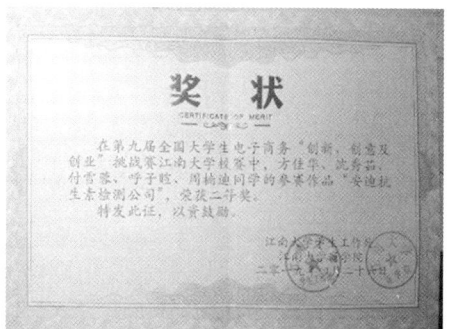

本科期间部分学科竞赛获奖证书

团队网页部分设计内容

订了相应的截止时间,最后一周我们几乎每天晚上都聚在会议室里写文稿、改 PPT、上传内容,在网页冻结的最后一晚上,我们仍在上传相关内容,去厕所洗把脸,回来接着干,凌晨三点我们终于将相关网页排版设计完成并且上传,已经习惯了这样的熬夜,丝毫没有睡意,就像在等一场审判,生怕哪些内容出了错。

网页上传告一段落,我们需要参与最终的答辩,我们怀着信心奔赴波士顿,同时也有些忐忑。抵达答辩现场,看到其他团队的表现,觉得自己团队仍有很多可以改进的地方。于是,整个团队在酒店,在老师的指导下,改了近三天的 PPT。

我们以最饱满的状态完成了答辩,以及后面的科研海报提问时间,团队最终获得金奖及两项单项奖提名,实现江南大学 iGEM 赛事的突破,我们激动地相拥在一起。整整一年多来,老师们的鼓励、引导和支持,以及团队成员的执着、坚持和努力铸就了 JNU-China!这也成为我在学科竞赛道路上的美好回忆。

创新创业

到了大二,每位同学都需要参与大学生创新创业训练计划项目,无疑,这是一个选择,是 iGEM 和大创之间的选择。但是并不是每一个选择都那么极端,我的重心选择在 iGEM,并不意味着大创就能放下。我经常在两个实验室来回跑,完全不一样的课题,从一开始了解课题到撰写项目申请,渐渐地开始做实验,在大创项目中,我主要负责分子实验的工作。

很幸运的是,我们的大创项目"白酒酿造中乙酸乙酯合成的影响因素初探"入选国家级项目。大创项目较 iGEM 晚一些开始,我对自己的定位很明确,如果在一个学科竞赛担任队长,就尽量避免在另一个重要项目担任队长,人的精力毕竟有限,认认真真做好一个项目也完全足够你成长,不要贪多,但要求精。

大创项目一开始的固态发酵实验也遇到很多问题,分子实验也因为原理学习不透彻而停滞不前,但是最黑暗的时刻总会过去,我在两个实验室之间来回跑中不知不觉地结束了 iGEM,之后我将大部分精力投入大创项目中,后来我们的大创项目参与了生命科学竞赛获得省三等奖。但是大创对我来说是挺遗憾的，我对于实验原理的理解不够深入，导致做了很多无效实验，一直无法跨越困难。所以，无论是多么细节的操作，真正理解背后的原理和机制是至关重要的，有时我们不能只依赖于他人的讲解，更多地需要自己去主动探索。

至善之境，广博以渡人

至善生活

至善学院是一个培养全面人才的地方，它所设置的课程和活动能拓宽你对世界的理解。我一直很感谢至善学院，不仅让我遇到一群良师益友，也让我遇到一生知己。有人说，至善学院都是一群书呆子，这是愤世嫉俗的说法，真正的至善生，自信、睿智、勇敢、富有朝气和创造力，我在至善学院认识的朋友，是可以一起并肩前行的勇士，他们努力、刻苦、目标明确，一直在自己的道路上砥砺前行。而至善学院也培养了一个更加国际化的我，在大一的暑假我参与至善学院香港游学项目，在香港大学和加拿大宏利集团进行创新能力实训，时间安排得很紧凑，但是每一天都很充实。

至善学院的英语短训是一个真正解放天性，提升自己的好时机，在和外教的互动中结束一天的课程，课程非常有趣，即兴编剧、性格分析等。同时，我大一下学期参加至善学院的雅思课程，最后参加雅思考试取得 7.0 的成绩。至善学院的老师往往有内外反差，有些老师看起来很严格，但是格外热情；有些老师看起来很"高冷"，但是格外温柔；有些老师看起来不爱笑，但是笑起来却格外明媚。至善学院给我感觉是充满了鼓励和包容，你可以在这里肆意生长。

公益志愿

我在大一的时候参加无锡市人民医院志愿者项目，体会到志愿者的快乐，后续也作为志愿者参加迎新活动，同时参加包括"优秀大学生颁奖典礼"在内的四场大型分享动员会，希望能有更多的人投身科研。

秉承着"科学即信仰"的理念，我和团队也一直走在科普与科研的道路

江南大学 2019 年度优秀大学生颁奖典礼分享

上,从社区、博物馆、公众科学日,到幼儿园、小学、初中、高中,根据受众人群的特点、接受能力、知识水平,我们为他们制订了一堂又一堂生物课,我们希望能有更多的人感受到生物学的魅力,全民懂科学,一个国家才能更好地发展。科普于我们而言,不仅是传递知识,也是传递一种思考的方式,更是一种传递责任和担当的途径。

至善之境,孜孜以求之

在未来的日子里,我将在江南大学继续我的"修行",也将更加严格地要求自己成为一名优秀的科研人,为科研和教育事业贡献自己的力量。

每一个人都有属于自己的最美好的十年,而且是我们真真切切地在经历着的,我们谓之青春。没有人能定义你的青春,除了你自己,愿你能在江南大学这片沃土上,放下包袱,奋勇追逐。或许后会无期,但祝你我不负芳华!

不负江南好时光
2021 届至善特别荣誉生　刘朝虎

> 刘朝虎，男，1998年3月生，江南大学理学院信息与计算科学专业本科毕业，2021届至善特别荣誉生。保送至中国科学技术大学自动化系攻读硕士研究生。GPA、综合测评全年级第一，摘得国际竞赛奖项，参与国家自然科学基金项目，作为班长带领班级获得省、市、校先进集体荣誉。本科期间获得两次国家奖学金，三次一等学业奖学金，以及校长特别奖、校"十佳大学生"、江苏省"三好学生"、江苏省"优秀毕业生"等荣誉。

刚进入大学时，我也不确定自己应该度过怎样的大学生活。

或许那时候和大家都差不多，我报名参加了一些学生社团：因为我对体育感兴趣，所以加入了学院文体部，现在回想起来那一年也组织了不少有趣的活动；2017年的时候做微信推送还挺热门的，我加入了校团委通讯社，和小伙伴一起维护江南大学共青团的公众号；还参加了一个兴趣类的社团——江大网球社，每周三、周六下午都会训练一次，特别高兴的是每周六早上会和同学一起去打网球。当然，作为学生，学习是自己的主业，所以典型的一周

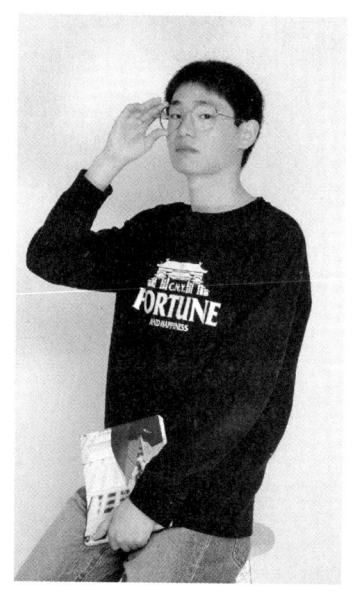

个人照

我是这样度过的，周一到周五白天上课，晚上如果没有周会的话就在图书馆学习，周三下午、周六全天运动（上午网球，下午篮球），周日全天学习。比较遗憾的是当时没有好好利用学生证，把无锡的景点都看一遍，也没有去周边的城市游玩。不过也没有后悔，毕竟对年轻的学生来说，把学习搞好是头等重要的事情。

总的来说，那时候做很多事情都没什么目的性，甚至有点随大流，好像大家都是这么过来的。所以大一的不少时间，总是伴随着一种轻松并隐隐有点焦虑的情绪。对未知的恐惧是人类的天性，而大学生对未来的生活没有预期就是令人恐惧的一件事。直到大一快结束的时候，有一天我被叫去观看校长特别奖的评奖答辩，也就在那个时候，我见识到了最优秀的江大学生是什么样的。令我印象尤其深刻的是被保研至华中科技大学的至善学院的陈柳红学姐，她的学习能力、工作能力都让我钦佩；还有至善学院的荣健翔学长，他积极的生活态度感染到我，让我了解到大学的生活也可以是多姿多彩的。还有其他一些至善学长学姐，他们中有学生骨干，有学习标兵，也有体育达人，他们的优秀都给我提供了一个模板，一个离自己非常近的、非常具体的模板，或许自己以后也可以像他们一样优秀，或许自己也可以保研。既然别人能做到，为什么自己就不行呢？他们的出现让我对大学生活产生了具象化的期待。所幸的是我大一虽然稀里糊涂，目标不清晰，但 GPA 也达到 3.9+，排名专业第一。

有了明确的目标之后，做很多事情都有了方向，我开始给大学生活做加减法。具体来说就是退出一些学生社团，适当降低在专业课程上投入的时间，把更多的时间投入到可以真正提高能力的地方。不过即使再忙，我也坚持锻炼，每周都会去西北操场跑步，每次跑 10 公里。这个跑步的习惯让我每次体测 1000 米都能轻松获得满分，我现在仍然保持这个习惯。至于为什么那么忙我还有时间锻炼呢？那是因为我心中始终有一个优先级排名。这个排名是动态变化的，一开始学业的优先级非常高，必须把学业上的事情搞定了才能去做别的；但随着与上一次运动的间隔时间不断拉长，体育运动的优先级就会逐渐提高。体育运动对于人体来说就像给汽车加油，再着急赶长途的汽车也必须规划好加油时间，才能跑到最后的终点。其实体育测试并不可怕，有付出就能有回报，只要你坚持每周跑10公里,那么体测时候的1公里自然不在话下。要知道生活中遇到的很多其他问题,即使你付出了无数的努力,最后也可能一无所获。

这些良好的习惯,在某种程度上可以说是至善的优秀学长、学姐们传递的。毕竟,想学习别人优秀的实际落脚点就是学习别人优秀的习惯,不仅是工作、学习的习惯,而是方方面面。这也是我非常感谢至善学院的地方,它提供了一个更大的舞台,让不同学院、不同专业的同学彼此交流,拓展自己的视野。视野有多大,向上的空间就可以有多大。也正是因为有他们的激励,我才能在后期取得一些成绩,可以拿国家奖学金,可以获得国际竞赛奖项,可以保研至理想的大学,还可以带领班级同学一起前进,和全班一半左右的同学一起升学。

对大学生来说,最重要的就是弄清楚自己真正想做的事情。可能在大学之前,大家都是被推着往前走:小学时要上更好的初中,初中时要上更好的高中,高中时要考更好的大学,然后到了选择大学与专业的时候,过往的刷题经验并不能帮助我们做出有效的决策。我们无法意识到自己真正喜欢什么,就匆忙地选择了一个专业,也不清楚自己上大学究竟是为什么。可以说这是我们迷茫的根源。进入大学前,其实大家都差不多,排除省份差异,大家的成绩属于一个区间里面,但是经过大学四年后有人变得很优秀(指的是大众意义上的优秀),也有人变得普通(指的是大众意义上的普通),如果我们在大一的时候就看到这些区别,或许对自己会有不一样的期待。

至善学院培养拔尖人才是一个润物无声的过程,培养计划中对英语的重视和提供高质量的通识课程具有前瞻性。

至善学子大多数都会继续深造,硕士研究生算是科研的入门级了,而做科研就免不了阅读文献。英语是一个非常重要的工具,可以帮助我们获得世界上先进的知识。正因为是工具,越早掌握越好,不要在后面浪费时间,当然英语的重要性或许只有经历了之后才能真正体会到。这里推荐一个学习英语的方法,就是看自己专业领域的英文博文。假设你是学人工智能的,现在非常流行一个叫 transformer 的模型,你想搞懂它的话肯定要看书或者从网上搜一些科普介绍。一开始可以先看一点中文介绍的博文,大概了解一下基本的结构，然后再搜一些英文博文，这些技术文档的质量往往会高很多，最后，去努力读懂你要学习的专业知识。这种方法可谓一举两得，既可以帮助弄懂专业知识，又可以锻炼英语阅读能力。同时，这还可以作为阅读学术论文的过渡，毕竟一上来就阅读各种英文论文还是很有难度的。

掌握好英语还可以让我们获得更加全面的信息，让我们更好地认识世界，对于大学生群体来说，不应该是无知的、片面的，而应该广泛地了解这个世界。

至善学院的通识课程质量上乘。就以我当时选修的中国历史专题为例，能够明显感受到上课老师的认真，不仅课堂上和我们充分讨论，还带领我们实地考察无锡当地的一些名人故居，近距离体会文化内涵。或许很多通识课程老师都想这么做，但碍于资源有限，很多时候无法付诸实施。我在大学期间很喜欢听其他专业的课程，比如政治、马克思主义原理、思想道德基础与法律修养等，认真准备的老师会把课程讲得很有意思，例如我当时的马克思主义原理课老师，解决了我不少哲学上的困惑。

我的一位高中老师有次说他最怀念的是大学的时候可以随便找一个教室坐下来听课，不管自己能不能听懂。我当时觉得这样很有趣，所以在大一大二的时候也经常去听不知道的课，有次是工程制图课程，可能因为我一直在仔细听讲，老师以为我听懂了就叫我回答问题，其实我当时并没有听太懂，毕竟术业有专攻。不过一些人文类的课程就很有意思了，因为基本上都能听懂，即使没有专业基础也问题不大，还可以找老师讨论。可惜后来实在太忙，没有时间去随意旁听了。如果大家在大一大二时没那么忙，我还是非常推荐大家都去试一试。去主动打开你的视野，去拓展你对世界的认识，不要把自己的目光局限在专业上，如果你是男生，不要只对游戏里的角色如数家珍，如果你是女生，不要只关心各种娱乐八卦，应该去了解我们的过去，去观察我们的社会，去探索我们的未来。

回忆大学生活，有太多有意思的事情，那丰富多彩的江南时光啊。大学四年，真的是我们最自由、最精彩的时间了。之前，我们要千军万马过独木桥，之后，我们要去科研，要去工作，要去承担我们的社会责任，好像没有太多轻松的时间让我们完全地做我们自己。往者不可谏，来者犹可追。不要辜负大学时光，在大学中找到有意义的事情，然后动手干吧！

行文至此，窗外已是灯火阑珊，眺望夜空下的大蜀山，让人无比怀念江南时光，期待与老师们、同学们再一次相聚！

关关难过关关过，前路灿灿亦漫漫

2021届至善特别荣誉生　姚亲琪

> 姚亲琪，女，1999年7月生，江南大学商学院工商管理专业2021届至善特别荣誉生。曾获国家奖学金、德新优秀学生奖学金、至善特别荣誉生奖学金、学业一等奖学金等多项荣誉；获中国互联网+创新创业大赛国赛铜奖、中国高校计算机大赛移动应用创新赛华东赛区二等奖等竞赛奖项；曾任工商1704班班长、团支部副书记、工商1903班副班主任，带领班级获江苏省"先进班集体"等荣誉。2021年考研至清华大学，现就读于清华大学公共管理专业医院管理方向。

时光如梭，一年的研究生生活已落下帷幕。毕业一年后，回想起在江南大学的四年，仍然是珍贵的、幸运的以及无法忘怀的时光，在那里我度过了最为宝贵的青春和无可复制的大学时光，这些时光也将是我一生怀念的美好回忆。在那四年，我从一开始的懵懂与无知到拥有清晰的人生规划，从轻易否定到坚持努力、厚积薄发、收获肯定，这四年里的进步不仅让我收获了看得见的荣誉、证书、成绩，还收获了受益一生的思想、信念和理想。

不惧起点，努力从来不晚

当年我和所有的新生一样，怀着激动的心情和无限的憧憬踏进校门，那时候刚结束高考，还没做好大学的规划，就匆匆开启了大学生活。进校以后，我积极竞选班委，担任了班长一职，参加了辩论队和兴趣爱好社团，开启了丰富多彩的大学生活。但那时候似乎忘了学生的本职工作，大一学期结束后，当时看到课程绩点和年级排名才意识到自己在学业上似乎出现了点问题。在那一学期的期末总结班会上，我在全班同学面前总结了一学期以来的情况，反思问题、做出规划，鼓励全班一起努力。从那时起，我坚定了自己的决心，带着努力从来不晚的信念开启了新学期，并且明确了学业才是学生本分。

在之后的时间里，我始终将课程学习放在第一位，课上积极学习，课后与老师交流，期末周的时候全力冲刺，不带丝毫松懈地过了三年。三年的努力使我的GPA有了很大的进步，我不放弃任何一个可以拿满绩点的机会，最终实现了从2.86到3.67，四十七门成绩获得满绩点，专业排名第五，也在大三时把握最后的机会，选拔进至善学院成为一名至善生。回看过去，最开始对于GPA的焦虑，对是否需要重修，对还有没有机会保研，那些真实存在过的焦虑和不安，现在看来只要不放弃，任何时候开始都是最好的时候。

从我的大学经历可以看出，刚进入大学的迷茫，缺少规划导致一开始的挫败，到坚定决心、找到目标，从而脚踏实地、慢慢进步，虽然一开始并没有好的开头，但是努力从来不晚。三年的时间见证了我很多变化，这些变化不仅是一种肯定，还是背后无数个日日夜夜的努力和做到最好的决心。即使现在在读研究生的我，也仍然相信：不惧起点，努力从来不晚。

不断积累,每一步都算数

大学除了专业课学习之外,还有科创竞赛、社会实践、志愿活动等,这些活动需要主动去参加。从第一次鼓起勇气开始参加科创竞赛,我之后在这条路上有了很多课堂外的不一样的收获。四年过去,从院级的中小企业论坛,到校级电子商务"创新、创意、创业"挑战赛、省级移动应用创新赛、国家级"互联网+"大学生创新创业大赛等,在多个比赛中勇于尝试,我也从一开始的颗粒无收到小有收获。

大二暑期在学院老师的带领下,我与毕业的学长合作创业项目,成立阿波罗少儿编程创新创业项目,通过院级、校级、省级的选拔,我们的项目进入"互联网+"大学生创新创业大赛的国赛,取得了铜奖的好成绩。这对于我们来说是莫大的鼓励,不同于以往的科创竞赛靠技术、靠专利的传统,在这个项目中,我们以商业模式进行创新,取得了不错的效果,尽管过程很艰难,但最后的比赛结果证明了商科学子也拥有良好的科创思维和能力。大三寒假,我与设计学院、物联网学院同学一起参与中国高校计算机创新大赛,结合自身商业知识与设计学院同学的产品设计理念相碰撞,成功设计出了一款基于碳积分的绿色出行 App。通过这次比赛,我看到了不同学院、不同专业同学之间的差异性与互补性,在创新思维碰撞和头脑风暴之下,我们收获了令自己满意的成果,也在比赛过程中学习到了不同专业的知识,最后拿到了华东赛区二等奖。除了这两个比赛,我还参加过许多竞赛,有大学生服务外包创新创业大赛、"挑战杯"、电子商务"创新、创意、创业"挑战赛等,并不是每一项比赛都会取得好成绩,但可以肯定的是,通过每个比赛都会学习到新的东西,以赛促学的想法一直是我所坚持的,这样来看,过程远比结果重要得多。

除了竞赛,我还参加各种各样的实践活动,将所学知识应用到实践,并在实践中学习更多。2018年夏天,我参加学院项目奔赴四川省阿坝藏族羌族自治州进行有关少数民族语言的调研活动。在四川的绵延大山中,我们了解到羌语的传承现状不容乐观,我们走访多个村寨,访谈政府领导,为保留这

参加"互联网+"大学生创新创业大赛项目路演

一珍贵传统文化建言献策，最后形成一份报告反馈给当地政府并收获感谢。2019年夏天，我们与人文学院联合组队立项，在唐忠宝老师的带领下，调研江苏省高校大学生思政学习情况，对高校思政教育存在的问题、落实思政教育的实效等进行调研。在这些实地走访的实践过程中，我们遇到了各种各样的人和事物，与这些人交谈，每一次都会有新的收获。

在竞赛和实践之外，大学生活需要更丰富，更多彩。凭借着自身的爱好，大一时我加入商学院辩论队并在之后担任队长，后又通过选拔进入校辩论队。辩论是我前半段大学生活里浓墨重彩的一笔。每周五内部训练，参加比赛，讨论各种各样的话题，接受多元而又丰富的价值观，我与队友们进行的头脑风暴、唇枪舌剑，以及在得到一个答案之后的会心一笑，到现在都让我十分怀念。大学时期我还加入"骑迹"骑行社团、宝哥说工作室，参加马拉松志愿者、跆拳道赛事志愿者等，那些充实而又忙碌的日子，是快乐而肆意的。

这些丰富的比赛、活动虽然占用了不少时间，并且投入的过程也是辛苦的，但是可以说，没有一段经历是虚度的，也没有哪一段时间是被荒废的。在后来我才知道，那些怀着热情参加的每一项活动都是积累，无形中的积累为我后来的升学奠定基础，成为竞争的筹码。

敢于归零　才有无限可能

大三学年，我积极地开始准备保研，并确定了自己研究生生涯的两个目标：一是要学精学专，增强实干本领；二是要学以致用，成为一个对社会有用的人。专业方向的选择一直令我犹豫不决，本科工商管理的背景，培养了我全面系统的管理知识，但还不够精不够专；同时，对于未来想要从事研究的方向还没有清晰的认知，我一直在探寻科研的具体意义和价值，也在探索自己未来发展的最大可能性。

无意之中，我了解到清华大学医院管理研究院，并为之所吸引。学习医院管理不仅能够在本科管理学背景的基础上更进一步，将本科扎实的理论基础应用到实际场景之中；而且在医改进入深水区、医疗资源紧张、医患矛盾显著等问题频现的大环境中，新冠肺炎疫情又给国家医疗系统带来了巨大压力，研究医改政策、研究怎样实现现代化医院管理更显得意义重大，对我个人来说也是一项能实现自我价值的研究。但很遗憾的是，清华大学医院管理研究院保研夏令营的要求是"985高校"学生，我不愿意放弃这个感兴趣的领域，也没有其他选择，在深思熟虑之后决定放弃保研进行考研，从零开始。做出这样的决定是冒险的，也可能被一部分人不理解。前三年的努力都是为了得到保研名额，但是却又放弃保研。在那段时间里，从六月到八月，我一直在权衡各种利弊，估算风险，度过了十分焦虑的一个暑假。但最终决定之后，反而是轻松的，一旦确定考研之后，便就只有一个目标了。

考研的过程充满了各种挑战。学习上不再是简单的课本内容，也不再有期末的重点，专业课方面更强调信息搜寻、自我理解总结以及有侧重的归纳；同时，考研是个持久战，半年多的战线需要极高的自律能力和调节能力。并且，心理和健康上的压力往往产生极大的影响，过分焦虑会造成学不进去，过分轻松就会浮于表面，现在回想起来，仍为自己能够踏实度过那段艰辛的时光感到骄傲。如果说考研过程中有什么经验可以分享，我觉得心态的调节应列在第一位，其次才是专业课的学习。在整个考研过程中，没有任何医学背景且作为一名文科生，医学基础知识是最令我感到困难的，看着很难记住的生物医学知识，很多时候都在怀疑自己。其实在学习上，往往是自己在恐吓自己，带着学不会的心态学习，可能就真的学不会了。因此，抱着多学一个知识点多赚一分的心态来学习反倒很轻松。除此之外，考研往往也存在进度之间的交流，不去和别人比进度、比速度，而是和自己比质量，才是最重要的。每个人的学习习惯、学习方式都不同，一味地攀比，反而会让自己陷入焦虑。同时，考研复习虽然时间很紧张，但也一定要留出休息与放松的时间，或是运动，或是什么也不干，留一些时间来喘口气更像是对自己的奖励，这对于打持久战来说，是自我调节的好办法。最后，规律作息也十分重要，是选择早起还是晚睡都不是关键，能保持最好的学习状态才是最重要的。就这样，从九月份开学返校到十二月底考研，四个月飞快地过去了，与好朋友们一起在图书馆学习，在楼道里背书，在半夜加餐，现在回忆起来都是快乐的时光。

通过初试进入复试环节时，大学前三年的积累便发挥了作用，我初试的分数其实并不理想，因此复试需要更加稳妥。这时候，之前那些充实的经历、丰富的实践，让我在笔面试中显得没有那么被动，反而是加分的，自己也能够有底气地与老师对话。

我记得在参加至善特别荣誉生答辩时，一位评委老师问我觉得自己最大的优点是什么，我的回答是觉得自己是一个有目标并且一定要实现目标的人。她对我的总结是有勇气、有自信，并且这种勇气和自信并不是盲目的。如今想来，可能这也正是我想给学弟学妹们最重要的建议和我切身的感悟，一定要有勇气去做减法，也一定要有信心去做加法，舍弃那些不需要的，并且相信自己能够实现目标。其实做减法可能会比做加法更加困难，一些看似已经存在的优势与好处，有时候却成了我们的羁绊。因此深思熟虑，果断决策才能够拿出更多的时间、更多的精力去做对的事情。这并不仅仅体现在保研与考研的选择之中，从大一开始，你们将会面临很多选择，要不要加入学生会，要不要进入辩论队，是工作还是读研，是去企业实习还是去社会实践，是去实验室还是去参加社交活动，需要纠结的事情有很多，但是只要不后悔就没有错误的决定。

全校毕业典礼——拨穗仪式

大学四年，如今回想起来并不轻松，有走过凌晨两三点的路，有经历七点钟等图书馆开门的早晨，也有和朋友们嬉闹的夜晚和一个人焦虑辗转难眠的时候；但关关难过关关过，前路灿灿亦漫漫。大学是人生中宝贵的四年，也是值得每一个人去奋斗的四年，不论是过去、现在，还是未来，我们都要保持初心，砥砺前行！

以匠人精神　寻数理之路
2021 届至善特别荣誉生　白泰荣

> 白泰荣，男，1999 年 2 月生，江南大学理学院光电信息科学与工程专业本科毕业，2021 届至善特别荣誉生。本科期间发表两篇一作 SCI 论文（二区），一篇二作 SCI 论文（二区），获江苏省物理学竞赛一等奖、美国大学生数学建模竞赛二等奖，全国大学生创新创业训练计划项目入选全国大学生创新创业年会；获得三次学业一等奖学金、海外交流专项奖学金、至善特别荣誉生奖。目前在南京大学物理学院攻读凝聚态物理专业，从事超导量子计算方面的研究。

我回顾大学四年的种种经历，发现实在没有什么可以算是真正的成功，或许只是能够在"取得进一步发展的空间和平台"方面向大家讲一些故事，分享这一过程中我收获的经验和感悟，这应该是对大家有所帮助的吧。

明白自己想做什么，比一切都重要。对于我个人来说，大学本科四年与之前的寒窗十二年，最大的区别在于可以有大量的时间供自由安排，这一点在大一时期体现得最为明显。因此我认为，如何利用这段时间形成自我的学习、科研以及职业理

个人照

念,这在大学四年乃至今后的个人发展中起到了决定性作用。我入校时最初的专业并不是现在所从事的量子物理,甚至可以说两者之间没有半点儿关系。然而,不善社交的我心甘情愿地将几乎所有课余时间花费在图书馆的探索中,我清楚明白这种机会是我曾经所没有的,将来进入社会之后也很难得,因此我更加珍惜。在这期间,出于最原始的兴趣,即对于数理世界的痴迷,我阅读了大量有关现代物理学理论以及物理学史的书籍,现在看来,这段经历是极为奇妙的,它仿佛为我开启了通向另一个奇妙世界的大门。我痴迷于量子力学所描绘的微观绘景,陶醉于复杂理论所刻画的混沌现象,惊叹于场论所描绘的宏大宇宙,更钦佩于一代代理论及实验物理学家在追寻物理学圣杯道路上所付出的艰辛。所有这些无不令我心潮澎湃,从那时候起,投身于物理学界并在特定领域做出不朽的贡献成为了我所追求的目标。

正是凭借着这种想法,我毅然选择转专业至我校与物理学科最相关的专业——光电信息科学与工程专业学习。转入后,缺少一年专业知识训练的我深知自己需要在课程学习上花费超出常人的努力。因此,我始终以对待学术该有的严谨态度去对待每一门课程,对课程中遇到的所有抽象概念及理论不厌其烦地去推敲,对于那些优美的方程式也能不厌其烦地反复推导。我还记得那段时间每天固定不变的日常是,在图书馆闭馆准备离开时,我将一沓厚厚的画满各种公式的草稿纸扔进垃圾桶中,这种经历对于我来说是极其满足且喜悦的。这不仅进一步增强了我对该领域专业知识的兴趣,也培养了我扎实的理论基础(这些方法在我后来读研究生的时候看来,是学习理论物理的唯一方法!)。基于以上的认真学习态度,在转专业之后,我所有的基础课和专业课几乎都得到了满绩点,四年来平均学分 GPA 3.89,位列专业第一,其中第三学年 GPA 3.99,位列全校第一。所有这一切的成果,我认为都可以归结于大一那年所培养的兴趣和坚定下来的想法。所以回顾我走过的大学四年,最值得回忆和感激的还是大一沉醉于图书馆的那段时间。

始终保持求知的热情。大学四年中知识的不断积累是一个漫长的过程,始终如一地保持对于获取知识的渴望是促进自我不断进步的必要因素。在转入理学院之后,我并不满足于课堂上对于某些理论知识的浅显介绍,秉持着洞悉深层次物理思想、掌握整体逻辑结构的目的,我又利用大量假期时间泡在图书馆中翻阅学习更高层次的专业书籍。曾记得在大二的量子力学这门专

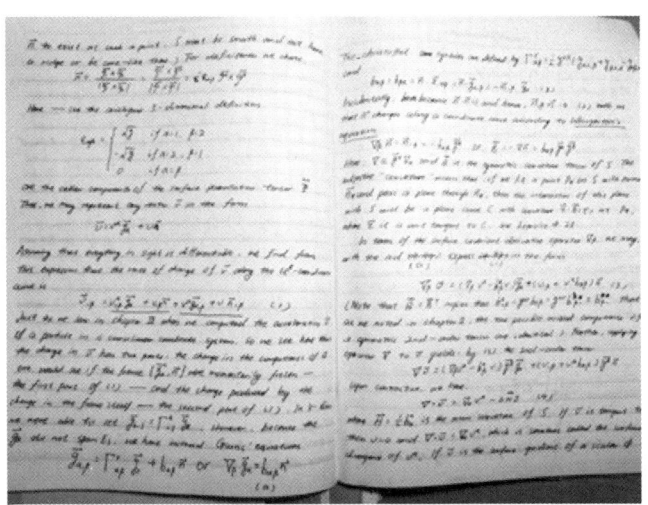

学习《张量分析》的笔记

业课程中,尽管我取得了满分的期末成绩,但我清楚地明白自己对于这一学科领域中更为本质的东西仍未触及其精华,于是在紧接着的暑假,我选择留校,整日于图书馆中自学高等量子力学课程。这门课程对于一个本科生来说是不太容易的,但在获得理解的那一刻所感受到的喜悦又是无以言表的。经过整个暑期的学习,我对量子物理的范式转变、数学结构、物理图像有了更为清晰和深层次的认识,同时在这个过程中,我的自学能力得到进一步提升,使得我之后相比于他人能够更容易地跨入全新的领域。值得一提的是,期间我也了解到该学科在前沿领域的诸多进展,量子计算就是其中的代表,不同于经典计算,量子计算的并行特性使得一些大复杂度的问题得到指数级别的加速,从而极有可能成为下一代计算平台。对于这一领域重要性的认识也促使我研究生阶段毅然选择投身于这第二次量子革命之中,从事超导量子计算及器件相关研究。

另一方面,除了学习本专业课程相关知识,广泛了解与掌握其他领域的知识技能对于今后无论是科研还是工作都十分重要。就我个人而言,同样是出于对数理相关知识的兴趣,我还曾利用闲暇之便阅读学习"张量分析""抽象代数"等数学学科内容。后来的事实证明,这些数学工具对于我之后另一些专业课程以及科研都极其有帮助。除此之外,即使作为一名理科学生,我也深知人文素养的培养对于健全个人发展的重要性,于是时时关注校园讲座信息，往返于各个报告会场也成为了我大学日常的一部分，所获内容及领悟也不断转化为自身内在的人文素养，使得我看待事物之时又有了更多的角度。

总的来说，在大学四年稍显漫长的学习时段，我们不能将眼光局限于课堂所学，应摒弃急功近利的态度，始终保持对于知识的渴望是促使自己走向更高境界的唯一道路。

过程比结果更重要。这一点感悟是我从科研竞赛中获得的。大二开始，我跟随学院的王继成副教授从事有关微纳光学计算相关的科研工作，我们的课题是《基于吸波－屏蔽－透明一体化的石墨烯超表面器件研究》，这对于当时的我来说是一个全新的领域，起初我对这个领域的理论基础、研究工具、研究进展以及研究意义完全不知。因此，在从事该科研项目的第一年，我花费大量时间进行基础理论学习、文献调研、软件使用等，这个过程极度枯燥乏味，且一年下来，并没有取得很多实质性的进展，也正因为这一点，身边很多同学已经离开该项目的科研工作。但我深知科研是一个长时间不断积累沉淀的过程，成果可遇而不可求，相比之下，我更在乎的是在学习过程中能够对相关理论有更深刻的认识，同时能够掌握更多实用的科研技能，我认为这对于我将来想要从事的科研工作会有很大帮助（目前来看，这一点得到了证明）。在经历了这一年的准备之后，我对这一领域有了深入的认识，相关理论知识更加丰富，同时创新的想法也逐渐孕育出来，这一切都来得如此之自然。大三的寒假，由于新冠疫情暴发，很多人的研究工作都因为延迟返校而停滞不前，而我仍利用这段时间不断将之前的想法成型化，最终提出了一种简单高性能的复合光栅结构来展示一些新奇的电磁效应，之后长达三个多月的理论计算也验证了我的这一想法，并将该工作整理成文章，以第一作者的身份发表在 SCI 二区期刊 *IEEE Sensors Journal*（High-Performance Sensitive TE/TM Mode Switch With Graphene-Based Metal-Dielectric Resonances），得到了业内同行的肯定。这项工作也使得我在物理学竞赛、物理学春季会议等各大重要场合获得奖项。更重要的是，这次经历作为我的科研初探，使我首次感受到了科研的乐趣，那就是欢喜于对事物的不断探索以及对那一个个极微小问题的解决。

在保研之后的大四学年，对于科研的热情促使我继续探索新的领域，于是在指导老师的建议下,我又开始着手拓扑光子学的研究工作。有了前一次的科研经历,这项工作对我来说更加得心应手,这一年,我们借助于非厄米光子晶体结构在动量空间中的拓扑结构,创新实现了一种高性能涡旋光束产生器,我也以第一作者的身份将该项研究的文章(*Terahertz vortex beam generator based on bound states in the continuum*)发表于光学 Top 期刊 *Optics Express* 上。在 2021 年的江苏省物理学会春季会议上,我以在座唯一一名本科生的身份在会议上介绍这项研究工作。

因此,总结我的本科科研经历,我想说的是,成功往往是可遇而不可求的。在做任何一项工作时不应该过度关注结果,通常越是想成功,越容易失败。我们应当做的,就是好好去体验这个过程带来的乐趣,从过程中提升自己,而在做到这些之后,相应的成果自然会在多方面体现出来。

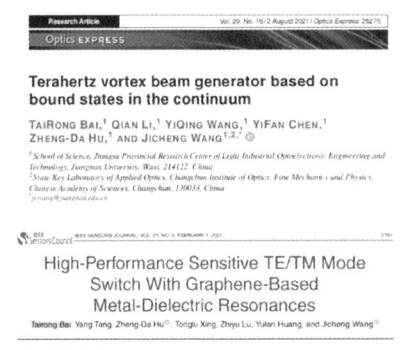

两篇以第一作者发表的 SCI 论文截图

作为唯一的本科生在江苏省物理学会会议上介绍研究工作

拓宽视野的重要性。至善学院具有全校最丰富的资源,为我们提供了一个拓宽视野、全面发展的平台,它使我大学四年的眼界不局限于本专业,各种讲座活动让我了解领会到了各行各业的魅力,暑期英语短训中与外教以及同学的沟通学习使我的英语水平有了质的提升。同时这些活动也让我结交了来自不同学院不同专业的同学,与他们在模拟学术论坛以及数学建模等竞赛上的合作,是我大学四年的一抹抹色彩。

对我影响最为深远的是大一暑期参加的海外游学交流项目。2018 年 8 月,我前往日本早稻田大学参加国际化创业人才推进项目。期间,我与来自全国各地的高校学生组成小队，在为期10天的全英文课程中，学习与领悟企业精神、大数据、商业模式等内容，我们凭借出色的团队合作成果获得了优秀小组称号。在课程结束后的实践学习中，我们前往三得利工厂见习，参访当地文化场所，我充分感受到了异国的风土人情与精神品质。这次宝贵的海外交流对我来说注定是一次前所未有的实践经历。它不仅拓宽了我的知识面和国际视野，使我领会到中日两国在经济、社会、文化等方面的差异，更重要的是它让我真正认识到了所谓的"匠人精神"，即专一、细致、精益求精，这对我今后的学习和生活产生了极大的影响。

顺其自然，为所当为。除了合理规划大学生涯，提高行动力以及优化学习方法等因素之外，在这样一个内部竞争激烈的时代，我想对于相当一部分同学来说，阻碍自己前进的往往是心理上的障碍。就像很多时候我们十分清楚当下应该做些什么，应该朝什么方向做，但我们所处的环境，所相处的人，所遭遇的经历往往不能让我们正常地投身于工作，因此这是一个极为复杂的问题。回想大学四年，不仅是我自己，我身边的同学好友或多或少也都有过类似的经历。克服种种心理障碍是一个艰难且长期的过程，但我们仍有很多自愈的方法来最大程度上削减其对我们前进步伐的阻碍。我对此的解决方法来源于大一时期代利刚老师的思想道德基础与法律修养课（现在回想起来，代老师应是大学四年对我影响最为深远的老师之一），他以自身经历为例，向我们介绍了各种可采取的调节方法，其中印象最深的当数森田疗法。我对此的总结是，当面对自己或大或小的心理障碍时，不能选择逃避，正视自己存在的问题，以事实为真的态度面对生活并学会接纳不完美的自我，顺其自然地接受容纳自己的情绪，以应当做的事为目的去行动。有时候，我们不必跟周围的人相比，不必过分追求世俗意义上的成功，学会与自己和解，这样往往能够使自己达到一个新的境界。大学四年期间，每每当我因各种情绪上的问题而无法正常进行当下的工作时，我都会以这些方法来自我调整，渐渐地这样一种方法也成为了我的一种习惯，能够使我合理应对各种情绪问题。

在江南大学以及至善学院的四年，是我青春岁月中最美好以及最难忘的四年。我感激当年所做出的种种选择，感激我在学习和科研上的执着及付出的艰辛，感激我所经历的各种困难与挑战，同样也感激一路上给予我陪伴和帮助的所有人，这些都是我最珍贵的回忆。

我就是我
2021 届至善特别荣誉生　汪帆

> 汪帆，男，1999 年 8 月生，江南大学化学与材料工程学院化学工程与工艺专业 2021 本科毕业，2021 届至善特别荣誉生，也是首届优秀大学生宣讲团成员，毕业后前往天津大学深造。

五年前的高考，我考得非常差，我把自己整天关在房间里。那段时间我一度非常沮丧，认为自己的未来可能就因为这场高考没有希望了。我到班主任那里去取通知书的时候，他并没有任何的安慰，只对我说了一句让我至今难以忘怀的话，"未来具有不可知的美丽"。开学前，我对我的父母说："让我一个人走吧。"父母知道我生性要强，同意了。就这样，我带着沉重的行李，一件一件拖着，从家来到了学校。当然，也因为这样的要强，我全身酸痛，在床上躺了三天。那三天，我的内心有一句话：我不属于这里。（当毕业离开了以后，我才知道江南、化工的印记已经永远扎根在我的心里。）

因为高考失利，我一度认为自己在这所大学里应该算是优秀的。但入学后第一

个人照

个月的遭遇就给了我沉重的打击，我接连参加了5个社团的面试，由于上台太紧张，无法完整地说出一句话，最终所有社团的面试都失败了。九月底的班委竞选，我提前在纸上写了500字的个人介绍，反反复复地读并背了下来。结果走上讲台，我还是紧张得连一个字都记不得，甚至连自己的名字都支支吾吾地说不出口，和其他人的淡定、从容相比，意料之中我的得票为班级倒数第一。但也正因为全场就我一个人准备了稿子反复地读，反复地看，我的班主任李金杰老师认可了我的执着和坚持，最终推荐我担任学习委员。**所以，我想分享给大家的第一点是，大学是各施才能的大舞台，只有做好充分的准备自己努力争取，机会来临的时候，才能抓得住。**

也正是那个九月，我开始意识到自己的综合素质，在班级乃至整个学院里都是比较差的，我的自信心也因此受到了极大的影响。后来我又参加了许多实践活动，但还是很畏惧那些我觉得难以做成的事情，这样的心态令我试图躲避。但另一方面，我慢慢发现我很能沉下心，发自内心地喜欢学习。于是我继续保持着高中的学习习惯，三点一线起早贪黑，然而结果却并不尽如人意，大一上学期我只取得了专业第七（年级共93人）的成绩。为此，我很沮丧，因为我对我的成绩不满意。这时候我的班主任对我说："汪帆，你该出去走一走，看一看。"当时的我并不能理解这句话，因为我觉得能实践的我都去做了，我还能做什么呢？

由于生活作息不规律，大一下学期的时候，我因为急性阑尾炎做了手术。休养期间，医生嘱咐我多走动。那天是我第一次走出学校的北门，第一次来到欧尚超市，当我和室友说这是我第一次来这里，所有人都非常惊讶，因为在他们眼里这是不可能的事情。那一刻我才突然明白,我好像自我封闭了很久。为了学习，大学第一学期从来没有走出校门，我开始明白我的学习成绩为什么不是第一了。真正有学习能力的人，是不会不敢开口与他人交流的，是不会把自己封闭在一个狭小的空间里的，那样的话就很难做出真正卓越的事情。**所以，我很希望目标明确的你，也总能抽出时间去与人交际，去看看其他人在做什么，在学习什么。无论学术、无论生活，皆是如此。**

于是从那天起我开始在生活、学习上和同学老师们交流，听取他们的建议和想法。傅老师说，你要学会去主动拓展，我就在上课前主动查阅资料进行预习，课后定期复习，渐渐地课堂知识融会贯通、内化于心，到期末考试时都不需要特别的复习；每次实验课前，我对实验原理进行思考，对书本上不涉及的实验方法进行文献阅读、比较，对实验增添了许多信心。刘老师说我的字不好看，我就慢慢地练字；看到同学的PPT做得好看，我就依葫芦画瓢一点点地学他的技巧；听说别人最近学了哪些有用的软件，我认为重要的也跟着去学；谁的做事习惯好效率高，我也会记在心里去尝试。就是这样，从学习到生活，在和别人交流中，我不断地反思，总结自己的问题，学习他人的长处，在不知不觉中已经获得了进步。大一下学期，我的GPA达到了3.94，成为专业第一。

很多时候当我思索大一上学期的时光，脑海里充满了两个词，怀念和后悔。怀念可以每天在图书馆无忧无虑地学习，但后悔每天只知道在图书馆学习，而不会走出去，不会打开自己。很多时候我会因为畏难而没有把事情做下去，但我的班主任经常对我说一句话："你没有尝试为什么就说不可以？"我很庆幸老师们给了我很多鼓励，让我没有在大学生活中磨平了自己的志向。

让我进一步迅速蜕变的是大一暑假至善学院组织的英语短训和海外游学，在和一群优秀的至善学子相处中我收获了很多。来自药学院的曾开全面发展，宿舍里摆满了各种人文学科书籍、体育比赛奖牌、班委社团部长聘书，和他接触的日子里我总是在想，为什么都是20岁出头的年纪，他在人文素养上比我出色这么多。来自生物工程学院的张佳宁，生活、做事永远充满了热情，靠睡袋在实验室里过夜，以积极的心态面对所有科研困难（他在大三时获得了iGEM金奖），朋友圈里除了科研还是科研，上课的时候拿着一堆纸质文献阅读，这让我看到了自己在科研上和优秀同学的差距。来自法学院的叶英杰，每天都在图书馆五楼学习，为了厚德明法、载道济世的"法学"人生梦坚持了四年……还有许许多多没有提及但同样优秀的他们，正是这样一群各有所长的人汇聚在这里，让我真真切切地感受到不同学科交叉的魅力，让我发现自己在英语、在人文方面极大的不足。

在我用英语做展示的时候，大家对我的口语总是包容且鼓励，让我变得更为自信；游学期间为我准备生日晚会，生病时老师和同学的关心让我感受到温暖和幸福……这些也促使我变得更加积极、开朗。往后的日子里，我总会用同行的优秀同学的标准去反思自己的不足，去不断改正自己，这便是我在至善收获到的最大的财富。**所以我想说，从至善获得的财富往往来自于优**

秀的人，往往需要打开心扉，用心和人相处，学会明白自己的不足，从而提高自己。

于是，到了大二，我更加希望弥补自己大一没能参加社团的遗憾，因此我担任了化工1801的副班主任。在这样一个更大的锻炼环境之中，我确实很忙，副班主任工作与辅修专业、至善选修课、学校公选课、本专业学习都需要时间和精力，出于责任心我很认真、用心地做着许多事，虽然这常常让我每天晚上11点以后才能结束相关事务，然后走进宿舍园区自习教室，一度每天凌晨两三点还在自习教室学习。但用心是一个宝贵的品质，我坚定地去做、去付出，当所带班级的同学表示在与我的交流中获得了感悟和成长，我感到无比欣慰，收获了不可言喻的感动。

也正是在这段奋斗的日子里，我更加品味到了至善的魅力：在这里，法律实务课程的浦纯钰老师真正让我感受到法律的重要性，体会理科思维理解人文学科的快乐。在这里，我的至善导师方云老师分享了他的经历，教会了我如何调整心态，如何真正地学习。一代科研人求实的态度让我学会在无数的夜晚都咬牙坚持，耐得住寂寞，才能看得到美丽的风景。在这里，各种各样的志愿项目、论坛讲座和主题沙龙开拓我的眼界，提高自我管理的意识，了解研究生们才能接触到的科技前沿，这也是我加入科研竞赛的开端。

在大二暑假，我以队长身份报名参加了首届化工车竞赛。比赛要求设计一辆依靠化学反应作为电源和刹车装置的小车。由于我们完全没有车辆电路、车辆构造方面的知识，比赛设计的进展非常缓慢。这时候，至善的朋友们给了我们极大的帮助。来自理学院的刘沐涵用暑假一个月的时间，帮助搭建了初步的电路及小车模型，在此基础上，机械学院的刘翔、蔡伟星、潘智炜为我们优化了电路，设计出了完整的小车。设计学院的吕若煊、张君如、温思婕为我们设计了海报和小车外壳。在这些至善好友的帮助下，我们备受鼓舞。团队的三位大二同学，加上两位大一学妹，五个人放弃了暑假，穿着实验服在38℃的基础实验室里埋头做实验，从早8点到晚上9点，持续了一个月。就这样我们花费了500余小时的实验时间，完成1000多次的重复实验，在11月初的模拟比赛中，我们超过了去年全国第二名的团队，这让所有人都觉得成功并不遥远。但由于新冠疫情，有些遗憾，我们最终取得了全国第九的成绩，与第八名的奖项失之交臂。这次经历让我深刻体会到了责任、态度和担当的重要性，学习到了机械学院、理学院同学们的踏实、勤奋与认真，学习到了设计学院同学的创新思维，也让我意识到团队的力量。

在居家学习期间，我又以队长身份参加了全国大学生化工设计大赛。大赛要求为化工厂的母厂设计一座分厂，以五碳烷烃为原料制备非燃料用途的化工产品。由于任务量大，完全不同于我之前参与过的任何比赛，它不仅仅需要能力，还需要抗压、合作和团结，当然，最重要的是坚持。因为新冠疫情，参赛队伍几经波澜，出于尊重个人的追求，我们在4月同意一位队员离开，这也导致队伍一度濒临解散。期间我多次有过放弃的念头，但内心充满了极度的不甘心，为此我失眠了很多天，幸运的是，我们迎来了一位新队员。这件事让我体会到，一个队长所发挥的能量、肩负的责任、承受的压力往往难以用言语形容，尤其是在队员面临升学、工作压力，出现畏难情绪的情况下。我对我的队友承诺：把最难的部分给我，你们只需要支持我、信任我就好了。至此，我们才算真正开始了竞赛。

在居家的日子里，我反复琢磨看不懂的代码学习编程，累了就趴在桌子上，醒来经常是凌晨，然后继续学，就这样，10天我学会了一门编程语言的基础。其他几个课程软件也是如此。但即便这样，由于团队线上交流效率低，当6月18日返校即距离提交作品只剩32天的时候，我们的进度只完成了Aspen模拟。面对如此巨大的任务量，是放弃还是继续？抱着咬牙坚持到底的信念，我每天以机房为家，累了就睡在机房，醒来接着工作，夜以继日，为了节省时间，我每天只吃一顿饭。就这样我们在32天内完成了长达30万字的文档撰写、70余页的图纸绘制、化工厂的3D建模……功夫不负有心人，我们以江苏省第一、华东赛区两个特等奖的成绩进入了全国比赛。因为长期饮食作息不规律，距离国赛仅两天的时候，我突然吐血，送往医院被确诊为急性肠胃炎和糜烂性胃炎。我躺在病床上完成了一遍遍的答辩演练，最终，我们荣获了全国比赛特等奖，金灿灿的奖牌背面写满了坚持。

我大学四年所有的暑假都没有回过家，寒假也是临近春节回去，然后早早地返校。正因为这些付出，大学四年我一直保持专业第一，保研到了天津大学化工学院，这些就是我的成长故事。

只有认真对待生活，生活才会偏爱你；耐得住寂寞，才能看到美丽的风景。未来具有不可知的魅力，就像一个链式反应一样，不去做某一件事，也许潜力永远也只是潜力。我从来不说自己很优秀,但我承认我很幸运。因此我也希望在这样一所美丽校园的你,在这样一个充满着优秀学生的至善学院的你,都能有自己美好的故事,笃学而尚行,终成至善!

少年何妨梦摘星
敢挽桑弓射玉衡

2021 届至善特别荣誉生　王心怡

> 王心怡，女，1999 年 10 月生，江南大学纺织科学与工程学院纺织工程专业本科毕业，2021 届至善特别荣誉生，毕业后保送至中国科技大学。曾获得国家奖学金、无锡市"三好学生"、校"十佳大学生"、至善特别荣誉生奖等荣誉。参与江南大学援疆实践团，团队获江苏省"优秀实践团队"称号。

个人照

我的大学四年，是收获颇丰的四年。与高中的题海战术相比，在大学，我拥有了更多自主权和决定权，决定加入哪种社团，决定选择什么样的课程，决定走怎样的发展道路。也许，面临选择，每个人都有过迷茫；也许，经历挫折，每个人都曾踟蹰不前。但是我想分享的便是勇敢尝试，敢于做梦，在量变的基础上等待破茧成蝶的那一刻。

专业课程

大一的一整年，感谢高中时期保留下的时间管理和晚自习习惯，在课程学习中给我很大的帮助。没有老师管束，学习时间自由分配，没有升学压力，再加上对未来一片未知和迷茫，贪玩、懈怠是不可避免的。所以在相对自由的大学里，我需要更多的自觉性和主动性。幸运的是延续高中的习惯，不知道干什么的时候，学习就对了，没人会拒绝高GPA，不是吗？于是我每节课都坐在前排听讲和记笔记，下课会追着老师问问题。在我看来，大一学年是学习积极性最高的一年，不仅是我，身边的人也是这样，因此我多了很多战友和伙伴。我会和室友一起计算从宿舍到教学楼哪一条路是最近的，会去图书馆探索自己的秘密基地疯狂背书而不被打扰，会为了不耽误下午的课程留在教室里午休。每天晚自习完成当天的作业和整理笔记。平日里将课业理解听懂，大作业和汇报认真对待，再加上考试复习，只要肯下功夫，就一定可以取得好成绩。本着"好记性不如烂笔头"的原则，我一般考前一个月就开始复习计划，把从学长学姐那里"继承"的课程资料和历年试题打印下来反复阅读，题刷三遍、书背三遍才敢上考场。也许是心理暗示太强烈，每每觉得自己没有复习充分，慌张赴考时成绩便总是不够理想。

一到考试周图书馆便人满为患，也是一种偶然，从大一起我加入了"勤径书山"勤工助学项目，本想着勤工俭学挣点零花钱改善伙食，却惊喜地发现我可以免受占座困扰。不得不说四楼机房值班这个差事简直太棒了，考试周期间我可以霸占前台的桌子复习看书；后来，我又勤工俭学，开始在至善学院晚间值班，相比较四楼机房，八楼环境更加安静，也更有利于背书和刷题。而且至善学院有专门的教室提供给至善生自习，同学们不走，我是没有办法下班的，有了这些"战友"，每晚我都会在值班室学习或者做一些没有完成的其他工作。

只要提高效率，在需要专注的时候不要玩手机，其实不需要每天坐在桌子前。在发现这一点后，我会在提前一天定下第二天的时间计划，完成后就可以去愉快玩耍。这样的状态保持下来，虽说成绩有起有落，但也确实没有让我觉得生活非常枯燥，甚至每天都有打卡的成就感。

大三由于突如其来的新冠疫情，改为网络授课。被窝里、地铁里这些五花八门的上课地点我都没有选择，而是每天早早去书房等待上课，认真完成课程作业，专心备考。这主要是因为自己想要保研，而凭当时的GPA和排名，发现无法十拿九稳地拿到保研资格，因此我得努力完成逆袭。居家学习那一学期，我拿到了满绩点。经过多次实践证明，只要肯下功夫，一定会在成绩上获得满意的结果，侥幸心理是万万不可有的，收获与付出不一定成正比，但是偷懒一定会一无所获。

大学期间部分获奖证书

至善课程

进入至善学院,应该是我本将度过"只有学习"的大学生活的一个重要转折点。每人一本至善学习手册,上面标注了结业要求,我们需要完成辅修、至善特色课程、英语短训、模拟论坛、对外交流等。眼花缭乱的时间安排表,在我的脑海里逐渐立体成形,令我非常兴奋。由于我性格比较外向,且一贯乐于尝试,我惊喜地发现,原来在大学里有太多的选择可以尝试。

在这里,我接触到了学术大师,感受他们丰富的学识和严谨的科学精神;我接触到了商业领袖,感受他们的创业激情和成功经验;我接触到了各种文化,体会到文化的碰撞和艺术的魅力;更多的是接触到优秀的同仁,他们成熟的思想和沉稳的处事能力深刻影响了我的言行举止。

大二暑假,我参加了至善学院组织的新加坡海外游学项目,在新加坡国立大学上课,去公司实习,和小组成员熬夜做汇报PPT,漫步在鱼尾狮公园……这些画面都成了占据脑海一席之地的青春回忆。本身英语不好的我,非常勇敢,申请在英语短训中担任助教,靠着比画、拟声词这些辅助办法,也可以和外教愉快地交流。外教也给我取了一个英文名"JOY",据她说是我的快乐感染了她。我和她一起逛超市、煮意面、开party、跳舞,这些经历着实让我开阔眼界,我也变得更加自信和开朗。

至善生选拔宣讲会分享经验

"十佳大学生"评选答辩

大二时,我选择了工商管理专业作为第二辅修专业,与几个至善好友一起上课,通过考试并不难,难的是每周需要多花三节课的时间上课。好在课上有我们特别喜欢的老师,教我们很多生动的案例,所以这些课程并不无聊。我们调研白酒市场,去远东电缆实地考察,学会计学、统筹学,在一个个案例分析和欢声笑语中顺利结业。

至善学院开设一门选修课程——学术论文撰写,教授如何撰写论文和专利,课程结束后我便利用学到的知识成功申请一项实用新型专利。此外我也在沟通策略课上学习演讲技巧和PPT制作,使得我能够在后来的各种评选中自信从容地演讲。至善学院定期举办沙龙、讲座、考察等活动,我也都特别积极地参与,有时因为抢不到名额或者时间冲突而感到遗憾。

科研启程

在至善学院,每一位同学都有"学业人生导师",我的至善导师魏取福老师很慷慨地在他的实验室给我安排一些工作,对于什么都想尝试的我来说,这无疑又是一个"好玩"的机会。犹记得第一次进实验室的那个下午,我在实验室帮学姐洗了一下午细菌纤维素,可即便是这么简单的事情,我做得充满激情又小心翼翼。大二那时专业课才刚刚开始,几乎没有机会接触实验,因此我很珍惜每周去实验室的机会,我就跟在研究生后面,请求他们教我做实验,诚恳的态度打动了学姐学长,他们都愿意倾囊相授。我渐渐迷上了做实验时独立思考的幸福感,我喜欢在夜晚一边听窗外的蝉鸣一边稀释菌液的惬意感,我喜欢精神专注时四周的声音慢慢变小的孑然一身感,我也

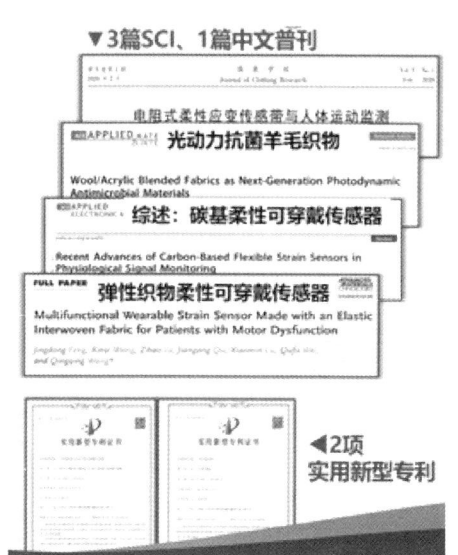

大学期间部分科研成果

喜欢和学长学姐讨论实验方案、分析实验数据时的头脑风暴。后来到毕业的时候我参与发表了3篇SCI论文，虽然没有独立完成一项课题，但是我学到了科研逻辑，以及提出问题解决问题的思路。

本科毕业设计的六个月，是我大学期间最珍贵的日子。从寒冬到酷暑，随着蝉鸣阵阵，我第一次独立完成了科研任务。这期间，我经历过长时间不出数据的焦虑不安、失手打翻溶液的自责崩溃和连续七个小时抗菌实验的精疲力尽；也感受过自愿"997"的坚守、样品制作成功后的欣喜自豪、每日实验结束后倒头就睡的踏实满足。

对于一个科研门外汉来说，好在我一路上遇到了很多带我入门的老师：大创的指导老师肖学良老师，毕业设计的指导老师王清清老师，他们的敬业以及严谨对我产生了积极的正向引导。肖老师有很多很好的观点，开阔了我的思维。王老师非常关心我的进度，当我遇到瓶颈时，她即使重感冒也会在周末赶到学校帮我解决。我非常清晰地记得她说的一句话"我不仅要对学生的论文负责，也要对学生的人生负责"，我与她亦师亦友的关系，也让我飞快成长。

援疆团

2019年暑假，江南大学援疆实践团再启征程，在"一带一路"政策扶持下，越来越多的企业到新疆开办纺织工厂，作为一名纺织生，可以利用专业知识尽自己的绵薄之力。在经过面试后，我踏上了去往新疆的绿皮火车。48小时的火车颠簸，让我在到达新疆后的几天内都感觉床在摇晃。20天的援疆实践，我辗转于新疆各地，K字头、Z字头的火车来来回回地坐，火车遭遇洪水就停运，我和队员在火车站坐着睡了一夜，可整个援疆团的队员们毫无怨言。

对我而言，所有的经历都是崭新的，即使有困难，但是情绪依旧高涨。"思想援疆、技术援疆、科技援疆"是我们的主旨，我在新疆雅戈尔棉纺厂教工人纤维和纱线方面的理论知识，不断根据实际情况修改授课内容，用浅显易懂的方式，结合自己对于课程的理解完成授课任务。每节课上学员都会认真听讲和记笔记，反响热烈。在教会他们基础知识的同时，他们也教会我很多实践经验。课程结束，一位车间工人拉着我们激动地说他想考大学，去学习专业知识用以指导实践，没有什么比这种反馈更加鼓舞人心的了。

记得很清楚的是第一天在食堂吃饭时，我因为盘中有剩饭而被检查员勒令吃完，"粒粒皆辛苦"这句话实实在在地落实在了行动上。这也是我在新疆接受的一节生动的思想教育课。

如果没有这一段独特的新疆之行，我就不会领略祖国的壮美河山，也不会体会到轻工业在新疆的迅速发展，更无法深刻意识到"人才"对于生产的重要性以及他们对于科技人员的高需求。回校后，我积极参与宣讲，因为返程时，工厂主管叮嘱我们一定要宣传大美新疆，号召更多的人去新疆帮助生产。宣讲举办了四五场，我不确定以后会不会有人因我们的宣传而到新疆工作，但我能肯定的是，援疆团一定会再出发。

写在最后

目标清晰，坚持理想

很喜欢泰戈尔的一句话："信念是鸟，它在黎明仍然黑暗之际，感觉到了光明，唱出了歌。"大一时，舍友们开玩笑说等我拿国家奖学金要请客吃饭，这种玩笑开得多了，竟然让我产生了我可以拿奖的错觉，也许这仅仅是她们嘴上说说的鼓励，可我暗暗决定迟早要实现。然而大学第二年时成绩下降，一度怀疑过自己的方法是否正确，也迷茫过是否自己能力不足。我又努力了一年，一直充满希望就会非常有干劲，终于在大三结束拿到了国家奖学金。太容易实现的事，都不叫梦想，我认为"不抛弃，不放弃"的精神，是一种积极的人生态度，不能轻易被困难打败，一定要坚持到花开时刻。

勇于尝试，做好规划

回顾我的大学四年，我认为更多的是无心栽柳柳成荫。在很多时刻，切不要太过"功利"，参加社团耽误学习、参加比赛耽误成绩等都是高中时一些家长的说辞罢了。去社团，举办一场晚会；去社区，完成一次科普活动；去大创，完成一项课题。大学生活就是要不断尝试不是吗？趁年轻，多体验，切勿将时光蹉跎在宿舍的床板上，走出去，去看看鼋头渚的樱花，尝尝南禅寺的点心，划划惠山古镇的游船，岂不美哉？其实有很多事情等待我们去挑战，在有限的本科时间，我似乎每天都在路上，在奔跑的路上。学院老师曾经调侃我说，每天都看我骑着自行车跑来跑去。我喜欢把日子过得充实，但是如何忙而不乱，就需要做好时间规划，分清楚轻重缓急，做到行动雷厉风行，内心不急不躁。在心理上，我们需要的是勇于尝试；在行动上，我们需要沉下心来认真做好每一件手头上的事；在结果上，播种下好"因"，以后收获好"果"。毕竟大学给我们的道路不是唯一的，我们有很多选择，有很多机会。但是一定要拒绝"躺平"，一定要保持不断前进。

最后，大学不是终点而是起点，是"我的生活我主宰"的开始。四年时光，切不要蹉跎度过，虽说被新冠疫情偷走了一些经历，但还是要满怀激情地抓住一切不容错过的机会，给自己留下值得回忆和感慨的青春四年。因此，少年何妨梦摘星？敢挽桑弓射玉衡。待到凤凰花开季，必是折桂梦圆时。

向山而行　一如既往
2021届至善荣誉生　肖磊

肖磊，男，1997年10月生，江南大学设计学院产品设计专业本科毕业，2021届至善荣誉生。荣获2021年中国大学生年度人物提名、2020年中国大学生自强之星、意大利A设计奖特邀设计师、江南大学"十佳大学生"、2020年度校长特别奖等荣誉，连续4年获得国家奖学金，并担任国家资助宣传大使。大学四年来专业综合成绩保持在年级前1%，以排名第一获省部级以上学科竞赛与荣誉奖项30余项。

在2018年于杭州创办"木田MTO＆海与鲸川"创意设计工作室，并注册公司，探索"互联网＋手账""互联网＋设计"的设计创业模式，并先后获得融资达500万元人民币，帮助中西部地区和家乡重庆云阳多个企业与非物质文化遗产品牌进行产品设计创新，年均带动相应地区农户经济增值总额达93万元。从2018年至今，来回跋涉4800余公里，前往中西部贫困地区参与资助宣传与互联网扶贫工作，运用纪实摄影的方式记录各地人文风貌的变化，作品入选2020北京新时代国际摄影展，向世界展示中国中西部地区发展新貌，成为视觉中国国际版签约供稿人。现以专业第一的成绩保送到本校继续读研深造。

序 言

2022年的8月,在写这篇文章的时候,我在江南大学的学业还在继续。从本科到研究生,从初入设计专业的学生到步入职业生涯的设计师,6年时间,亦短亦长,我选择一直留在江南。这些时间里,身份的改变和社会角色的成长,一直在指引着我学习和生活的方向。那些曾经坚持的理想目标在无数的人和事的流转中,有一些逐渐清晰,而有一些可能就此消失在时光长河里。现在想来,那些逐渐清晰的是我对设计专业的钻研与热爱,对设计创业的细思与实干。那些难以忘记的亲人、老师、同学、朋友与体悟,很多都被我用文字的方式得以记录,我希望很多年后,当我真的面对一些生活里、工作中、学习上的重大变化的时候,能从过往的自己身上找到再次前行的动力。时至今日,当我在创业之路上不断前行的时候,我也希望能将我的这些大学故事分享给更多的同学,作为自己对于过去6年奋斗的总结,为同为江南人的大家带来一些温热的光。

个人照

三峡历余辉，追梦笃前程（至善之知）

很多时候，当我向别人分享我的江南学习故事时，很难绕开一个话题，那是我关于自己身份认知的起点——三峡移民，我的大学故事可以说也是从这里开始的。

我出生于重庆三峡库区，在三峡大坝建设期间，亲历了整个大移民的过程，见证了邻居们与家园告别的画面。从那时起，"舍小家为大家"的标语从文字映射到现实里，让那一段搬家岁月变得格外生动。随后而来的三峡大建设，带给我的是震撼。家乡有很多人家搬迁到了江苏、上海崇明岛等地，江苏也成为了我家乡对口建设支援省份，这也是我后来选择到江苏，到江南大学求学的一个原因。近二十年间，我的家乡从无到有，从国家级贫困县步入西部百强县行列，那些空前规模的基础设施工程和东西帮扶，贯穿在我的整个童年，我也从中深受建筑与设计的感染。自此便找到自己想要发展的方向，成为一名设计师。随后的十年里，我在家人的影响下开始了解设计方面的知识。也在这十年里，随着知识的不断积累，我发现设计不仅仅是我所钟情的环境艺术与建筑设计，其中也饱含着人们对于美好生活的不懈追求。我开始从建筑领域出发，将注意力拓展到了更广阔的设计领域。

告别三峡（摄影：佚名）

自家屋后"舍小家 为大家"的标语

现在回想过来,三峡移民的经历对我的成长产生了非常重要的影响。在我的青春时光里,亲历这一巨大变迁,让我对于家乡的认知也因此变得格外深刻,甚至可以说已经成为我个人奋斗的一部分。后来,当我选择来到江苏,到江南大学完成我的大学梦的时候,这个关于家乡的认知帮助我完成了个人身份的建立,是我最初关于"致知"的思考,成为我专业学习的兴趣和动力,也从一定程度上让我真正想要踏上创业之路,成为了我大学奋斗的前行目标。我想,身份认知的构建有很多种方式,对大多数刚刚步入大学生活的同学们来说,这是一个值得一开始就付诸思考的话题。

希望多年以后,"三峡历余辉,追梦笃前程"的这一段故事,还能在心中历久绵长。

川江追皓月,江南叙星河(至善之行)

2019年11月的一个雨天,江南大学举办"致知·致行·致远"优秀大学生颁奖典礼,我第一次出现在文浩馆的舞台上,第一次分享了我的大学故事。如果说三峡移民是一场巨大而真实的情景剧开端,那么在江南求学,便是这场情景剧渐入佳境的主线故事,那其中,家人给予了我诸多谆谆教导,指引着我在学习生涯中不断崇学进取。

我的爷爷奶奶都是老一辈的大学生，从事着建筑设计相关的工作，而我父亲是视觉传达设计出身，这种学科氛围的影响对于我来说非常重要。我从小就喜欢翻看爷爷奶奶和爸爸的笔记，字迹清晰工整，在我脑海中留下了深刻的印象。这映射出的是一种对待任何事情都一丝不苟的态度，对待任何事情都有着自己清晰明确的思路。

从小，我们家都会聚在一起吃饭，在这个过程中，大家会对各种事件畅所欲言，发表自己的观点，潜移默化之中，这帮助我养成了独立思考的能力，并且敢于去通过语言来进行自我表达，而这种能力在今天的我看来，非常重要，甚至是我以后在人生道路上最有利的技能。后来，在他们的引导下，我也渐渐地培养了这些品质和能力，这些品质和能力为我带来了诸多好处。其中一个便是让我在读完小学一年级之后，学校破例让我直接进到了三年级学习。从那时起，我的人生改变了很多。也因此，十年之后，在历经15岁独自一人的北京求学生活后，我在16岁的末尾，走进了大学的校门，成为江南大学设计学院同届年龄最小的新同学。

高中学习时所获荣誉证书

进入大学至今，我也一直延续着他们教给我的那种清晰、独立的思维方式，这些品质在今天的大学生中很珍贵。在我的整个大学生涯中，我都在不断磨炼着这两种品质。至善学院学生是通过层层选拔产生，能进入其中的都是最优秀的一些学生。而我的经历和故事，以及独立思考的能力在此帮助了我很多，让我最后也成为其中的一员。在至善学院学习的日子里，在完成专业学习的同时，我也一直在寻找自己到至善学院所想要获得的东西。那便是想要遇到一些真正有自己思考，并且能在这个科技快速发展的时代里，葆有纯粹性格和专精向上的那一部分人。敢于表达自我，能与他人坦诚交流思想，让自己长期保持一个良好的学习状态。一直到现在，我从学生逐步进入到工作阶段，经营着自己的创业公司，也仍然保持着在至善养成的严谨思维和积极向上的工作态度，不断地支撑着我向着更好的方向前进。

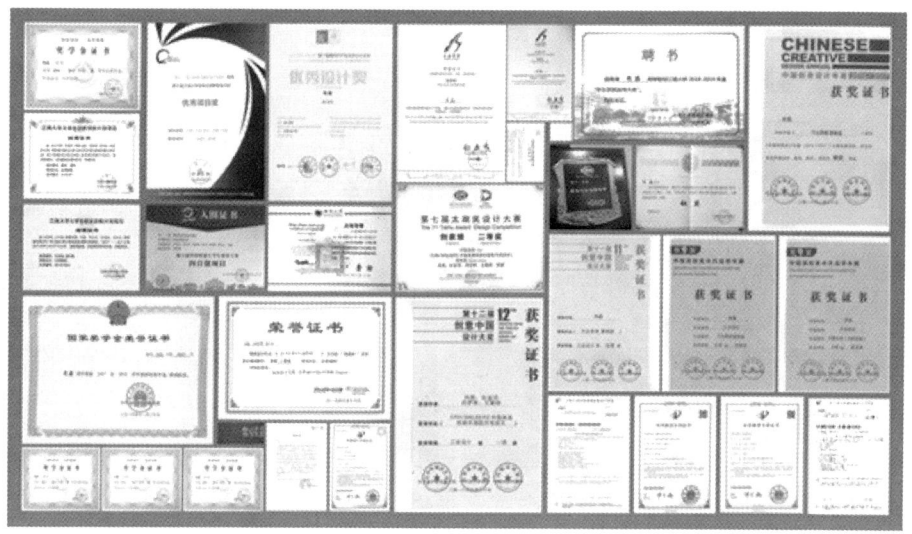

大一到大三所获奖项和荣誉（部分）

在第一次分享我的大学故事的时候，我为这些故事取名为"川江追皓月，江南叙星河"，从三峡开始，我成长在长江边，家乡和家人让我拥有了想要追逐的最初目标——成为一名设计师。而江南则让我有能力去靠近一个未来——一个能通过我的设计能力为更多人带去美好的未来。就像一路以来，我都在接受着国家、家乡、家人、老师和朋友的帮助那样，而一路上取得的那些成果只是锦上添花的一粟，我想至善之行也许永远没有终点。

青山有精神，热爱以致远（至善之远）

2019年在文浩馆的那次分享会，曾有人问我在江南大学最大的收获是什么，我当时回答是基础的设计专业能力。那时候我的创业公司刚刚成立一年，学业正处于从本科向研究生升学的重要阶段，对于本科学习，那是我全面复盘的一年。也是从那一年开始，我站上了"十佳大学生"的舞台，分享过"校长特别奖"的故事，再一步步向着更高的平台，不断传递着我的关于大学、关于家乡的奋斗故事。我的本科毕业季是忙碌、充实且精彩的。

我时常会在分享会回顾我的本科历程，设计专业能力是江南大学给予我最基础最核心的财富，那其中是包含物质和精神的。从大二开始，在课余时间，我便开始应用课业知识，为个人、学校和企业承接设计项目，也是从那时开始，我逐渐通过自己的专业能力，获得了人生的第一桶金，也以实践在不断验证自己所学的专业本领，在大二下学期的时候逐步实现了个人的经济独立。这也让我有能力去思考和追寻专业之上更多有意义的目标与梦想。个人能力一定程度上是学业发展的基础，而能让个人走得更远的是集体和团队。2017年，至善学院组织了台湾铭传大学游学营，也是在那里我与同样来自于设计学院和其他学院的几个朋友在团队课题中相识，进而成为了多年的挚友，他们在我的大学发展和事业发展中至关重要。在本科学习中，我们在不断的相互鼓励和学术探讨中前行，他们其中有的还成为了我现在创业公司的合作伙伴，也正是因为有他们的陪伴，我才得以持续葆有对设计专业的那份执着与热情，以至于让那些感情变成对于设计的一种热爱，或许也可以说是我选择了设计，进入了设计学院，到达了至善学院，才认识到了更多优秀的人，开启了更好的未来发展图景。

记得在南京参加"江苏省大学生年度人物"的评选活动时，我在分享的最后，曾回忆起我第一次到江南大学设计学院的情景。那时学院大厅摆放着一句话：设计改变现在，设计创造未来。那时候我并不知道这一句话背后蕴藏的力量，而6年过去，到现在当我再次想起它，会发现这句话其实就是

"江苏省大学生年度人物"评选现场分享

我这些年在江南度过的春夏秋冬的真实写照。通过持续性的设计作品产出，不断加深着对设计的认识与热爱，追寻更多有意义的目标和梦想，"现在"得以被慢慢改变。从2018年开始，我开启我的创业之路，探索"互联网+手账""互联网+设计"的模式，帮助中西部地区多个企业和个体品牌转型升级，实现持续增收。用纪实摄影的方式跋涉4000多公里，在国家脱贫攻坚的时代浪潮中，记录中西部地区的发展风貌，并在这一过程中通过自己的微薄之力，使更多积极向上的力量通过影像和设计的方式让更多人知晓和受益，"未来"以这样的方式被慢慢勾勒。这是个人到社会，再到国家的一种探索，对于我来说，很庆幸找到了一条自己想要去坚持和尝试的未来之路。

再到后来，设计学院的前辈和老师们讲述"青山精神"，从设计学院在无锡青山湾诞生开始，不驰于空想，不骛于虚声，引领着我们在求学过程中，始终坚持那种朴实的行事习惯。在培养具有独立设计思想、深厚家国情怀、强烈社会责任感的青年设计师的道路上不断开拓探索。这些年，坦诚来说，设计学院的老师们教给了我许多，很多东西不是专业学习所能传达的，更多的是需要保持一种独立安静的心态，才能让自己慢慢体悟到其中的精神内核，也是因此让自己在后来激烈的社会竞争中，能成为那个积极向上、具有扎实

2017—2019年部分设计作品集合

能力的个体。现在,当我回顾"青山精神"时,发现"青山"似乎与我出身的重庆三峡有着奇妙的联系,我来自于山城,那里的"青山"让我对设计产生了最初的向往,养成独立思考的习惯,也是家乡的"青山"让我找到学习设计的意义,通过专业能力帮助更多产业实现转型升级,然后设计学院的"青山",鼓舞着我的创业之路,锤炼着我承担社会责任的那份能力,这些也是至善学院曾希望我们拥有的品质。

如果现在我再次站到文浩馆的聚光灯下，回答那个问题：在江南大学最大的收获是什么，我会说是一种精神——是江南大学设计学院在文化根基里成长出来的"青山精神"，是至善学院在集体愿景中成长出来的青山精神，是三峡移民在我的大学奋斗岁月里成长出来的青山精神。

后　序

今天，我在江南大学和至善学院的浸润中逐渐向着心里所向的青年设计师和青年创业者不断前进。在为这篇文字取题目的时候，我想我的大学求学过程和至善历程就像在攀登一座山峰，那座山峰上面有我出生的家乡，有帮助过我的老师、同学和朋友，还有更深层次的青山精神，"向山而行"讲述了这个过程，并且也是我一直希望坚持的目标，"一如既往"则希望在往后不管遇到什么困难与阻隔，都能像一开始那样，明理独立，秉志前行。也希望"向山而行，一如既往"能给更多同学带来一些关于大学的思考，愿我们共赴前程。

所有的美好终将如期而至
2021 届至善荣誉生　宋婉宁

　　宋婉宁，女，1999 年 9 月生，江南大学设计学院服装表演本科毕业，2021 届至善荣誉生。三年近 2000 小时、1920 公里的水下训练，代表学校参加四项国家级、一项省级、两项市级比赛，共斩获五金九银四铜。大学四年保持专业第一，获国家奖学金、至善学院海外交流专项奖学金、"陈尧祥"奖学金等，曾获 2020 年度江南大学"校长特别奖"，江南大学"十佳大学生"等 37 项校级及以上荣誉，先进事迹多次被《江苏教育报》，江南大学等校内微信公众号、网站所报道，并以硕士推免综合分专业第一的成绩保送到江南大学攻读设计学研究生。

部分报道截图

"校长特别奖"颁奖典礼

天道酬勤,厚积薄发

一提到"模特",许多人心里都有不同的定义和理解。作为服装表演专业的学生,每当站在聚光灯下,所有观众的目光都集中于我一人身上时,我很享受在这个瞬间带给我的愉悦感,但在台上一分钟,就需要台下不断的磨炼与训练做支撑。对于模特来说,高跟鞋的重要性甚至可以与生命画等号,最高境界是高跟鞋无异于运动鞋,所以在专业课中,与高跟鞋的磨合成了我们的重中之重。每天近4个小时的高强度台步训练课上,穿着10厘米的高跟鞋,站姿、分解动作练习、绕圈走是最日常的训练。由于之前脚腕受过伤,恢复期过后脚腕力量不足,仍然无法长时间穿着高跟鞋,为了尽快赶上进度,我成为了每天最早到练功房的人。我尝试光脚时将双脚踮起与高跟鞋同样的高度练习台步,锻炼脚腕力量,但这远比我想象得更加艰难:常常会因重心不稳而失去平衡。但失败是人生常态,我们需要的是从头再来的勇气。跌倒过后的重新站起,才是超越自我的最大突破口。每天多出这样不起眼的半个小时练习,也会在将来的某一天看到坚持的意义。随着脚腕力量的不断加强,我在与高跟鞋磨合的过程中变得更加顺畅;随着步伐的愈加稳健,我在走台过程中变得更有自信,目光愈发坚定,舞台张力和表现力也越来越突出。机会总是留给有准备的人,随后的中国大学生时装周、各类模特比赛、

部分活动走秀现场照片

品牌活动等走秀机会也能让我牢牢握在手中，得以站在更高的平台、更广阔的舞台上展示自己。

频繁与时装的接触，让我对服装设计产生了浓厚的兴趣，大三开始准备跨专业读研，但是零绘画基础和对服装结构、面料的陌生感成为了我最大的困扰。在一次帮学姐试穿样衣时，我来到了一家服装工作室，得知这里可以做服装设计培训，从那时我真正开始了服装设计的探索之路。一遍遍的作品临摹并没有让我感觉厌烦，从每一次的绘画过程中我都能发现自己的点滴进步，是我离梦想更近一步的必经之路。从起初的灵感搜集到最终的成衣展现，我深刻意识到服装设计并不是一蹴而就的，其中的每一个步骤都是决定最终服装展现效果的关键。同样，做任何事情都是循序渐进的过程，后期的成功与否取决于前期地基建设是否坚固，取决于每一次的选择和决定。就这样，通过一步步的学习和积累，从开始的服装小白到后来能拿出一本本完整的作品集，从服装表演专业本科生成功升级为设计学研究生，从优秀毕业设计到优秀毕业生，通过努力换来的最终果实，以及其中隐藏的成长经历，终将是我大学生活中浓墨重彩的一笔。

行于致远，止于至善

当我第一次来到图书馆八楼时，就被墙上张贴的海报所吸引，上面满是优秀学长学姐的事迹介绍和获奖经历，当时我也暗下决心，要成为让自己感到骄傲的人。

幸运的是，我成为了至善学院的一员。在至善学院的经历是难忘的，也是令我终身受益的，它提供了丰厚的资源和广阔的平台，不仅有跨学科的优质讲座，还有外教授课、海外游学、各类社会实践活动，对我的成长有着潜移默化的作用。我还记得那个炎热的夏天，在一教楼的英语短训，改变了我对传统英语课堂的理解。幽默、慈祥的外教从来不会因为我讲话出现语法错误而打断我，而是每次当我表达自己的观点时，都会微笑着投来期待的目光，那真挚而热烈的光好似在引领我突破口语练习的困难和恐惧，让我变得愈发自信和勇敢。剑桥大学游学经历，让我领略国际顶尖院校的教学环境和人文情怀，更难得的是遇到游学团队中一群志同道合的朋友，一起游览参观、一起品尝美食、一起通宵赶汇报……这些难忘的经历与回忆，让我开阔了视野、增长了见识，逐渐懂得了要时常走出自己的舒适圈，体验不同的环境所带来的未知挑战。

　　至善学院的义工服务是我学习之余最期待的社会实践之一，连续两年我都选择了去幼儿园做助教。作为老师和大姐姐，我帮小姑娘整理午睡后"飘逸"的头发，分发午后点心；带他们做操、玩捉迷藏；讲述他们最喜欢听的绘本故事……每次见面时的相拥和离别时的牵手，都让我感慨万千。孩子们眼里透出的天真、纯洁，足以缓解我几天来的压力和疲惫，他们期待和认真的神情，是我脑海中挥之不去的美好回忆，与其说是我去陪伴他们，不如说是他们的童真和纯真一直在治愈我。跟孩子们的相处，让我学会了耐心和以诚待人，也正是幼儿园的义工项目让我爱上了做志愿者，无论是校外的志愿服务还是校内的各类活动，我都在其中享受着快乐和满足。作为4次无锡马拉松志愿者，我体验了在不同的岗位为参赛选手带来便利的成就感；作为连续两年的"资助宣传大使"，我回到母校做宣讲，走访贫困学子家庭，为他们讲述国家资助政策，助力大学梦想；作为学生会成员，曾为活动的策划和方案与小伙伴们进行激烈的讨论，享受着各大活动和晚会顺利举行的自豪感……通过四年积累，我的第二课堂总学时累计近700，也是我一步步成长的见证。

资助政策宣讲

担任马拉松志愿者

奋勇争先，舍我其谁

作为校游泳队队长，游泳贯穿了我整个大学生活，承载着我最美好的青春记忆。四年，超过2000小时训练时长、1920公里、1350万次划臂的水下训练，代表学校参加四项国家级、一项省级、两项市级比赛，共斩获五金九银四铜，也获得了无数的赞誉和掌声。不过这段记忆的开头似乎没有想象的那么有趣：由于场地受限，平日的水下训练任务需在校外进行，路程往返需要耗费近一小时的时间；课程安排紧凑，时常到校外参加演出和各类活动，参加训练的时间寥寥无几；比赛临近，暑期留校加训，40℃下的体能训练，挥汗如雨……但当一个人正在做自己热爱的事情，困难当前，有何所惧？无论烈日当头还是阴雨绵绵，去训练的路上跟队友们结伴而行，一路欢声笑语、无所不谈；课程和活动与训练时间有所冲突，我会提前向教练询问训练计划，选择合适的时间补上；体能训练也是为了更好的能量储备，为校争光，在所不辞。

2018年6月，第十九届江苏省运动会游泳比赛在南京大学举办，第一次参加省级比赛的我经过激烈的角逐，获得了三枚个人项目银牌以及两枚集体接力项目银牌，并且团队以总分169分的历史新高在25所高校中位列第四名。省运会比赛结束后，我也并没有懈怠，根据教练的安排，利用暑假时间留校继续加强训练提升自己，训练强度变大，训练时间也从一周的三次变成了一周五次。功夫不负有心人，在同年7月，我参加了第二届中国大学生阳光体育游泳比赛，获得个人项目一银一铜，集体项目一银两铜，并且凭借优异的表现，获得"体育道德风尚奖"。在队员们的团结拼搏下，团体总分又创新高，获得女子团体总分第三的优异成绩。

2021年当我站在舞台后台等待"校长特别奖"颁奖时，大屏幕上播放的一段段视频，瞬间将我拉回到2018年全国大学生游泳比赛的最后一个比赛日。前两日紧张激烈的比赛让所有人都绷紧了弦，最后的比赛日实质上更多地在比拼个人的意志力和抗压能力。我的两个单项决赛和三个团体接力赛全部安排在那一天，好巧不巧，当天的我恰巧赶上生理期。我的情绪在一瞬间爆发，近乎处于崩溃状态,但是作为队长,我必须强迫自己在精神上坚强起来,带领全队打下这场比赛,团队凝聚力坚决不能散。在经历了上午的比赛后,我的身体近乎处于透支状态,最后的个人单项和接力之间间隔仅有十分钟,以我们团队的综合实力完全有希望争夺一枚奖牌,于是为了集体荣誉,我毫不犹豫地放弃了个人单项决赛,留存体力保住集体项目。随着队友触壁的一瞬间,我心理与生理上的压力瞬间被释放了出来,我保持着高速度全力冲刺,逐渐缩小了与对手之间的差距,但在最后阶段由于体力严重透支,没能实现最终反超,获得了银牌。也正是那一次比赛让我真正感受到团队协作的能量和魅力,真正磨炼了我的意志品质以及高强度下的抗压能力。音乐声起,又回到典礼现场,当主持人念到我的名字时,伴随着向舞台中央走去的脚步,我的脑海里浮现了这样一句话:"哪有什么天赋异禀,不过都是百炼成钢。"过去近2000公里艰苦训练的记忆碎片扑面而来,其中有肌肉拉伤时的痛苦,也有瓶颈期的焦躁无奈。直到接过校长手中的证书和荣誉金牌,才真切感受到过去的一切磨炼与坚持都是值得的,是对过去奋斗的肯定,但包含更多的是对未来不断突破的期待。

游泳比赛瞬间

游泳比赛获奖荣誉

记得大一刚入校时,辅导员在年级大会上讲了这样一句话:"大学生,只不过是在学生前面加了一个'大'字,主要任务还是学习。"这句话也伴随着我一次次克服想要偷懒放弃的心理,像清晨温暖的被窝与还没背完的英语单词,朋友的娱乐局与小组作业讨论会……但随着时间流逝,我意识到现在所拥有的一切,其价值远远超过我所失去的,那些看似不起波澜的日复一日,会突然在某一天让人看到坚持的意义。我们生而不同，每个人都是独一无二的，要善于发现自己身上的闪光点，接受自己的瑕疵。在这里，有几句话想送给此时在阅读的学子们。

1. 多听学长学姐的优秀经验分享，他人的经验可以提供一定的参考价值，但不一定完全适用于每个人，还是要根据自身的实际情况，量身制定学习方法和规划。

2. 不要强迫自己一定要成为什么样子，有榜样、有方向固然是好事，但如果把自己逼得太紧，反而可能产生适得其反的效果，顺其自然、放平心态，你只管努力，相信所有的美好都会如期而至。

3. 在大学中真正优秀的人，学习成绩甚至只是最不起眼的优点。大学生活是丰富多彩的，多参加校园活动、志愿服务、社团活动、学生工作等，你的社交能力、综合素质会在不经意间得到飞跃般的提升。

4. 一定要参加体育锻炼，培养自己的兴趣爱好。不仅能强身健体，还可以缓解各种压力和负面情绪，或许还会遇到志同道合的朋友。一起挥洒过汗水的友谊，远比你想的要坚固得多。

5. 要有从头再来的勇气。失败不可怕，可怕的是你没有强大的内心接受失败，有时正是因为跨越了这道坎，你的人生才会迎来不一样的光彩。

行文至此，我想感谢至善学院给我提供了一次回顾本科生活的机会，也是此刻我才发现大学才是让我迅速成长的阶段，这段最快乐、最想要珍藏的时光永远留在了江南的这片土地上。"天行健兮，当知自强。时不待兮，须惜韶光。" 时代大潮浩浩荡荡，奋斗人生正当其时。让我们脚踏实地、潜心钻研、乘风破浪、勇往直前，用跃动的热情书写无悔的青春。

大学，如何成就更好的自己
2022届至善特别荣誉生　张宇彦

张宇彦，男，2000年2月生，江南大学物联网工程学院自动化专业本科毕业，2022届至善特别荣誉生。本科毕业时平均GPA3.89。在校期间曾获国家奖学金、无锡市"三好学生"、江南大学"优秀毕业生"、江南大学"身边的榜样"优秀大学生宣讲团成员、江南大学"优秀共青团员"、至善学院海外交流专项奖学金、至善学院学科竞赛奖学金、金龙鱼奖学金等荣誉称号和奖学金；作为负责人带领队伍获得美国大学生数学建模竞赛特等奖（前0.13%，突破江南大学参赛历史纪录）、全国大学生数学建模竞赛二等奖，曾获"蓝桥杯"全国软件和信息技术专业人才大赛单片机设计与开发项目全国优秀奖和江苏省一等奖；作为项目核心成员参加国家级大学生创新创业训练计划项目"基于云服务的无线体温监测系统设计"。现已保研至浙江大学控制科学与工程专业。

如何转变学习的思维

凭借着智能制造国家战略的东风，自动化专业着眼于新一代信息技术产业，逐渐成为具有代表性的新工科专业。填报志愿时的我，对于自动化专业的认识只停留在字面含义，也许是依靠着对德国汽车制造厂中大规模自动化制造场景的憧憬，我选择了自动化专业。来到江南大学后，才逐步意识到自

大学，如何成就更好的自己　2022届至善特别荣誉生　张宇彦

个人照

动化专业的"万金油"特性，其课程知识体系涉及面非常广，理论基础和技术实践并重，学习思维尚待转变的我感到难以适从。

在复杂的知识体系前，提升学习效率十分重要，由被动学习向主动学习的思维转变帮助我完成了学习效率提升。在巩固基础专业理论知识时，我会尝试自主推导书中的每一个理论公式，不断地尝试用自己的语言复述所学的重点理论。在输出知识的过程中，倘若能将知识用简洁的语言解释，这才意味着把它纳入了自己的知识体系。除此以外，知识的实践也是主动学习的重要组成部分，用编程手段将控制算法应用于具体的被控对象中，对结果进行分析，这样能极大地深化对于重点知识的认识。

同时，我也会在学习中把握众多课程之间的区别与联系，认真地思考每一门课程对于建立本专业知识体系的作用，这在一定程度上能够帮助我更为深入地学习该课程的具体知识。举个例子，针对一些数理基础课程，在学习之初，往往难以深刻认识到其中一些定理和方法的作用，直到学习专业核心课程，如自动控制原理、现代控制理论等时，才发现数理知识是作为控制经典算法的内在工具。这一认识建立起了课程之间的联系，也帮助我更好地理解专业课程中的方法。

在专业上的主动学习往往源于对本专业的热爱，这份热爱不仅让我收获了优秀的成绩，还让我敲开了江南大学荣誉学院——至善学院的大门。

大学期间部分荣誉证书

如何把握至善的机遇

至善学院，3%的江南优秀学子在这里汇聚，享受着丰富且优质的教学和社会资源。但如何把握机遇、迎接挑战才是每一位至善学子的研究课题。在享受倾斜式资源的同时，更高的标准对至善生的时间管理能力、学习能力都提出了更高的要求。因此，进入至善并不意味着"躺平"，如何利用好至善的资源，会造就不一样的至善学子。

在至善学院，我收获了多项能力的提升，也坚定了自己的理想信念。在至善讲坛、自由主题沙龙等知识讲座中，我了解了其他学科领域的知识与应用，感受到学科交叉的魅力，激发了创新活力，更体会到了科学研究对于构建美好世界的重大意义。至善学院组织的新加坡国立大学访学营开拓了我的国际视野。在新加坡国立大学的课堂中，我不仅学习了创新管理的相关知识，拓展了创新思维，同时也感受到了国际顶尖大学的学习氛围和培养理念，这使我萌生了继续深造的想法。在访学途中，一段"黑暗中对话"的博物馆经历令我印象深刻。博物馆里没有光线，一切都是黑暗的，参观者需在盲人的指引下用双手"看见"这个世界。如何使专业知识产生社会效益帮助弱势群体，是这段经历在我心中种下的种子，一个突破性的创新发明就能照亮他人、改变世界。

至善学院更让我结识了一群优秀的人，他们积极向上，有着自己坚定的目标。我与数学建模竞赛团队的成员们就相识于至善学院开设的学术论文撰写课程，这门课程为我揭开了英文学术论文撰写的神秘面纱，使我拥有了文章撰写、图表制作的基本技能，这些技能为后续竞赛的突破打下了坚实的基础。

感恩至善学院的培养和老师们的辛勤付出，让我从图书馆八楼看见了更美的风景。

如何实现竞赛的突破

"不唯上，不唯书，只唯实。"竞赛科创经历是我本科阶段的主旋律。我参与了物联网工程学院智能车俱乐部，熟练掌握了用 AD 软件完成电路板的绘制，更深入地学习各类编程语言，结合自动控制原理及现代控制理论知识，完成了对新冠智能小车的循迹控制。此外，我还参与了一项国家级大学生创新创业训练计划项目，小组结合新冠疫情热点并调研挖掘现实中存在的痛点，研发了一款以腋下体温贴片为载体的体温监测系统，降低疫情防控中的交叉感染风险。我负责设计体温异常值处理算法，解决了人体运动所带来的体温监测数据异常问题。在参与科创实践的过程中，我逐渐感受到用理论知识解决实际问题的巨大成就感。自然科学的魅力，就在于永远无法知道知识的边界，永远有一个个未知的难题等着去探索，而解决问题所带来的巨大成就感和社会价值就是助我勇往直前的动力源泉。

我还作为队长参与过三次数学建模赛事。"生活中的万物皆可建模"，数学建模就是利用数学思维解决实际问题的过程。从校赛的二等奖到国赛的二等奖，再到美赛的特等奖突破，成绩的背后是团队的并肩作战和永不言弃，更是团队不断迭代优化的过程。在备赛初期，我们往往无法在规定时间内完成赛题，对于复杂的实际工业问题，有时连理解赛题都成了困难。我们达成的第一个共识就是要充分地理解赛题，每当没有头绪时，就再重读赛题内容，后续竞赛经历证明充分理解赛题的内涵是我们取得好成绩的基础。随着备赛的深入，团队逐渐找到了节奏，解决问题的思路也时常在数模培训中进行分享，为了更好地完善论文内容，我们一起研读了大量的往届优秀论文，学习他们的论文架构、图像制作方法和写作方式。在这个过程中，团队逐渐形成了一套自己的解题方法和论文写作方式，这一次提升也帮助我们在实际竞赛过程中节省了大量的时间，可以把重心更多地偏向于论文内容的撰写上。

经过反复的迭代和优化，团队终于在美国大学生数学建模竞赛中实现了突破。在该项竞赛中，我率领团队完成了"真菌分解木质纤维过程"的建模工作，还探究了环境扰动和真菌内部特性改变对分解速率的影响，由此归纳出真菌在碳循环中的重要地位，这一研究为未来智慧城市的微生物利用带来思路，更为实现碳达峰和碳中和的远景目标提出了我们的想法。在该项竞赛中，我们团队与一众国际知名高校学生相互竞争，从全球两万余支队伍中脱颖而出，摘得了获奖率仅为 0.13% 的最高奖项——特等奖，这个成绩也是江南大学在该项竞赛上的历史性突破。

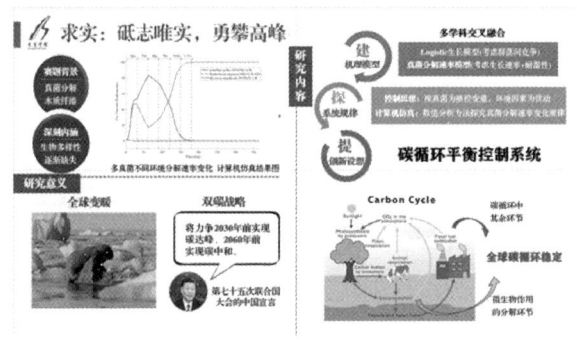

美国大学生数学建模竞赛参赛项目"真菌分解木质纤维过程"的部分内容

媒体报道参加美国大学生数学建模竞赛获特等奖

如何感悟责任的含义

成为光的路途很苦，但坚持很酷；发散光的旅程很长，但心泛暖阳。我在大学期间担任了华为智能社团技术部部长，讲授机器学习课程十余次，为社团成员制定相关技术的学习路线，帮助学弟学妹了解专业前沿方向。我还受聘为江南大学优秀大学生宣讲团成员，在全校分享我的学习、科创经验。

此外，我还利用课余时间积极参加了各类志愿服务活动。在星星远望研究生支教团书信交流志愿活动中，我向云南的少年描绘着江南大学的美景，并帮他们树立远大理想。在新冠疫情来临时，我积极参与到疫情防控志愿活动中，登记小区车辆信息，打扫学院楼宇。因为助人，我感受到了新时代青年的责任与担当；用专业知识服务于国家和社会，才是工科人的最终使命。

在至善生选拔宣讲会分享科创经验

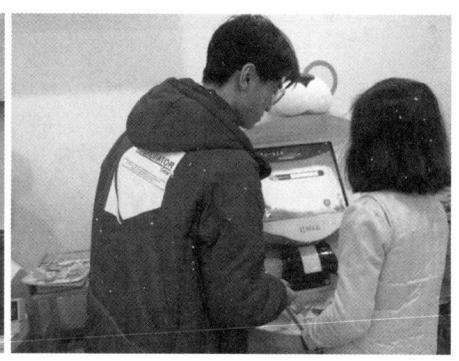
参加无锡市图书馆志愿服务

前方的路会有曲折，但也充满希望。目前，我已保研至浙江大学工业控制技术国家重点实验室，从事智慧能源、工业大数据方向的研究，继续追逐科研领域中的突破，为国家重点战略的实现做出自己的贡献。

一些感想

最后,想和学弟学妹们分享一些感想,希望能帮助你们更好地面对人生的困境。

1. 培养一个爱好

丘吉尔曾说过:"要获得真正幸福平安的心境,一个人至少应有两三种实实在在的爱好。到了晚年才开始说'我会对这个或那个发生兴趣',已没有意义了。"学习和生活中不免遇到压力,一项无关功利的爱好能使你更独立,更接近内心自由,抵抗情绪上风险的能力也就越强。在对前路感到迷茫时,对所热爱事物的精神寄托能给你带来慰藉。虽然培养爱好会牺牲专精于学习工作的时间,但它能够保持生命的鲜活,所以趁早培养一两个热衷的爱好吧。

2. 不要畏惧失败

任何人都不是天生完美的,在人生中都会遇到失败,但可怕的不是遭遇失败,而是连尝试的勇气都没有。如今,华为公司之所以拥有如此强大的研发能力,一是归功于它对于人才和研发的重视程度,另一个更重要的原因是它能够顶住失败的压力,绝不因失败而退缩。华为创始人任正非曾说过:"为什么我的能力比你强?是因为我经历的挫折比你多,我善于从挫折中学习,因此我经历的挫折越多,我学到的东西就越多,我的能力就比你强了!"很多企业在自主研发方面浅尝辄止,一遇到失败就缩回,或者全面否定自己,久而久之就在激烈的竞争浪潮中被淘汰。

畏惧失败的人是大多数,在成功者的光芒下,我们丧失了尝试的勇气,充斥内心的是无尽的精神内耗。要想摆脱这种困境,不断让自己变得更强大,就要放下对失败的畏惧。大学是试错成本最低的阶段,要积极把握机会,勇于探索自己的可能,发现个人的不足并不断改进,努力让自己的大学生活更加精彩。

3. 终身学习的重要性

如今社会正在发生着前所未有的快速变革,短短 100 年间,人类就经历了三次工业革命，它影响着社会经济结构，更改变着我们的生活方式。若要适应快速的技术革新和社会变革，我们就必须要用新的知识、技能和观念来武装自己，以求开发更完善的心智。人生并不是100米短跑，而是一场马拉松。短时间的冲刺并不能决定谁是最终赢家，持之以恒的匀速奔跑才能使你到达最后的终点。终身学习是一种成长型的心态，勇敢接受挑战与失败才能战胜挫折，实现人生价值。

走向上的路　做追梦的人
2022 届至善特别荣誉生　毛乡芸

　　毛乡芸，女，2001年1月生，江南大学食品学院食品科学与工程专业本科毕业，2022届至善特别荣誉生，毕业后保研至清华大学深造。获得江南大学"校长特别奖"、江苏省"三好学生"、至善学院"优秀志愿者"、至善学院"尚行之星"等多项荣誉；获得食品学院社会奖学金最高奖，至善学院罗客英语水平测试奖、至善学院嘉里大通高水平学科竞赛奖等奖学金和奖项；参与学科竞赛30余项，获省级及以上学科竞赛奖9项。其中，获得美国大学生数学建模竞赛特等奖提名奖、全国大学生数学建模竞赛江苏省二等奖、江南大学数学建模竞赛一等奖。

个人照

勤勉为学

刚进大学的时候，我就在大学第一堂英语课上遭遇了挫折与挑战。由于高考不考英语听力的缘故，我在大一课程中备受煎熬。虽然我将听说教材反复听过好几遍，但英语期末考试仍然以 80 分的成绩险些无缘至善学院。意识到自己的英语能力有待提高，于是，我下定决心，要学好英语。

上课路上、食堂排队的间隙……我利用一切碎片化的时间进行英语学习。特别是在 2019 年至善学院开设的暑期英语短训中，我通过与外教老师的交流学习，逐渐在英语学习上找回了自信。在同年的美国哈佛－麻省游学项目中，我也很幸运地前往了哈佛大学和麻省理工学院，聆听前沿讲座，与国外老师深入交流。这次游学经历成功激发了我学习英语的热情与兴趣。

最终，在英语学习上，我获得了至善学院暑期英语短训 A+，英语听说满绩点，通过剑桥商务英语（BEC）中级，英语六级取得 606 分的好成绩，并获得至善学院"罗客英语水平测试奖"等佳绩。

在课程学习上的这一切付出与收获，给了我很大的信心。于是，我对学习更加甘之如饴。在高等数学课程学习过程中，我完成了教材与参考书上的所有习题，最终取得了高等数学满分的成绩。在同年的江苏省第十六届高等数学竞赛上，我也获得了省级三等奖的好成绩。

努力学习的过程带给我丰富的知识与技能，也为我挑战各种竞赛打下坚实基础。

突破创新

三食堂一楼夜晚微弱的灯光见证着我和我的队友们每一次的尝试与突破。从普罗星淀粉创意大赛开始，我不断地在各种比赛中尝试。当我缺少食品创意来源，我便仔细研读行业报告与部分企业采访寻找灵感。在食品创意相关竞赛之外，我打破学科边界，参与到了数学建模竞赛中。

从第一次接触数学建模到拿到美国大学生数学建模竞赛特等奖提名，我们团队仅仅用了不到一年的时间。美国大学生数学建模竞赛是唯一的国际性数学建模竞赛，也是世界范围内最具影响力的数学建模竞赛。面对旁人的质疑与困惑，"食品专业学生怎么会想到参加如此高难度的比赛？""食品专业的同学只学过高等数学，能解决建模问题吗？"，我们往往有自己的见解。尽管数学建模是应用性很强的学科，需要具备特殊的专业知识与建模理论，但我们从来没有畏惧，也从没有因此而放弃。从江南大学数学建模校赛开始，我就和我的队友们互相鼓励，坚持学习理论知识与 Matlab 等实践操作。从学习优秀论文入手，遇到新的解题思路，我们就去网络上寻找学习资源。在全国赛中，面对高难度赛题，我们"驻扎"在理学院的机房里，连续三天仅休息 8 小时，完成了"关于游戏策略优化与心理博弈"的长达 30 页的论文，最终获得了省二等奖。在国际赛道上，美国大学生数学建模竞赛举办之时正值寒假，由于新冠疫情原因无法留校，面对沟通与讨论不便等诸多不利因素，我和队友们连续通话近 4 天，最终运用 Logistic 生长模型等完成了近 30 页全英文论文的撰写。在遇到图片与表格排版错位等问题时，我主动提出学习专业的 Latex 的数学论文排版程序，并最终完成了排版任务。最终我们荣获了美国大学生数学建模竞赛的特等奖提名。

 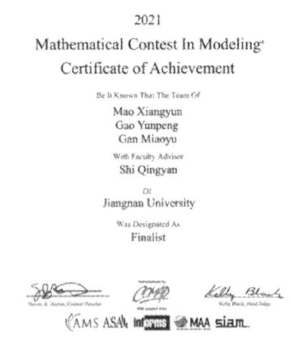

全国大学生数学建模竞赛获奖证书　　美国大学生数学建模竞赛获奖证书

当面对英语翻译、创新创业等多元化领域时，我也不给自己设限。在第

走向上的路　做追梦的人　2022届至善特别荣誉生　毛乡芸

十届全国大学生电子商务"创新、创意及创业"挑战赛上，我和队友们设想开创食品销售的新模式与饮食营养全方位指导的新方法，通过拍照上传一天饮食与偏好设置，完成每日饮食营养搭配，并提供原料配送等服务，获得了江苏省赛区三等奖。

很多同学都问，如何有时间参加如此多的比赛？其实，我对这个问题并没有想过很多。因为对我来说，每一次比赛都只是小目标，就像在游戏里升级一样，一级一级地升级，也就把比赛都一项一项地完成了。当然，竞赛只是学习的补充，学好专业课一定是首要任务。

在学习与竞赛之余，我还是老师同学们的"好帮手"，学弟学妹的"热心大姐姐"。我累计参与食科1805班团支部书记等8项学生工作，中国儿童食育计划等7项社会实践，无锡市人民医院义工服务等20余项志愿服务，我也始终努力成为温暖他人的星星之火。担任食品学院兼职辅导员期间，面对无锡新冠疫情的紧张态势，我加入江南大学"疫查通"大数据排查队伍，坚守70余天，以实际行动展现青春抗疫者的担当。在中国儿童食育计划中，我先后参与了教案编写、课堂试讲、课后反馈等环节，担任主讲人并带领团队获全国大学生"互联网+"创新创业大赛校二等奖。在志愿服务中，我坚守初心，尽心尽力，参与无锡市人民医院、无锡市图书馆、马拉松、万人徒步、校图书馆等志愿服务，累计工时超过100小时，获评至善学院"优秀志愿者"与"尚行之星"荣誉称号。

大学四年，转瞬即逝，每一次的付出与努力都会成为我们独特的经历与财富。这四年的大学生活里，我也走过很多的弯路，有过遗憾。在这里，我想把我过去的一些经历总结成"两多两少"（多去尝试、多去沉淀，减少焦虑和无效努力）的感悟分享给大家。

感悟分享

1. 多去尝试

很多机会的附加价值往往需要经过时间的积淀才能显露出来。这是我大学四年里最大的感悟。我相信我身边的老师、同学都知道，在大一、大二，甚至大三的时候，我只是食品学院众多学生中很普通的一个，并没有在某一方面有非常突出的表现。直到大三下学期拿到了美国大学生数学建模竞赛的奖项，再到后来的一些评奖评优，我曾经参加的诸多竞赛成果才逐渐得到更多的正向反馈。

在参加这些竞赛与项目的时候，我往往抱着试一试的态度，想多学习一些别的领域的知识，所以参加的项目种类繁多。虽然我在很多领域并没有丰厚的知识基础，但在参赛的过程中，我可以不断学习、不断成长，到最后甚至有些竞赛的结果会超出预期。当然，即便结果不如意，我们也一定会在比赛或者项目中有所收获。

比如，我大二时参与的学院 PRP 科研项目"表征海参甘肽结构与功能的生物信息学研究"，这是一项关于生物信息学方向的科研课题，我当初选择这个课题是希望能突破一下原有专业的束缚。在这个项目里，我花费了很多时间学习新的知识与技能，最终我收获了很多有关生物信息学领域的研究思维与能力。在大三暑期参与外校夏令营时，我也因为这个独特的项目而进入众多院校的生物信息学专业选拔中，获得了一些跨专业的 offer，为我未来的研究方向提供了多种选择。

再比如，我在大三时尝试数学建模竞赛，从校赛到全国大学生数学建模竞赛再到美国大学生数学建模竞赛，整个过程历时近 9 个月。在国赛中，我和队友们遇到很多的困难与挑战，但是我们一直互相鼓励、互相支持，广泛学习数学建模知识，最终拿到美赛的 F 奖。这个奖项也为我后来的许多选择打下了基础。

大学是一个很好的锻炼平台，在大学时代，我们试错的成本往往非常低，失败了无非是有点沮丧，而如若成功，那将成为我们的宝贵财富。

所以，亲爱的学弟学妹们，不要怀疑你们的才华与能力，勇敢去尝试吧！这里也有一句话想送给你们：真正伴随着我们成长的，一直都是对于失败的恐惧或者失败本身；当我们以积极的心态面对可能的失败，那所有的机会都值得尝试，而所有的尝试也都会带来意想不到的收获。

2. 多去沉淀

我记得曾经看过一本书，书里讲到一个观点：我们要花更多的时间做更有挑战性的事而不是花很少的时间去做容易做到的事。这个观点是否正确，我也难以下定论，但确实对我有很大的启发。在这样一个快节奏的时代，我们往往会想更快一点得到成果，想更快一点拥有荣誉，想更快一点获取成功，但是，真正能帮助我们成长的东西往往隐藏着时间的附加价值。就比如我们在学习一门课程的时候，很多同学都觉得听不听课、记不记笔记都没关系，只要最后成绩好就行。无所谓过程是怎样，反正考试周多背几天一样能及格，甚至能拿到高分。我承认这些同学的能力很强，但是很多时候，学习本身是一个过程，而不是一个结果。学习这个过程不只是为了学到知识，还包含着获取信息的方式、接受信息的能力和思考问题的角度等。而后者才是我们学习的真正目的，也是学习中最有挑战的事情，同样也是我们未来一生都将获益的财富。

比如说，我们可以选择参与一项长期的大创研究，去挑战自己做科研的能力；比如说，我们可以选择花很长的时间去辅修第二专业，挑战自己所学知识的宽度与广度等。（我在大三暑假参加的一些夏令营中，发现很多优秀的同学不仅本专业成绩非常优秀，还能在业余时修满第二专业学分，拿到第二专业学位，真的很让人佩服。）

在这个以"内卷"为名的时代，我们要多去做那些真正能让我们成长的、有挑战性的事，在沉淀中，多挖掘自身的个性化优势，以"个性化"开辟新的赛道。

3. 减少焦虑

可以说，每一个当代大学生都有过焦虑。焦虑本身并不是坏事，它是我们成长的助推剂。但是，长期的焦虑会导致我们的学习效率和学习能力下降。

焦虑源于我们个人的主观感受，在当今的网络世界里，我们总是容易看到太多比我们优秀的人。当我们可以正常地接受自己的不足、接受自己只是普通人的事实，我们才能摒弃紧迫感、焦虑感。我们要相信，"天生我材必有用"，每个人都一定拥有自身独特的优势与闪光点，我们也一定能找到自己所热爱所追求的东西，不必着急，什么时候都不晚。

当我们在接受纷繁复杂的自媒体信息时，我们必须辩证地看待每一个人、每一件事。就比如，当看到他人的成功时，我们不能忽视成功背后的努力与汗水，不能忽视成功后他所承担的社会责任与义务。当我们辩证地看待他人的成功时，才能从根本上做出适宜的改变而不是不停地焦虑。当然，如果深陷焦虑之中，也一定要学会调节，可以转移注意力，多运动，多与朋友聊天，必要时也一定要积极寻求专业的帮助。

减少焦虑，让生活更美好！

4. 减少无效努力

什么样的努力是有效的？我提供两个场景：

A 同学每天都在图书馆从早上 8 点待到晚上 9 点。但是，在图书馆里，A 同学总是会打开手机，刷朋友圈、看小说等，一天中真正学习的时间只有两个小时。

B 同学对待学习很认真，但是参加了很多学生工作，白天忙于各种会议和活动，平时的学习时间十分有限。每天都只有晚上 6 点到 9 点待在图书馆。但在图书馆里，他非常专注，一天的有效学习时间为 3 个小时。周围的很多同学都觉得他这样下去，学习成绩肯定不行。

在这两个场景里，A 同学是容易被周围的老师、同学所称赞的优秀学生，因为他每天泡图书馆；而 B 同学容易被同学们认为专注于学生工作，甚至有点耽误学习。但是，谁的学习更有效呢？显而易见，B 同学的学习才是真正有效的学习。在大学里有很多这样的例子，去了教室但不听课，去了报告厅但不听讲座，泡在图书馆但不学习等。这些，我个人认为都是无效的"努力"。

当我们没有真正投入到一件事的时候，我们的努力尽管看起来值得认可，但就是无效的。所以在大学生活中，我们要尽量减少无效努力，做一件事就专注于这件事，把时间和精力都投入其中，把它做好。有效、高效的努力，才是我们持久的追求。

写在最后

大学阶段，是美好且难忘的。无论是学习、竞赛，还是学生工作，我们都要坚信：付出一定会有回报，念念不忘，必有回响！当你找到了自己的目标，就矢志不渝地向目标迈进吧！

在江南大学至善学院度过的这难忘的四年里,我收获了成长与感动。感谢所有帮助过我的师长、朋友和同学,也感谢江南大学至善学院的卓越平台!

让我们一起走向上的路、做追梦的人!

唯有"日拱一卒"
方可"功不唐捐"

2022届至善特别荣誉生　　张源哲

> 张源哲，男，2000年6月生，江南大学理学院光电信息科学与工程专业毕业，2022届至善特别荣誉生，毕业后前往北京理工大学深造。本科期间曾获美国大学生数学建模竞赛特等奖、全国大学生数学建模竞赛二等奖、"挑战杯"江苏省黑科技专项赛二等奖、江苏省物理实验创新竞赛一等奖等5项省部级以上学科竞赛奖项；国家级大创项目负责人，以第一作者发表一篇SCI期刊论文，参与申请3项国家发明专利，均已授权；曾任光科1802班班长、光科1901班副班主任、理学院学生会主席团成员、理学院本科生第一联合党支部纪检委员等多项职务；荣获国家奖学金，江苏省优秀毕业生，江南大学"校长特别奖"、"十佳大学生"等多项荣誉。

此刻我正坐在国家光学检验中心的实习工位上写下这篇分享的文章，四年来的许多场景再次涌现，历历在目。在我的本科毕业论文致谢中，我写到，"江南于我而言已是人生中浓墨重彩的一笔"，我无比庆幸在这里遇到了恩师、挚友和新的自己。这篇文章想与大家分享三个模块，它们大致构成了我大学阶段的奋斗历程和心态变化，希望能对你有所启发。

唯有"日拱一卒" 方可"功不唐捐" 2022届至善特别荣誉生 张源哲

个人照

懵懂又充满热情的两年

说来惭愧，我的GPA应该配不上"特别荣誉生"的称号，因为我大学前两年的成绩并不出色。由于忙于各种学生工作并且乐在其中，常常忽视了很多课程的学习，以至于大二结束时才勉强维持在了专业前12%的水平。好在大三奋起直追，才有学年GPA从3.4到3.94的进步。虽如此，但我依然感谢前两年的许多经历，它们构成了我懵懂却又充满热情的时光。

首先是班长和副班主任的工作，在与集体共同成长的过程中我逐渐体会到群众工作的重要性。作为班长，开展各项团日活动提升班级凝聚力，做好贫困生评定和综合测评工作，解读下达各项通知等；作为副班主任，带领新生快速融入校园生活，评选班级委员会，辅助班主任开展学期初动员和学期末分享班会等，这些都让我承担起更多的责任，也规范着我的言行。作为学校与学生沟通交流的重要纽带，如何将学院的各项政策和活动高效传达给班级同学，如何将同学们的需求有效反馈给学院，如何做好表率作用，这些都是对一个学生干部的考验。学生组织内部的管理与沟通，提升了我的团队协作能力与组织领导能力;参与规范化、制度化的各项行政工作,使得自身做事更具条理性、系统性;与同学相处交流,也不断强化自己的服务与责任意识。最终,我们班级以65.5%的高升学率和亮眼的科创成绩,被评为无锡市"先进学生集体",给我,也给了集体一个最好的回馈。

　　同时,大学前两年也是志愿服务工作与我相伴的两年。我在院青年志愿者协会(下文简称"青协")从干事一路成长为主席,是青协让我有机会接触到不同的社会群体,认识到自身价值所在。从外来务工子女到社区老党员,从山区儿童到战"疫"工作者,与他们接触交流让我转变看待问题的视角与思考问题的方式,也让我深刻认识到奉献精神的弥足珍贵。我曾接手负责江南大学"10100"创新创优工程项目——"半点课堂"无锡中小学生科普活动,依托学院平台,将群众科普与志愿服务相结合,将专业优势与属地需求相结合,两年间带领20余名志愿者服务中小学生近1000人次,让他们在有趣的物理实验中提升对科学的兴趣。2020年暑假我参加"红粉笔"支教团,进行线上支教,从课程安排到计划课题主题,再到准备相关资料,录制课程视频,努力将自身能量传递给山区儿童。每一次志愿服务结束时,都会有一份获得感鼓励着我继续下一次,"用伟大的爱做些小事"是我一直坚持志愿服务的动力。

参加中小学生科普志愿服务

　　学生工作与志愿服务所带给我的责任与服务意识一直深深影响着我,尤其是如今已成为一名中共党员的我。虽然那两年因迷茫而未能处理好学习与工作的关系，但因我对任何事都怀着很高的热情，收获了很多意想不到的惊喜与成长。

至善与我的数学建模团队

如果要问至善学院带给我最大的影响是什么，我想我会回答它真正给予了我一个"与优秀同行"的平台。与至善的同学们熟络起来应该是在2019年的暑期，至善学院开展的英语应用能力训练营和海外游学活动，让我们在学习交流中认识彼此。在英语应用能力训练营期间，两位外教老师用模拟宴会交流、情景话题讨论、制定旅行计划、编写英文歌曲等寓教于乐的形式，在三周的时间里让我们打破彼此之间的隔阂，同时也大大提升了我们的英语交际能力。结营仪式上，我们用英文唱起《那些花儿》，外教眼中闪烁的泪光是我印象最深的回忆。

紧接着，我们走进剑桥大学进行了为期两周的游学活动。在剑桥，我们参访国王学院，泛舟于剑河之上，观赏露天话剧表演……它没有伦敦的繁华，但一草一木，一桩一座无不散发着在漫漫历史长河中沉淀下来的厚重感和包容性。在剑桥的课堂里，领导力发展、城市科学、博弈论、公司金融、广告与大众营销……丰富的创新素质课程让我们深刻感受到了世界顶尖学府的授课模式和学术氛围。研讨式的课堂形式，问题引导我们一层层思考，每一个问题的解决都让我们看到了思维方式的多样性和思考角度的变化性。在剑桥，我们遇见了更优秀的彼此，擦出了思维和见解的火花。作为组长，我带领小组有了首次商业计划的制定体验，我们从无到有，从雏形到完善，从产品设计到营销模式，从市场分析到融资方案……十天时间，每一个深夜都记录下了我们的用心，都深切体验到了合作的成就感和荣誉感。我想起了那个夜晚，我们举起酒杯再次用英文唱起《那些花儿》，让这段游学旅程成为那个夏天最闪光的回忆。回校后，在至善导师的指导下，基于我的见闻完成了一篇对西方高等教育体制分析的教改论文，这便成为我拓宽视野、树立创新意识的起点。

至善同时提供给了我们一个学科交叉的大舞台，在这里我与几位社科类专业的同学成为很好的朋友，与她们相处转变了我的很多传统理科式思维；也与其他理工类专业的同学组队合作，融合专业优势，提升团队的综合素质能力。大二上学期，我负责一项至善学院模拟学术论坛的课题，与在剑桥游学时就相识的队友马睿洁再次合作，加深了我们对彼此的信任。同时，模拟论坛也让我更加深刻地认识到学科交叉的优势，为我后来的科研竞赛项目起到了很好的指引作用。大二下学期，在数学建模校级选拔赛组队时，我第一个找到马睿洁，顺利结伴，后来她找到与她同专业的至善生，也是她的大创队友张宇彦，我们三个就这样成功组队。而当时的我们可能怎么也想不到后来发生在我们身上的一切。

因至善而结缘的三人团队

因为不满足校级选拔赛的成绩，我们便在全国比赛的培训阶段发力。当时因新冠疫情影响，我们只能在家进行线上培训，但我们仍然不松懈对每一道真题的模拟训练，一切都按照实际参赛的时间规划和分工安排，应该说很少有团队真正做到这一点。对于未完成的赛题，我们则会直接在论文最后总结未解决的问题或未完成的原因，以便为下一赛题的训练积累经验。就这样，在国赛期间，我们的合作已经变得很默契，累并快乐地在机房度过了三天三夜，最终取得了全国大学生数学建模比赛二等奖的好成绩。到了备赛美国大学生数学建模竞赛，我们的信心增加了很多，依然认真对待赛前的模拟训练，成为唯一一支在培训阶段两次进行论文分享的队伍。作为团队的建模手，我在整个备赛期间累计完成 3 万 5 千多字的模型建立和分析，许多个深夜坐在电脑前只为了更准确的模型、更美观的插图。凭借一步步的日积月累，厚积薄发成为破局的筹码。从全国比赛二等奖到登上国际比赛的最高领奖台，数学建模竞赛的奋战让我体验了最为深刻的学科竞赛历程。我清楚地记得查到比赛结果的那个夜晚，我兴奋得从床上蹦起，因为怕打扰到室友睡觉而憋住了我的尖叫。

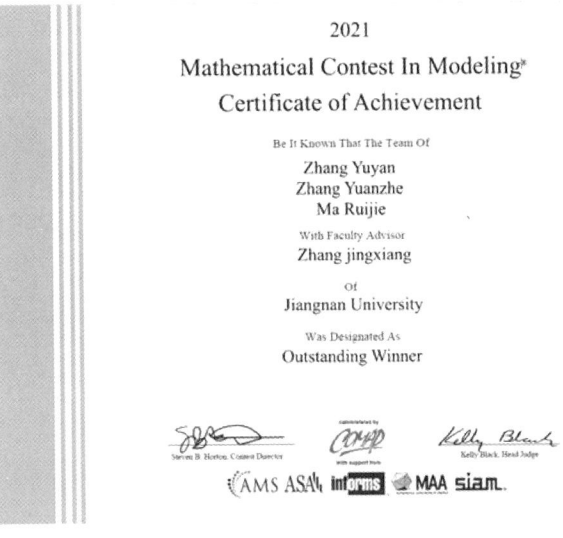

美国大学生数学建模竞赛特等奖获奖证书

在《江南晚报》的采访中，我们回忆起参加美国大学生数学建模竞赛论文撰写到大半，却发现分析重点有偏于题目要求且离提交截止时间已经不到 8 小时的那一刻，在时间紧迫和身心疲惫的双重压力下，我们没有放弃，依然决定重新理清思路，把问题分解，一点一点修改。数学建模竞赛是团队赛，一路走来我们始终保持对数学思维的培养和团队合作的磨合，从不回避观点争论，逐渐强化思考和解决问题的能力，分工明确但绝不割裂，深刻感受到了团队奋战时"同休戚，共进退"的精神。直到前几天，当我们得知研究生数学建模竞赛可以跨校组队时，又像早就约定好一样开始商讨参赛的事情，缘分真的很奇妙。

分享一些经验吧。数学建模竞赛中，对海量信息及文献的整理、取舍，对赛题细节的反复揣摩和提炼，以及对数学模型的不断完善，都非常重要。在团队协作方面，最好在组建时就各有所长，并且彼此间的工作也能相互分担。在磨合过程中不回避争论，把握好整体节奏，总结出属于自己团队的分工方式，进行充分有效的交流，方能形成一支高效而又不失轻松氛围的团队。

"无用之用"的一段项目经历

大三上学期开学时，辅导员在年级群发了一则项目招募信息，学院刘诚教授将带队参加当年的"挑战杯"竞赛，因为当时已经定下了要保研的目标，我看到消息便马上报名了。团队由一位研究生学长带队，队员中还有一位大四的学长和另一位同学。9月第一次来到实验室，我们就被学长布置的一个小小的实验任务难住了，当时还没有任何专业实践经验，我们只能盯着减振平台上的光学仪器不知所措。不会编程，不会调节光路，对学过的专业知识也只是一知半解，我们跟着学长从零开始，不断学习练习，一个月后我们终于可以独立地完成一些小任务，项目也逐渐进入正轨。

我们的课题是想要突破传统的光弹性应力测量仪的物理局限，引入新型光学元件和计算方法，实现大口径、数字化、高精度的光弹性应力测量。我们从调研学习光弹性测量原理开始，尝试搭建测量光路，推导物理过程，处理采集图像……我们不断推翻之前的方案，尝试新的方案，解决原有光路的局限和问题，简化原有算法的过程，提高图像处理的精度。前前后后搭建了四个光路系统，采集了数百幅图像，编写上千行代码。有时我们整个晚上就只对着白板上的算法公式讨论，擦掉重新推导，推导完又否定再擦掉。当结果出现问题，我们则会从算法开始检查，再检查光路结构，有时只是微微的一点误差也会产生很大的影响。半年的时间里，我们几乎每天晚上都泡在实验室，7点开始，早则11点，晚则近1点结束，搭光路、采集图像、处理图像，不断遇到新的问题，不断解决新的问题。最后，我们终于调试出理想的光路系统，也实现了测量过程的数字化和半自动化，刘诚老师联系到中科院上海光学精密机械研究所，为我们做第一代仪器的加工制造。而此时我们也进入了"挑战杯"校选拔赛的复审环节,但令我们都没有想到的是,由于我们的仪器尚未加工完成且评委认为技术用途有所局限,项目最终无缘入围,止步于此。这对本想要争夺省奖的我们来说无疑是一个巨大的打击,而我当时的第一个想法便是,这半年来的努力全都付之东流。

之所以会有这样的想法,无非是因为这半年来每一个晚上的努力最终没有一个有分量的成果回馈,对于马上要进入保研准备阶段的我来说,好像白白付出了很多时间成本。短期之内没有看到收益,这也是为什么我会称它为"无用之用"的一段项目经历。但"无用之用,方为大用",当我冷静下来,认真梳理整个项目历程,我清楚地意识到这段经历所带给我的是任何成果都无法替代的收获。在这半年多的时间里我真正融入了一个未曾有过的学术讨论氛围中,刘老师和团队成员们严谨细致的品质,锲而不舍的求实精神都深深地感染了我。我的动手能力和编程能力得到很大提高,专业素养更加精进,对专业知识的理解也更加透彻,我逐渐明白一项科研工作到底应该如何进行,投身于国家科技事业的目标也逐渐清晰。它教会我在科研中万不能被得失之心所主导,科研成果本就是可遇不可求的。我将这段项目经历整理放入我的保研面试PPT中,也正是这页"含金量"最少的PPT引来各个高校老师们最

校长特别奖与至善特别荣誉生奖荣誉证书及奖章

多的好奇，在回答他们的问题时，我能感觉到我的专业自信正逐渐提升。后来，每次与学弟学妹们交流分享经验时，我都会讲到这段经历，告诉他们当真正投入一件事情，你的所有付出都会在将来的某一时刻回馈给你，不要一味地追求短期利益，每一件看似"无用"的事，实则有其"大用"。

当然，我们并没有放弃这个项目。后来我们调试成功第二代仪器，参加了"挑战杯"的黑科技专项赛，获得了省二等奖，申请的三项发明专利也依次收到授权通知书，摘得全国机械工业创新设计大赛银奖，用实力为我们的项目正名。

感谢你能看到这里，希望我的分享能给你一点帮助。没有人规定大学应有的样子，我也没有在刚入大学时就已经规划好我该如何度过，每个人走到新的人生阶段时都会有所迷茫。但我想说，只要你把握机会，踏实走好脚下的路，就会慢慢看到方向，找到意义。李大钊曾说："青年如初春，如朝日，如百卉之萌动，如利刃之新发于硎，人生最可宝贵之时期也。"我们当以青衿之志与天下江南人的自傲，履践致远，筑梦未来。

做追梦路上的小跑者

2022 届至善特别荣誉生　杜昊

> 杜昊，男，1999 年 11 月生，江南大学人工智能与计算机学院计算机科学与技术专业本科毕业，2022 届至善特别荣誉生。大学期间共计 41 门课程满绩点，总 GPA 3.91，位列专业第一，曾两次获得国家奖学金，多次获得学业一等奖学金及企业奖学金。在校期间多次参与学科竞赛，曾获得国际大学生程序设计竞赛亚洲区决赛银奖，中国大学生程序设计竞赛绵阳站银奖，团体程序设计天梯赛全国总决赛一等奖，第十二届中国大学生服务外包创新创业大赛东部区域赛一等奖、全国二等奖，CCF 大学生计算机系统与程序设计竞赛（华东赛区）金奖等十余项奖项，获无锡市"三好学生"、江南大学"三好学生"等荣誉称号。目前已保送至北京航空航天大学软件开发环境国家重点实验室。

"梦想虽不见得都是伟大事业的起点，但每种伟大的事业必定源于一种梦想。"这是王小波二十一岁时写下的。那时的他普普通通，处在他一生的"黄金时代"，用他自己的话来说，他属于"伟大一族"。何为"伟大一族"？他们不是空想主义者，更不是狂热激进派。与"伟大"一词恰恰相反，他们平凡到不起眼，但却将现实看得透彻和清晰，相信任何美好的梦想都有可能成真并且不愿屈服妥协于现实，在追梦路上持续奋勇拼搏。从大一刚入学时一路走来，我一直严格要求自己，勤奋求学，艰苦奋斗。我明白，要保持对梦想的热情，时时刻刻激励和鞭策自己，才能在追逐梦想的人生道路上行走得更加坚定。

江南大学"至善特别荣誉生"成长实录(第二版)

于书海间寻觅真知

刚刚进入校园的时候，我对周围的一切事物充满好奇，也对未来充满着无限希冀与渴望。"年轻是一种资本，而在践行梦想前，必须先有坚实的基础。"因此，从来到江南大学的那一刻起，我暗暗下定决心，要让努力成为一种习惯。《异类》的作者曾说，人们眼中的天才之所以卓越非凡，并非天资高人一等，而是付出了持续不断的努力。一万小时的锤炼是任何人从平凡变成世界级大师的必要条件。因为每一种得到都需要足够的筹码去换取，所以必须要在韶华时光里有所作为，才能不辜负自己追逐梦想的初心。

学贵知疑，小疑则小进，大疑则大进。在专业知识学习上，我时刻保持严谨认真的态度，标记难以理解的地方并询问师长，力求将课本内容学习透彻。自入学以来，我的平均GPA在本专业两百多人中连续四年稳居第一名，综测成绩也保持在班级第一。在英语学科的学习上，我做到日积月累，最后高分通过了英语四、六级考试（CET4：640/CET6：623）。在获取到课本知识的同时，我同样注重对于解决问题方法的思考和探索。记得在学习大学物理的时候，我遇到了这样一道题目："一个均匀带电的球体，在球体内挖出一个球形的空腔，求空腔内的电场分布情况。"解决方法是：假设空腔中同时带有相同体密度的正负电荷，于是问题便转化为计算两个球体在内部产生的电场问题。我被这道题的解法震惊了。因为它彰显了一种截然不同的看待问题的方式——零并不意味着一无所有，它可以是极性的中和、

个人照

正与负的平衡。而人生何不也是如此？在成长的路途中，我们每个人会遇到各种各样的问题，而每一个问题其实有很多看待的角度，也许如果我们学会打破常规，就会有柳暗花明的效果。

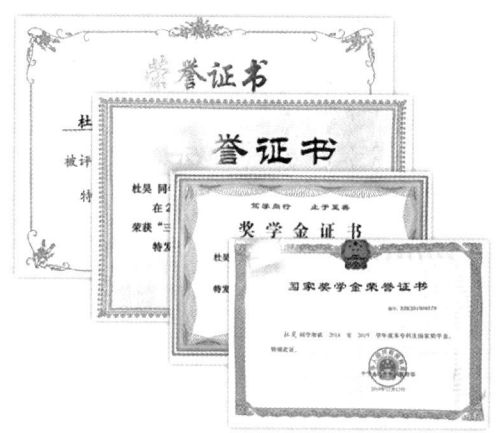

大学期间部分荣誉证书

于高远处磨炼意志

如果说学习成绩决定人在某些方面的起点，而最终能够让人走得更远更长久的，是在前行道路中付出的努力与受到外部影响的综合。

美国计算机协会（ACM）国际大学生程序设计竞赛是由国际计算机协会主办的一项年度竞赛，吸引了来自全国乃至全球的高校学生报名参赛，现已成为最具影响力的计算机类比赛。不少人认为程序设计主要考查的是如何准确地编写代码，其实那只是很小的一部分。创新意识、团队精神和抗压能力都是一个团队必须具备的品质。3位队员在5个小时的时间里解决超过10个问题，时间分配和团队配合显得十分重要。

大一下学期刚开学时，我参加了学校的ACM大学生程序设计竞赛俱乐部。在一次又一次的比赛过程中，我终于有机会近距离接触各个学校的竞赛顶尖选手，也学会了各种深奥的算法知识。从大一每天晚自习结束后训练到10点，到暑假留校一个月每天朝九晚九的代码生活，再到每周六日晚7点到10点的代码日常,学算法、写代码,几个月的时间里从未间断。从写完代码报错不知如何解决,调试代码时常一改几个小时,再到即使出错也能定下心来分析代码的漏洞,这样的过程磨练了我的心志,让我成长,让我学会了细致和耐心。

经过几个月的训练,我和团队另外两位同学组队参加了程序设计的省赛。赛前,我自学了许多算法,总结历次比赛容易出错的一些细节,又和队友分析商量做题策略。在比赛中,尽管题目难度超出我们的想象,但是我们团队始终没有放弃,从第一分钟做到最后一分钟,最终以完成四道题的成绩取得了省赛二等奖的成绩。这是我第一次在程序设计类比赛中获奖。

磨练的极点就是磨难。其实日常的训练总有些单调,特别是卡题的时候。一道题有了思路但却没有通过,这时便需要全神贯注地去寻找问题所在。而训练过程中每一天的重复更是考验每一位 ACM 国际大学生程序设计竞赛的参赛选手,尤其是学期结束的时候,看着大部分的同学都开开心心地开始暑假生活,我们还得在俱乐部继续为期一个月的学习。有些同学觉得训练太苦,或者觉得自己的努力没有得到回报,热情退却,便中途退出了。但每当我想要放弃的时候,总是会思考当时选择参加 ACM 国际大学生程序设计竞赛的初心,然后咬咬牙继续坚持下去。截至目前,我已经累计获得了包括中国大学生程序设计竞赛(绵阳站)银奖、团体程序设计天梯赛全国总决赛个人一等奖、国际大学生程序设计竞赛(昆明站)铜奖、中国计算机学会(CCF)大学生计算机系统与程序设计竞赛(华东赛区)金奖等十余项程序设计类奖项,累计代码量超过 30 万行。

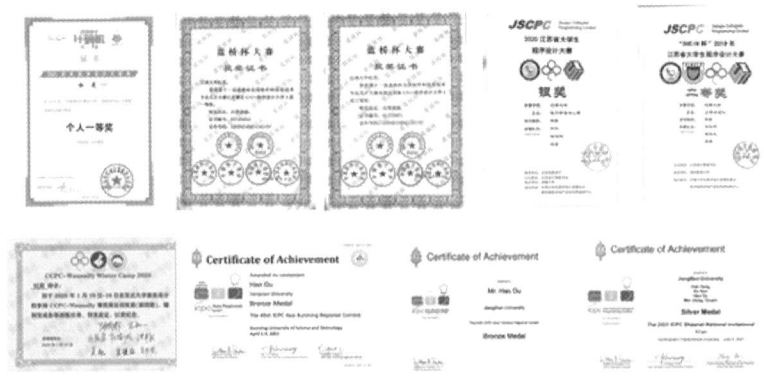

各项学科竞赛获奖证书

令我印象最为深刻的是 2020 年 11 月参加中国大学生程序设计竞赛绵阳站。在赛场上，我们与清华大学、上海交通大学等 985 高校学生同台竞技。尽管在比赛过程中几近落入下风，但我和队友并没有放弃，不断尝试直到最后一刻，最终在近 400 支队伍中脱颖而出，取得了第 24 名的成绩。这是我校目前获得的最好成绩。虽然获得这个荣誉本身已经足够让我高兴，但在参赛过程中获得的经验和成长，对我来说才是更为宝贵的人生财富。

2022 年 7 月，我和徐润天同学再一次踏上征途，远赴西安参加国际大学生程序设计大赛亚洲区决赛。由于原先的队伍不得已解散，我们临时找到了俱乐部成员中的一名大二同学。作为新成立的队伍，面临训练不足等诸多困难，我们保持每周一场的训练频率，很快就制定了比赛策略。在比赛中，开场发挥严重失常，排名一度垫底。好在我们沉住气认真思考，攻克接下来的难题，最终以 5 道题的成绩获得了银奖。这是江南大学目前获得的最好成绩。虽然这是我们的第一场比赛，也是我们的最后一场比赛，但让我思考了许多，也教会了我许多。在此特别感谢我的队友徐润天同学和何云康同学，没有他们就不会有这样的好成绩。

荣获第 46 届国际大学生程序设计竞赛亚洲区决赛银奖

在科创实践过程中，我体会过答题正确的惊喜与答案错误的失落，收获过成功的果实，也经历了失败的苦楚。然而我知道梦想就在前方，每一次抵达都是重新出发。就算不断地跌倒，也要不断地爬起，就算得不到回馈，心里也知道此刻的我正在离梦想越来越近。其实追寻梦想的路途中，考验的是人的耐力和坚持，而并非速度。面对自己的热爱，如全力冲刺的百米赛跑选手一样短期内耗尽所有体力，奉献全部热情，最终只能止于跬步。但梦想的珍贵，是因为它如同一场马拉松，热情才是这场长跑的最大动力。或许对我而言，鲁迅先生"用小跑走完一生"的精神是保持追梦热情的秘诀。

于实践中思考价值

"知者行之始，行者知之成。"以"知"为指导的"行"才能行之有效，脱离"知"的"行"则是盲动；同样，以"行"验证的"知"才是真知灼见，脱离"行"的"知"则是空知。一种学理，究竟对不对，一定要转化成事实，能够实行，才可以说是真学理。在这样的信条指引下，我一直积极参加社会实践、投身于服务同学的行动中去，在实践中锻炼自我，帮助他人，同时也思考一直以来追梦的意义。

世人常说：身体和灵魂总要有一个在路上。在2019年的暑假，通过至善学院组织的美国哈佛-麻省理工游学项目，我有幸来到太平洋的东海岸，近距离接触波士顿这个高度发达的全球化城市，感受西方的独特文化氛围。在课堂学习中，我深入了解了美国历史和人文文化，拓宽自己的视野；积极思索在全球化背景下科技创新、领导决策的重要意义，培养批判性思维；努力探寻大数据时代的前沿发展，对未来的职业就业有了更清晰的认识；思考创业之路上的机遇和挑战，懂得企业运营的必要因素……除了课堂学习，我们还在游览参观中体验另一种形式的文化碰撞。我们俯瞰波士顿夜景，游览自由之路，参访政法研究中心，畅游创业孵化基地。最令我印象深刻的是每一个夜晚小组讨论结业汇报的PPT。我们进行头脑风暴，思维碰撞，将公司的运营和发展分为若干模块并制定出了初步的商业计划书。最终在答辩当天取得了最高分，获得哈佛大学的推荐信。在这样的探索和学习的过程中，每个人都得到了启迪和成长。

同侪帮扶，朋辈共进。在大一下学期，我又担任了学业辅导员，为班上一名同学辅导功课。每周我都会抽出时间为他答疑解惑，梳理知识要点和解题方法。终于功夫不负有心人，他在专业课的考试中取得了较好的成绩并且

做追梦路上的小跑者　2022届至善特别荣誉生　杜昊

在大一下学期没有重修课程。结果着实让人欣慰，也是对我巨大的鼓励，我品尝到了帮助他人所获得的无与伦比的快乐，我相信在未来我会做得更好。

学科融合，综合发展。在大三学年，我和来自商学院、设计学院、物联网工程学院的四位小伙伴一起组队参与了由江南大学承办的第十二届中国大学生服务外包创新创业大赛。这是每年一届的全国性竞赛，旨在响应国家关于鼓励服务外包产业发展、加强服务外包人才培养的相关战略举措与号召。在这个项目中，我和团队成员一起设计了一个共享租赁平台"放心租"。利用这个平台，用户可以随心所欲地租赁自己喜欢的物品并根据租赁时长收费。如果在租赁过程中希望将物品留下，则可以选择直接购买。作为技术端的"代码手"，除了完成基本的功能外，还需要考虑怎样让用户获得更好的体验感。此外，我们一起讨论经营模式和营销策略，力争将当下十分火热的共享租赁平台推广出去，将产品做到最好。最终，凭借出色的策划方案和精美的产品制作，我们团队以东部区域赛一等奖的成绩挺进决赛。在决赛中，我们顶住压力，面对专家的提问从容不迫，将市场的痛点和我们的卖点相结合，最终收获了全国总决赛二等奖。除了丰富项目经验，了解了手机APP、网页端、后台管理端等不同模块的耦合方式，这次的团队合作经历更多地教会了我如何与来自不同专业的小伙伴碰撞思想、激发灵感、取长补短，让整个团队取得最圆满的成果。

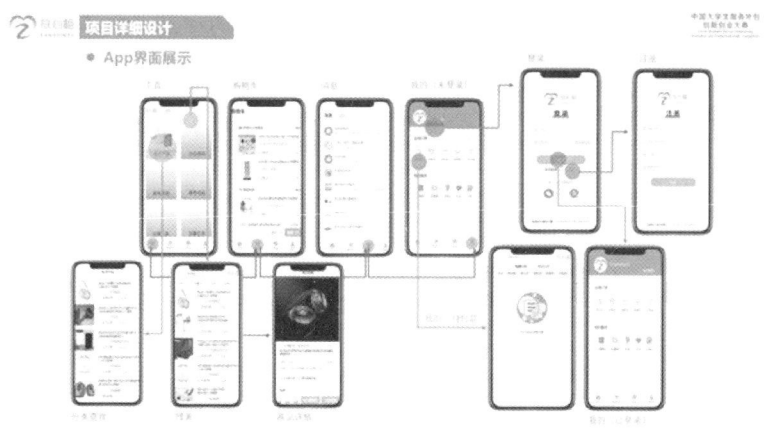

中国大学生服务外包创新创业大赛参赛项目设计图

光阴似箭，四年的时光不知不觉已经溜走，刚刚入学的场景历历在目。

在四年的学习、工作与生活之中，我一边接受挑战，一边慢慢成长。因为我知道，追逐梦想是一段长夜的旅行，漫长而艰苦，但我仍要坚守住心中的火焰，在未来的日子里继续怀抱感恩之心和敬畏之情，在追逐梦想的道路上坚定地小跑向前。

成为微光　照亮世间
2022 届至善特别荣誉生　陆雨洁

陆雨洁，女，2000 年 6 月生，江南大学理学院光电信息科学与工程专业本科毕业，2022 届至善特别荣誉生，毕业后保送至中国科学技术大学。理学院 2022 届优秀毕业生，曾获得两次国家奖学金、国家励志奖学金、全国数学竞赛二等奖、江苏省高数竞赛一等奖、全国大学生数学建模竞赛江苏省二等奖、"挑战杯"黑科技专项赛江苏省二等奖、无锡市"三好学生"、三次校级"三好学生"等荣誉奖项。以第一作者发表 SCI 论文 1 篇，申请 5 项发明专利，其中 1 项为第一作者，2 项为第二作者，已授权 4 项。

个人照

2022年6月的离别，平常到像以往三年无数次告别江南大学那样，只不过当回忆不再增加，才真正意识到在这方土地上生活的痕迹已然凝固，回想四年江南大学点滴，改变、尝试、成长、自信……无数模糊在眼前却深刻到心底的时刻翻涌沸腾。

被微光照亮

初入大学，各类讲座迎面而来，比如获得"校长特别奖"以及"十佳大学生"荣誉称号的学长学姐们的优秀事迹展示，保研至各名校的学长学姐们的经验分享等，我总认真聆听这些讲座，不想放弃任何一个可能给我照亮前路的契机。手机备忘录里记满了各个学长学姐给予当时的我的启发与思考，它们驱散着大一的迷茫，指向着大四的渡口。对当时的我来说，大学只展示了它的开端，怎么把这条路走好，我全然不知，但我可以通过借鉴优秀学长学姐们的选择与经验，再结合自己的实际情况来对自己的道路进行规划，把这条路走得容易些。这些学长学姐都在各自擅长的领域里发光发热，相同点是他们对待学业的严谨细致与因此带来的优异成绩。

也正是在这众多讲座与分享中，我接触并认识到至善学院，一个集中全校优秀同学的多学科交叉平台。所以大一的我总不敢懈怠，秉承着"笃学尚行，止于至善"的校训，我开始刻苦地学习专业文化知识，"不动笔墨不读书"，无论是课上听讲、课后复习，还是课外阅读、会议讲座，我都会做好记录，时常翻看、定期总结，每天都给自己定一个学习计划并努力完成，并且不断反省自己，争取每天进步一点。在得知有机会参加至善学院的选拔之后，我激动难耐，准备良久，终于在大一下学期光荣地成为了2019年度至善生。

在进入至善学院后，各类学科交叉的讲座与沙龙更是接踵而至。作为理工科学生，在专业的学习中，我始终认为光科的学习是与其他各类学科有关联的，除了完成必修和选修的课程之外，我还经常去听一些有关生物学、管理学、化学、哲学等方面的论坛讲座。它们让我跳出自己专业的范围，迎接更广阔的知识天地。学术大家们榜样的力量就像一束光照亮着黑暗中漫无目的的我，指引着我找寻方向。

成为微光　照亮世间　2022届至善特别荣誉生　陆雨洁

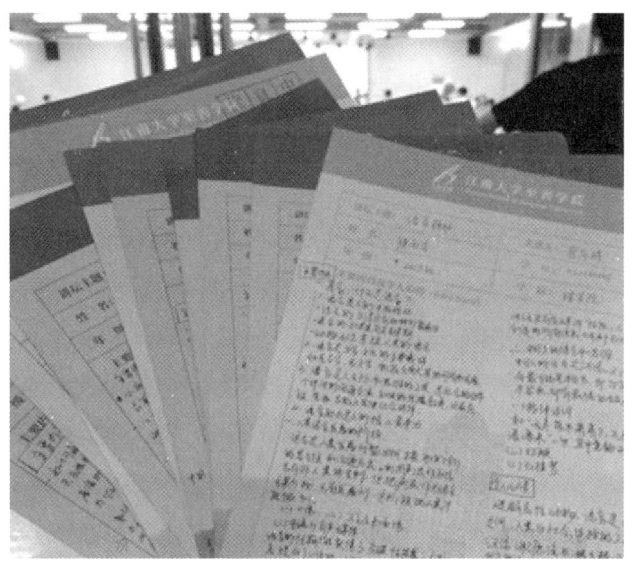

部分至善讲坛听课记录

成为微光的过程

路漫漫兮，上下求索

当我每天三点一线学习课本知识，犹如高中初中那般重复，我渐渐对自己的大学生活以及未来目标感到沮丧和迷茫。这时，我的至善导师洪巍老师告诉我要通过搜索相关文献，深入了解本专业的背景和相关研究方向，加强对专业课程的学习和理解，这是第一次有老师催着我去检索文献。通过搜查文献，我了解了本专业的前沿领域，内心也有了关于科研的大致模样，这些和初来时的那份憧憬共同奠定了我的科研初心。至善学院的模拟学术论坛是一个学科交叉的大舞台，在这个舞台上我结识了很多不同学科背景的同学，他们各有所长，相互之间又相辅相成，最终组建了一个综合素质更强的团队，小组论文获得论坛三等奖，也正是在此项目基础上我参与一项国家级大创项目。这段经历也为我后来参加学科竞赛起到了很好的指引作用，培养锻炼了我的科研能力。

大一下学期伊始，怀揣着对科研的向往，我主动联系专业老师，进入实验室进行科研实践，三年间共参与3项科研项目。2019年3月至今，在高辉副教授的指导下，我参与"碳纳米材料的制备及发光机理研究"项目。作为项目负责人，我同时承担文献查阅、实验设计、实验实施、样品处理、数据分析、实验记录、专利撰写和论文撰写等职责，以第一作者在SCI期刊*Applied Optics*发表了一篇学术论文，以第二作者取得一项国家发明专利，已授权。2020年4月至2021年6月，参与国家级大学生创新创业训练计划项目"基于光谱调控实现低蓝光发光二极管健康照明的方法研究"。凭借着实际操作的经验积累，我主要负责实验实施部分，通过配制不同比例红、绿荧光粉混合涂覆型白光LED，利用LED光色电综合测量系统，在远方PCE系列光色电测试系统软件上进行白光LED显色指数、相关色温以及蓝光占比的测试及分析。2020年9月至今，在刘诚教授的指导下，参与"大口径数字化光弹性应力测量"项目。作为核心成员主要负责搭建纹影法及双波长法测应力等实验光路、编写双波长法计算应力、控制液晶旋转等程序，同时也担任方案设计及数据分析工作，参与申请四项国家发明专利，其中1项为第一作者，1项为第二作者，已授权3项，已进入实质审查1项。

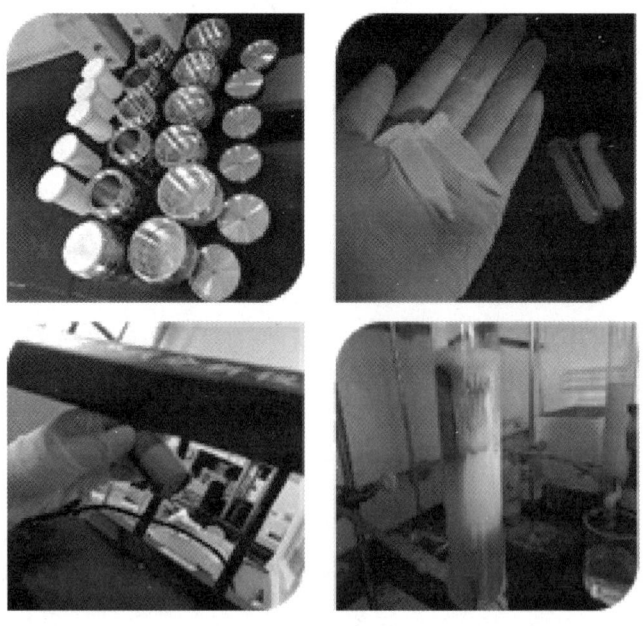

部分实验记录

成为微光　照亮世间　2022届至善特别荣誉生　陆雨洁

论文及专利图片

大学四年间，我共参加了2次创新比赛，涉及3项科研项目。在全国机械工业设计创新大赛中，团队获得了全国银奖，在"挑战杯"黑科技专项赛中，团队获得了江苏省二等奖。成绩尚且闪亮，但回想这一路，并不容易。

当"挑战杯"、大创、科研项目遇上课表安排最满的大三，我必须在时间长河里分秒必争，我和"挑战杯"项目组成员固定每晚7点在实验室集合开始工作，早则10点，晚则12点多才回寝室休息，周末则前往实验室投身于大创和专业老师带的科研项目，基本没有停下来休息的机会和时间。

在屡屡受挫时永不言弃，做了一个多月的课题被推翻重新再来，搭建了两三个小时的光路被指出存在巨大误差而努力白费，一直沿用的基本定理被发现不适用于所选的光学元件，学术论文和专利材料退回又修改，修改又退回，有过自我怀疑，也有过埋怨沮丧，可是路漫漫兮，上下求索是我们的唯一方向和坚持。

最终我们在日夜耕耘里终有所成，收获不错的成果，让我更加感谢老师、学长学姐的指导以及团队成员的陪伴。这段将近三年的科研时光，不仅让我增长了知识，提高了编程、搭建光路、论文写作、团队合作的能力，还让我收获了历经自我怀疑、屡屡受挫之后的持之以恒和扎实认真。同时，通过这些经历，我明白了学习永无止境，知识需要不断更新。因此，想要当好科研人，必须付出更多努力，不断优化知识结构体系，也必须拥有顽强毅力，在一筹莫展之际懂得坚持，培养不唯上、不唯书，敢于质疑、敢于突破的可贵精神，在认同和接受的同时，学会改变和创造。期望自己保持科研源动力和幸福感，向着不久后的研究生之旅进发！

心有温度，身体力行

刚入学的时候，我就递交了入党申请书，向往在社会主义建设中发挥自己的光和热，无论是工作学习还是其他方面，我都始终以中共党员的标准严格要求自己，在2021年11月，我成为了一名正式中共党员。我积极参与多项学院和班级工作，作为班委之一，在做好自己分内工作的基础上，我创造性地提出了有利于班级团结友爱的建议，也积极帮助其他班委，协助开展班级活动；担任学校资助宣传大使，前往高中母校进行资助政策宣传，吸纳更多优质考生报考我校；担任学业辅导员与光科2002班的新生班副班主任，尽我所能，答疑解惑，帮助学弟学妹们更好地适应大学生活；也担任至善学院暑期英语短训中的班级助教，凭借着认真负责的工作态度，收获了来自美国外教的赞赏。

在心里种花，人生才不会荒芜。一直向往在大学能够多多参加志愿活动，因此我积极报名并入选学院的青年志愿者协会，组织并参加了各类志愿活动。在感恩节里，鼓励同学们手写出自己的感谢；在严寒的冬天，为环卫工人送去温暖；在午休时间参加七彩课堂项目，带领中小学生参观物理科普室，为这些幼小的心灵播下科学的种子。我还参与了校图书馆义工、市立医院义工等多项义工项目，以及担任无锡马拉松志愿者和两次义务献血。参加志愿活动让我头脑放空，心灵充实，收获不一样的开心与满足，我将继续扶助他人，将志愿工作进行到底，争做一名有温度的理科生。

参加社会实践与志愿服务

身体是革命的本钱,也是读书科研的基石,除了坚持日常锻炼,我也参加了多项体育赛事。连续三年参加校排球比赛,我深深享受于六个人共同在赛场上挥洒汗水只为同一个目标的团结与情谊;无锡市徒步大赛和校马拉松的参赛经历是坚韧不拔和永不放弃精神的集结,向前奔跑,才能抵达终点;而院运动会的两枚奖牌则是自我挑战和坚持训练的回馈。生命不息,运动不止。

读万卷书,当行万里路。我在大一暑假和优秀的至善小伙伴们一同前往香港大学访学。感受"东方之珠"的瑰丽,收获了友谊和成长,也拓展了视野,成功拿到了香港大学访学营结业证书,在英国保诚集团现场展示比赛中,所在团队也收获了第一名的佳绩。

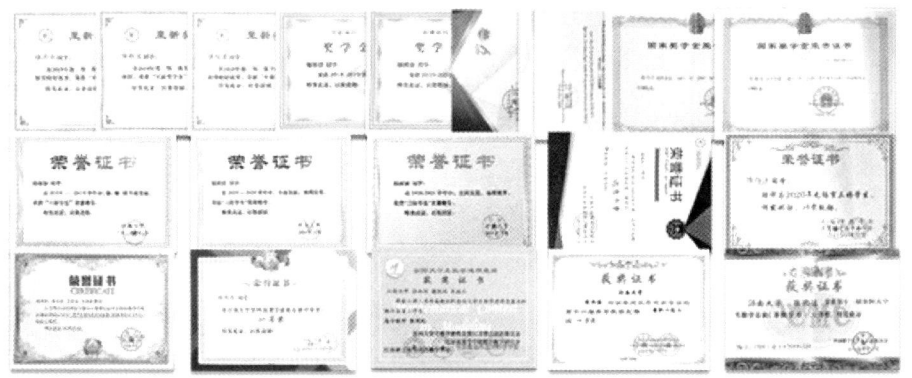

荣誉称号和获奖证书

微光闪烁,照亮世间

在四年坚持不懈的努力下,我的专业成绩稳居年级前二,毕业时47门课程满绩点,所有课程均分达92.3。获得包括两次国家奖学金在内的近20项奖学金,摘得包括无锡市"三好学生"在内的多项荣誉称号,以及斩获7项学科竞赛奖项,这些荣誉正是我厚重数理、砥砺前行、成为微光的证明。

这便是我的江大四年、至善三年,对我而言,是忙碌充实也有意义的。庆幸自己在以学习为首要任务的同时,参加了各类活动,所有努力的汗水都有了相应的回报,或增长知识,或锻炼意志,或提升能力,或收获友情,使我成长。在 2021 年秋，我成功获得了推免资格，保研至中国科学技术大学，期望在专业领域继续展现江南人的风采，在生活点滴里奉献社会，全面提升自己的综合素质，不忘初心，砥砺前行。争做一束微光，去照亮这世间！

"大学之道在明明德，在亲民，在止于至善"。学弟学妹们，敢于尝试才能把握机会，现在的你们朝气蓬勃，只管尽情憧憬和书写未来的无限可能，希望你们能够珍惜当下的分分秒秒，能在江南开启属于自己的道路，用青春力量全面开花，续写更美好的江南故事。

养正至善　行在当下
2022届至善荣誉生　马睿洁

马睿洁，女，2001年3月生，江南大学物联网工程学院自动化专业本科毕业，2022届至善荣誉生，毕业后保研至浙江大学。本科毕业时平均GPA 3.89（1/200），曾获国家奖学金、江苏省"优秀毕业生"、无锡市"三好学生"、2022年度江南大学"校长特别奖"等荣誉，荣获美国大学生数学建模竞赛特等奖（Outstanding Winner），实现江南大学在该赛事最高奖项上"零"的突破。

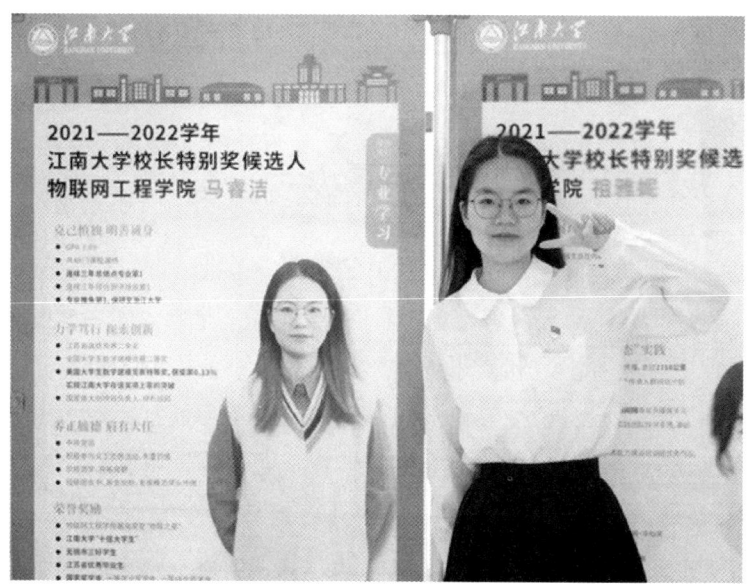

个人照

克己慎独，明善诚身

许是无锡这片山水宝地钟灵毓秀，或是灵山大佛脚下那块"学业有成"的木牌引愿，我的大学四年已与这所坐落于太湖之滨的美丽校园密不可分。当踏入江南大学的校门之时，我已决心，从这里全新出发，不留遗憾。

毕业时所获荣誉

专业学习

大一入学时，我的班主任助理送给我们一个词"慎独"，希望我们将这二字铭记于心，时刻监督自己。

"预习、听课、复习"是我们常说的学习三部曲，而其中上课是最重要的环节。很多同学放弃听讲，寄希望于看网课，实际上是走入了一个误区。第一，课后看网课对于绝大多数同学来说，其实是一个自我安慰的借口。实际上，受多门课业安排、自身惰性等因素的影响，网课学习通常实现不了，积累到期末发现已无力回天。对于网上丰富的学习资源，可以将它们作为查漏补缺的好工具，但绝不可本末倒置。第二，不听讲而选择自学是一条很艰难的道路。有些同学觉得老师讲课水平不高，或是讲课节奏拖沓，听不到有用的东西，不如自学来得快。但是有些时候老师随口提到的一句话就能让你醍醐灌顶，少走很多弯路。以我自己为例，有时候纠结了很久的一个知识点其实上课时老师提到过，却因为我分心而错过，导致课后浪费了很多时间。

学会记笔记，而不是毫无重点地照抄书本或是PPT。整理笔记的目的在于让自己更有条理地掌握课程的结构、知识，有些同学的笔记花花绿绿十分好看，内容却是冗长混杂，毫无重点，对于期末复习作用不大。所以应杜绝形式主义，有所取舍，通过自己的思考选择真正的重点知识进行整理归纳。期末复习时，我常常将每一章重中之重的定义、公式整理在纸上。一张纸可以写的东西很少，没办法把整本书的内容誊抄，一张纸也可以写很多，一章的精华都可以浓缩其中。

学会提问、敢于提问，是每个大学生都应该掌握的技能。课间、课后，线上、线下，学会利用多种渠道去解决自己的疑惑，问题往往代表思考，老师们都很乐意为学生解决疑问。故而课间的讲台、课后的办公室，甚至老师的微信都留下过我提问的印迹。

正因如此，我的GPA自大二起始终排名专业第一，综合测评亦是连续三年班级第一。

至善生活

在进入江南大学之前，我便了解到至善学院，也在那时便定下了加入至善的目标。至善学院学科交叉的特色，为我们提供了极为广阔的平台，独特的至善课程让我提前掌握了极为实用的技能；一场场至善讲坛与沙龙，让我有幸领略各领域优秀前辈的风采……

大一暑假我有幸参与了至善学院组织的海外游学项目，赴英国剑桥大学进行为期两周的游学。全英文的教学环境让初来乍到的我有些措手不及，唯有靠着翻译软件艰难理解，但好在时间一长，我的英语水平也大幅提升。游学的课程安排紧凑而丰富，涉及金融、生物、历史、科技等各个方面，让我每一天都处在激烈的头脑风暴中，也了解了各行各业的丰富知识，受益匪浅。

我时常在思考，加入至善最重要的收获是什么？而剑桥游学的经历让我认识到，答案是一群无比优秀且志同道合的朋友。在这里，有能跨专业侃侃而谈金融学的汉语言专业同学，有经验丰富的设计学院大佬，有为成为更优秀的自我不断努力的各专业学霸。熬夜探讨商业计划，你所有的想法、努力都值得被理解、被尊重，每个人都竭尽所能，共同努力。在这一群无比优秀的人中间，我也在不断提高，开阔眼界，成为更优秀的自己。

时间管理

繁多的任务也曾让我疲于应对，平衡各方的秘诀就在于"时间管理"。大二暑假，因为任务的堆积，我不得不将时间的分配精确到每一分钟，每天凌晨4点起来练车，8点半开始上数学建模培训课，下午自学现代控制理论并向导师汇报进度，而晚上又需要完成课程设计。日程满满当当，我也曾觉得坚持不下来，"慎独"二字始终鞭策着我。故而，那一个暑假我成功拿到驾照，数学建模比赛也得到了优异的成绩，在下学期的现代控制理论课程我取得满绩点，课程设计也获得了优秀。事实证明，人的潜力是无穷的，只要做好时间管理，生活会变得充实，而收获亦无穷。

励学笃行，探索创新

"我的目标很大，我所需要的远不止这些。"彼时仍是新生的我，拘谨地坐在学长面前，说出的话语却是坚定无比。专业知识的学习不能仅仅局限于书本，更要应用于实际。

科研创新

2019年，一个陌生来电引起了我的好奇，对方是一名带着浓厚口音、讲着方言的老人，他的言语中带着急切，而我却因为语言不通，无法给予任何帮助，只能遗憾挂断。这一小插曲并未被我遗忘，飞速的城市化进程逐渐暴露了老龄化带来的社会问题，而作为自动化专业的工科学生，我又能做些什么？恰逢学院举办"博动未来"创新挑战赛，基于这段经历，我与队友针对现阶段老年人方言交流障碍问题，提出了家用式方言交互设备的构想。为了不断完善项目，我与队友们曾于深夜蹲坐在"学海无涯"石碑前苦思冥想，也曾在凌晨一遍又一遍地修改申报书。最终，我们成功从200多支队伍中脱颖而出闯入决赛，获得了入围奖。这一经历是我创新科研项目的启蒙，不仅锻炼了撰写项目申报书的能力，也激发了我对科研的探索兴趣，更让我意识到成绩远非我追逐的最终目标，专业所学应有实际应用。

为进一步锻炼自己的科研能力，我与理学院同学组队参加了至善学院举办的模拟学术论坛。通过查阅文献、书籍，自主学习LED相关知识，团队的课题"基于光谱调控实现健康LED照明的方法研究"取得了三等奖。这段经历不仅锻炼了我查阅文献、独立思考的能力，也让我初步了解了大创并为此做了一定的前期准备。

很荣幸，在探索前进的道路上，我遇到许多优秀的领路人，他们教导我"以有趣有用的原则，发现生活中的问题，做成项目"，而我也铭记于心。因此，在深思熟虑后，我选择放弃至善学院国家级大创项目的申报资格，给自己更多挑战，在本学院从"零"开始。

2020年新冠疫情暴发，抗疫一线工作者敢于斗争、敢于胜利的精神深深鼓舞着我。通过观察我注意到社区工作繁复，存在着测温工作量大、交叉感染风险高的问题，我希望能将自身专业所学付诸实践。于是，我带领团队展开调研，以体温贴片作为终端设备，设计了硬件端多点测温、云端智能存储、软件端实时监控的"三维一体"无线体温监测系统，实现体温数据实时、准确且无接触的测量统计，以专业技能助力疫情防控。该课题成功获得国家级大创项目立项，并顺利结题。

回望参加大创项目的整个过程，团队五位同学从刚开始对项目的一筹莫展，到后来的目标明确和思路清晰，这中间经历了许多困难与挫折，也得到了成长。受疫情影响，项目交流十分不便，且团队之间缺乏相互监督，因此项目前期几乎毫无进展。开学后，又因大三上学期专业课程繁忙，项目依然毫无进展。距离结项还有四个月时，我们的硬件连基本的功能都实现不了，成员们一度陷入绝望。但在老师的指导与帮助下，我们慢慢地开始做，虽然有些麻烦但发现并不难，大概用两个月实现了将温度监测与GPS监测数据上传到云平台。研究过程中的调试也很困难，一开始无线网模块无法连接到手机热点，后来又无法接入云平台，数据上传后也出现问题……过程艰辛，但数次的调试与设计是知识与经验慢慢积累的过程，对于每个队员来说都是不可多得的经历。

大创项目给我最深刻的体会就是要勤思考，多动手。它不同于我们平时的实验课,没有具体的实验步骤供参考,还有许多没有接触过的专业知识。这些都需要团队一起查阅文献资料,初步确定研究方案,然后进行分工,从网上寻找学习教程,从零开始,一步步地克服困难。在项目进行过程中,起初我们遇到困难时都会立马寻求导师的帮助,但老师给我们的建议是要学会自己思考,后来我们遇到问题时都会聚在一起客观分析,在头脑风暴的过程中,不仅找到了解决问题的办法,还拓展了思考问题的深度。作为项目负责人,我更是深深感受到了团队合作的重要性,合理的团队分工与积极的团队交流让项目进行得更加顺利,感谢这个项目带给我的锻炼与成长。

学科竞赛

高中时我便接触过数学建模,因此进入大学后,我便一直关注着,将数学建模列为我的竞赛目标。

而不论参加什么竞赛,团队的组建都非常重要。幸运的是,至善学院提供了一个学科交叉的优势平台,而我也恰恰在至善遇到了最为重要的两名队友。我与张源哲相识于大一的至善课程,在剑桥游学项目中进一步接触,对彼此的能力、性格都有了一定的了解。之后在至善模拟学术论坛中组为队友,获得三等奖,有了更多的合作经验。队长张宇彦与我同为自动化专业的至善生,也是大创项目的队友。故而,彼此之间都很了解,也互相信任。在数学建模比赛的通知下达后,我们一拍即合,没有任何犹豫地组建了数学建模团队。

数学建模团队

数学建模主要分为三个部分，建模、编程和论文撰写。因此分工方面也是根据各自的优势安排。理学院的张源哲具有较好的数学思维，擅长研究对象的机理分析，因此主要负责建模。我与队长张宇彦都来自自动化专业，专业上的控制思想对我们分析对象特性有着较大的帮助，同时具备一定的编程能力，能够求解模型结果，而在赛前，张宇彦便学习了一些算法，因此他主要负责编程工作。至善学院开设的学术论文撰写课程对我们的论文写作有很大的帮助，再加上我具备细心、擅长排版等优势，因此主要负责论文的撰写工作。同时，因为三个人能力都比较全面，所以虽然有主要分工，但并不割裂，在建模、编程和写作三方面大家都可以有所贡献，这也是团队能够不断取得突破性成绩的关键。

因为新冠疫情，数学建模校赛时团队三人甚至都没有见过面，又恰逢考试周，课业压力与线上交流的不便让我们的建模之路困难重重。暑期的数学建模培训也并非一帆风顺。在第一次模拟训练中，团队由于分工过于割裂，没有对题目进行沟通分析，配合较差，导致未能成功完成题目。我们总结此次教训，分析了建模过程中各自的不足以及团队配合问题，吸取经验，及时调整了方式。在数次真题模拟中，团队配合愈发默契，也逐渐找到了自己擅长的赛题类型，并在全国大学生数学建模竞赛中获得二等奖的好成绩。

随着学习的不断深入，我们逐渐认识到，数学建模的本质并非单纯的建立模型、求解答案，更重要的是关注问题背后隐含的本质。基于这样的想法，团队参加了美国大学生数学建模竞赛。进行纯英文论文写作无疑对作者提出了更高的要求，好在经过至善学院学术论文撰写课程的系统训练后，我拥有了良好的中英文论文撰写能力，这让我得以在比赛中从容面对压力。

受疫情影响，美赛时团队三人也是通过线上交流完成比赛，为了保证及时有效的沟通，除必要的休息，团队均处于连线状态。四天四夜的连轴奋战，队友间在线交流累计超过 80 小时。我们着眼于全球变暖问题，基于双碳战略，以真菌分解速率模型为基础，提出了碳循环平衡控制系统的创新概念，最终从 2 万多支队伍中脱颖而出，荣获特等奖（Outstanding Winner），实现了我校在该赛事最高奖项上零的突破，也在国际舞台上发出了江南之声。

回忆起备赛的时光，无数个凌晨的奋斗，无数个夜晚的坚持，从校赛到国赛再到美赛，从简单的求解结果到对问题本质的探寻，我们的团队不断成熟，寻找到了正确的方向，彼此间的配合也更为默契。在这过程中，有争执也有妥协，有包容也有分担。我们享受思维碰撞的快乐，并彼此支撑，建立了深厚的友谊。数学建模也是我大学期间最为宝贵的一段经历。

养正毓德，肩有大任

"立身以至诚为本，读书以明理为先"，养正气，行正道，是作为当代大学生的基本要求。因而大学生活中，我并未局限于学业学习，还积极参加校园活动，促进自我全面发展。我曾参与过多项义工志愿者活动，如江南艺术幼儿园义工、无锡马拉松志愿者等，丰富社会经历，提高人生价值。思想上，作为中共党员的我，始终秉持为人民服务的信念，充分发挥先锋模范作用，担任学业辅导员，也担任过班级团支书和新生班主任助理，利用自身经验发挥良好的榜样作用，积极带动和帮助其他同学。

至善生选拔宣讲会分享经验

目前我已保研至浙江大学，从事国家工业控制系统安全领域的研究。工业控制系统作为国家关键基础设施的重要组成部分，它的安全涉及国计民生，而国家、人民的需要便是我在考虑个人发展时选择和努力的方向。

人生六字"不害怕、不后悔"，努力去做吧。

跨学科模式下拔尖人才培养的"何以可能"与"何以可为"
——基于学生就读经历满意度调查的荣誉教育实证研究

单筱婷　屈廖健　周玉晔

摘　要：拔尖人才培养是我国建设高等教育强国的重要战略任务之一。2009年江南大学创办至善学院，开始探索"双院协同"跨学科培养的荣誉教育模式。文章通过探求至善荣誉生在校期间对学院课程、教师、资源支持等满意度情况及其影响因素，并结合半结构化深度访谈，探讨拔尖人才的选拔机制、自由教育的内在矛盾和个体的组织归属感等相关问题并尝试提出优化措施。

关键词：跨学科　拔尖人才培养　满意度调查　实证研究

课题项目：江南大学2021年度高等教育研究专项课题"跨学科背景下拔尖人才培养模式的选择与重构"（GJYJ/2021/04）。

作者简介：单筱婷，女，江苏江阴人，江南大学至善学院副院长；
　　　　　　屈廖健，男，湖南邵阳人，江南大学教育学院副教授；
　　　　　　周玉晔，女，浙江绍兴人，江南大学教育学院硕士研究生。

一、研究背景与研究问题

（一）我国荣誉教育的发展历程

自1978年中国科学技术大学设立"少年班"以来，我国的拔尖人才培养实践已迈过40余年历史。"拔尖"的需求在20世纪80年代直接追溯于国家以经济建设为中心、坚持改革开放对创造性人才的强大需求,"钱学森之问"的提出更是催生了国家对高等教育拔尖人才培养的改革进程。2009年,"基础学科拔尖学生培养试验计划"(以下称为"珠峰计划")出台,拔尖人才培养在招生选拔、师资配备、制度创新、国际交流等多方面进行了卓有成效的改革试点。历经十年探索实践后,2018年,教育部等六部门发布《关于实施基础学科拔尖学生培养计划2.0的意见》,要求在"珠峰计划"前期探索的"一制三化"(导师制、小班化、个性化、国际化)的基础上,进一步拓展范围、增加数量、提高质量、创新模式,形成拔尖人才培养的中国标准、中国模式和中国方案[1]。2019年,教育部等13个部门启动"六卓越一拔尖"计划2.0,全面推进新工科、新医科、新农科、新文科建设;2020年教育部发布《关于在部分高校开展基础学科招生改革试点工作的意见》(以下称为"强基计划"),进一步探索多维度考核评价模式,逐步建立基础学科拔尖创新人才的选拔培养机制,全面推进高等教育人才培养内涵式发展。

结合国家的教育政策变迁,纵观我国拔尖人才培养工作:自最初以"少年班"为主要形式的懵懂探索,到20世纪80年代后各高校以"强化班""基地班""教改班""实验班"等为载体的自主实践,再到21世纪各高校所实施的包括书院制、校级精英项目、拔尖创新项目等多维化自成一体的荣誉教育模式,虽然各高校拔尖人才培养模式有所差异,但可以发现,我国高校拔尖人才培养项目大多为技术导向,实行以专业为中心的组织模式,具有鲜明的学科界限,致力于培养在专属学科领域内具有创新潜能的拔尖人才。同时,"珠峰计划"高度向数学、科学、工程和技术类等专业倾斜,入选该计划的研究型大学,其科学技术专业须在中国高校名列前茅[2]。国家给予"拔尖计划"先行试点的高校以充分的自主空间,高校可以根据自身办学条件在一定的制度空间内因地制宜地选择人才培养模式。

(二)研究问题的提出

成立于2009年9月的江南大学至善学院,选择了一条与多数高校不同的培养道路,即从顶层设计上突破传统学院建制及学科界限、专业束缚,集中全校的优势教育资源,实行"双院协同"的跨学科院际联合培养模式。生源学院主要负责荣誉生专业知识学习任务,经甄选的至善荣誉生保留其在生源学院的学籍、党团关系、住宿等归属；至善学院主要践行通识教育和素质能力培养并赋予学生荣誉生身份和虚拟化的新集体。

选择何种拔尖人才培养模式并没有标准答案，然各高校的选择一定是基于自身发展理念的导引和资源禀赋的制约。江南大学至善学院拔尖人才培养模式的实际选择，既是学科发展现实制约下的有限选择，也是本科教育定位的笃定之举。**其一**，学校以工科见长，学科发展相对不均衡，学科间生源差异性大，跨学科个性化培养模式有利于在全校平台上聚焦一批多学科潜质学生精准培养，提升人才培养效率。**其二**，跨学科模式能够"集中力量办大事"，打破院际壁垒，弱化资源分配不均的"被剥夺感"，在全校范围内汇集师资、项目、平台等优质教育资源服务人才培养。**其三**，学生的双重认可身份有效避免了荣誉学院与生源学院对优秀生源的争夺，同时，荣誉学院与生源学院各自负责通识教育与专业培养，分流学生回到生源学院能够有效衔接专业课程，杜绝可能产生的专业"培养断档"。**其四**，减少专业教育培养的约束力后，荣誉学院更精准定位于个体的成长目标，更尊重学生的个性发展，更易于为学生搭建志同道合、良性竞争的培养平台，有利于具有潜质的学生脱颖而出。

对于"拔尖"的培养，既不可能千篇一律，也不存在理论上的"最优"。任何一种模式的选择，都需要历史地分析阶段性发展的经验与教训，需要持续的跟进与反思。在当下"对拔尖人才培养的要求和评价从一元智能和领域专属性向多元智能和跨领域知识转化"[3]的背景下，对跨学科培养的问题剖析和路径优化，既是高校荣誉学院探索不同拔尖人才培养路径的一种尝试，也对中国高等教育厘清和规避培养实践误区、形成有中国特色的拔尖人才培养模式有一定的研究意义。至善学院成立十余年，"双院协同"的跨学科培养实践有其独特优势与特色，但也在选拔、培养、管理制度及项目运行等方面遭遇瓶颈。本研究致力于探寻至善荣誉生（以下简称"至善生"）在校期间对学院课程、教师、资源支持等不同维度的满意度情况及该满足度的影响因素，同时结合半结构化深度访谈，了解导师、在校至善生、毕业至善生对培养制度与项目运行的意见建议。该项学生就读经历满意度调查，能够从学生的评价来反观培养制度和培养举措有效性，有利于把握学生的学习收获和参与度，也有利于开展拔尖人才培养质量评价，进而进一步厘清现有培养模式的影响效果和作用机制。

二、研究设计与数据来源

本研究设计以量化为主，质性为辅，包括问卷调研和访谈调研。共收集问卷299份，其中有效问卷296份，问卷有效率99.0%。问卷重点考察了至善生就读经历情况：包括个人信息，时间分配，学习、研究与社交活动，课程、教师、资源支持等四个维度，其中，时间分配和学习、研究与社交活动旨在了解至善生学习情况，课程、教师、资源支持旨在衡量至善生就读经历满意度，以此探究学院培养过程要素及其作用机制。由于多数研究者在编制选项量表时，通常将李克特五点量表视为等距变量[4]，而部分教材将等距变量又视为连续变量[5]，因此本研究除个人信息维度外，其余维度均可看成连续型变量。

问卷发放对象"中低年级学生"指代2019级、2020级至善生，"高年级学生"则指代2018级及更早入学的至善生，问卷样本情况如表1。

表1　江南大学至善生就读经历与核心能力调查问卷样本情况

变量名称	变量类别	人数	百分比/%
性别	男	109	36.8
	女	187	63.2
户籍	农业	102	34.5
	非农业	194	65.5
年级	中低年级	183	61.8
	高年级	113	38.2
是否为独生子女	是	172	58.1
	否	124	41.9
是否为少数民族	是	4	1.4
	否	292	98.6
是否为贫困生	是	47	15.9
	否	249	84.1
政治面貌	中共党员（含预备）	94	31.8
	共青团员	195	65.9
	群众	7	2.4

续表

变量名称	变量类别	人数	百分比/%
生源地	东部地区	211	71.3
	中部地区	65	22.0
	西部地区	20	6.8
专业	理工科	218	73.6
	人文社科	78	26.4
性格倾向	外向	137	46.3
	内向	159	53.7
家庭第一代大学生	是	152	51.4
	否	144	48.6
读研选择	不读研	3	1.0
	继续在国内高校读研	276	93.2
	出国读研	17	5.7

该量表的克隆巴赫 α 系数为 0.968，分维度量表的 α 系数为 0.704（时间分配）、0.906（至善学院学习、研究与社交活动）、0.975（至善学院课程、教师、资源支持）、0.943（学习产出），通常 α 系数高于 0.7 则说明问卷具有较可靠的信度[6]。各量表经巴莱特球性检验均成显著水平且 KMO 在 0.7 以上。

同时，本研究基于对近百名在校至善生、至善毕业生以及至善导师的访谈，从多个角度进一步了解至善学院拔尖人才的培养路径、现状、存在的问题及措施，补充因问卷限制而无法确切涉及的问题。对比问卷分析与访谈结果，形成互为印证和相互补充的关系，使得研究更具科学性与说服力，访谈维度详见表 2。

表 2　江南大学至善学院拔尖创新人才培养访谈维度

访谈对象	访谈维度
在校至善生（42 名）	对选拔机制、至善课程体系、奖学金体系、学科竞赛、培养管理等方面的意见与满意度
至善毕业生（11 名）	相比于非至善学子及其他优秀学生毕业后的发展、与其他高校荣誉学院培养路径的比较、自身学习经历、对至善学院的建议
至善导师（26 名）	至善生的特点、至善生存在短板、对至善学院的建议

三、研究发现

（一）问卷调查研究发现

汇总分析问卷中有关学生就读经历满意度调查情况，将选择"比较满意"和"满意"两个选项归为"总体满意"，各题项"总体满意"人数百分比见表3。

表3 问卷各题项就读经历总体满意度　　　　　　　单位：%

题项	满意百分比	题项	满意百分比	题项	满意百分比
D1	58.8	D10	81.8	D19	74.0
D2	79.7	D11	74.3	D20	78.4
D3	71.3	D12	88.9	D21	81.4
D4	70.9	D13	70.3	D22	75.3
D5	77.0	D14	67.0	D23	71.6
D6	75.3	D15	66.2	D24	72.3
D7	64.5	D16	73.0	D25	76.7
D8	72.6	D17	77.4	D26	74.3
D9	72.0	D18	71.6	D27	75.0

由表3发现，至善生在学院就读经历总体满意度大多在70%以上，其中D1（至善学院归属感）、D7（课程实用性）、D15（师兄师姐在学术上的帮助）相对稍低，但均超过58%；而D2（仍选择参加至善学院）、D5（对自己接受的至善学院教育价值）、D6（课程多样性）、D17（接受小班教学的机会）、D20（进行研究或创新活动的机会）、D22（硬件资源）、D25（选拔与考核制度）以及D27（奖惩制度）满意度均在75%以上，特别是在D10（课程总体质量）、D12（教师课堂教学水平）以及D21（学术资源）的满意度超过80%。

为探究各自变量对至善生就读经历满意度的预测程度，本研究将个人信息、时间分配及至善学院学习、研究与社交活动作为自变量，进一步对数据进行了多元线性回归分析。经多重共线性诊断，检验值 VIF $\in [0,10]$ 表示无多重共线性情况[5]，经检验本研究的自变量均可接受下一步分析。运用SPSS软件对数据进行逐步多元线性回归，回归情况详见表4-1、表4-2。

表 4-1 就读经历满意度影响因素多元线性回归模型（一）

变量	课程满意度			教师满意度		
	（1）	（2）	（3）	（4）	（5）	（6）
男性 （女性为参照）	−.024 （.077）	−.012 （.076）	−.041 （.066）	.063 （.079）	.070 （.078）	.043 （.068）
城市 （农村为参照）	−.113 （.102）	−.146 （.099）	−.123 （.085）	−.040 （.104）	−.078 （.101）	−.057 （.088）
高年级 （中低年级为参照）	.188* （.076）	.241** （.075）	.245*** （.065）	.171* （.078）	.228** （.076）	.231** （.068）
非独生子女 （独生子女为参照）	−.043 （.093）	−.103 （.091）	−.112 （.078）	−.011 （.095）	−.075 （.092）	−.084 （.080）
汉族 （少数民族为参照）	.187 （.338）	.068 （.331）	.399 （.287）	−.197 （.345）	−.304 （.337）	.025 （.298）
非贫困生 （贫困生为参照）	.246* （.120）	.284* （.117）	.147 （.100）	.137 （.123）	.175 （.119）	.042 （.104）
东部地区 （西部地区为参照）	−.068 （.152）	−.055 （.149）	−.099 （.127）	−.016 （.155）	−.008 （.151）	−.049 （.132）
中部地区 （西部地区为参照）	−.076 （.166）	−.024 （.164）	−.079 （.141）	.006 （.169）	.054 （.167）	.000 （.147）
非第一代大学生 （第一代大学生为参照）	−.023 （.088）	−.012 （.086）	−.099 （.074）	.013 （.090）	.019 （.087）	−.064 （.077）
继续读研 （不读研为参照）	1.053** （.383）	.654 （.381）	.392 （.326）	1.329** （.391）	.899* （.388）	.643 （.338）
出国读研 （不读研为参照）	1.064** （.403）	.678 （.399）	.470 （.341）	1.428** （.411）	1.014* （.406）	.811* （.353）
学习时间		.080** （.026）	.202 （.023）		.094*** （.026）	.036 （.024）
兼职、社团时间		.162** （.053）	.042 （.048）		.157** （.054）	.038 （.050）
娱乐时间		−.143** （.050）	−.077 （.043）		−.142** （.050）	−.079 （.044）
导师交流			.198*** （.041）			.187*** （.043）
学习活动			.159** （.056）			.168** （.058）

续表

变量	课程满意度			教师满意度		
	（1）	（2）	（3）	（4）	（5）	（6）
社交影响			−.023 (.044)			−.026 (.046)
学习方法			.286*** (.064)			.269*** (.066)
N R^2	296 .032	296 .094	296 .345	296 .026	296 .094	296 .320

注：1. 对课程满意度和教师满意度分别拟合回归模型进行分析，两部分回归模型中的自变量回归系数合并为表4-1。模型（1）和（4）是基准模型，包括性别、户籍、年级、是否独生子女、民族、是否贫困生、生源地、是否第一代大学生、读研选择等人口学控制变量。在此基准模型之上，模型（2）和模型（5）进一步纳入了时间分配的各个变量，模型（3）和模型（6）进一步纳入了至善学院学习、研究与社交活动的各个变量。

2. *** 表示0.001水平上显著；** 表示0.01水平上显著；* 表示0.05水平上显著。括号中是标准误。

表4-2 就读经历满意度影响因素多元线性回归模型（二）

变量	制度满意度			资源满意度		
	（7）	（8）	（9）	（10）	（11）	（12）
男性 （女性为参照）	050 (.084)	.068 (.083)	.041 (.076)	.050 (.082)	.064 (.080)	.037 (.073)
城市 （农村为参照）	−.011 (.110)	−.040 (.108)	−.032 (.098)	−.188 (.108)	−.230* (.104)	−.214 (.094)
高年级 （中低年级参照）	.343*** (.082)	.395*** (.082)	.402*** (.075)	.421*** (.081)	.490*** (.078)	.496*** (.072)
非独生子女 （独生子女为参照）	.026 (.100)	−.029 (.099)	−.046 (.089)	−.068 (.098)	−.139 (.095)	−.149 (.086)
汉族 （少数民族为参照）	.408 (.366)	.296 (.361)	.663* (.330)	.291 (.359)	.187 (.346)	.496 (.317)
非贫困生 （贫困生为参照）	.232 (.130)	.265* (.127)	.144 (.116)	.234 (.127)	.270* (.122)	.151 (.111)
东部地区 （西部地区为参照）	.026 (.164)	.026 (.162)	.001 (.146)	−.034 (.161)	−.054 (.156)	−.087 (.141)
中部地区 （西部地区为参照）	−.056 (.179)	−.025 (.179)	−.068 (.163)	−.251 (.176)	−.236 (.172)	−.280 (.156)
非第一代大学生 （第一代大学生为参照）	−.051 (.095)	−.038 (.094)	−.116 (.085)	−.001 (.093)	.005 (.090)	−.070 (.082)

续表

变量	制度满意度			资源满意度		
	(7)	(8)	(9)	(10)	(11)	(12)
继续读研 (不读研为参照)	.534 (.414)	.145 (.416)	-.121 (.375)	.327 (.406)	-.191 (.399)	-.431 (.361)
出国读研 (不读研为参照)	.647 (.436)	.270 (.436)	.061 (.392)	.434 (.427)	-.066 (.418)	-.254 (.377)
学习时间		.071* (.028)	.019 (.027)		.108*** (.027)	.056* (.026)
兼职、社团时间		.143* (.058)	.026 (.055)		.145** (.055)	.037 (.053)
娱乐时间		-.159** (.054)	-.101* (.049)		-.198*** (.052)	-.141** (.047)
导师交流			.162** (.047)			.173*** (.045)
学习活动			.216** (.065)			.156* (.062)
社交影响			-.064 (.051)			-.036 (.049)
学习方法			.229** (.073)			.242** (.070)
N	296	296	296	296	296	296
R^2	.056	.099	.320	.106	.185	.342

注：1. 对制度满意度和资源满意度分别拟合回归模型进行分析，两部分回归模型中的自变量回归系数合并为表4-2。模型（7）和（10）是基准模型，包括性别、户籍、年级、是否独生子女、民族、是否贫困生、生源地、是否第一代大学生、读研选择等人口学控制变量。在此基准模型之上，模型（8）和模型（11）进一步纳入了时间分配的各个变量，模型（9）和模型（12）进一步纳入了至善学院学习、研究与社交活动的各个变量。

2. *** 表示0.001水平上显著；** 表示0.01水平上显著；* 表示0.05水平上显著。括号中是标准误。

经上表研究表明，年级是影响学生课程、教师、制度、资源满意度的重要因素。至善生加入至善学院后，学院按照人才培养方案对不同年级学生在通识课程、学术训练、科创技能、对外交流等方面进行阶梯式渐进培养，中低年级学生的培养任务以课程教学、志愿精神培育、生涯探索为主，高年级学生则侧重于学术任务训练、科创精神培育、对外交流能力提高等方面。整体而言，学生的参与度与投入度越大、对学院培养理念和相关制度设计的理解度越高、对个人未来发展方向越明晰，对学院的整体满意度越高。

对比模型（1）和模型（2）可知，选择"是否继续读研"的不同类别学生对时间的合理分配有所差异，至善生对时间的个体分配方式是影响课程资源满意度的重要因素。同时，与导师的交流程度、学习研究活动的参与度以及学习方法的认可程度对至善生满意度也有重要影响。学生对自己在学院的参与度有显性的体验与评价，收获感越高，对学院整体满意度越高；参与度越高，对学院制度和相关培养任务的认可度和落实度越高，继而满意度越高。

对比模型（2）和模型（3）、模型（5）和模型（6）发现，当"学习、研究与社交活动"各变量纳入分析后，"时间分配"不再显著影响学生对课程和教师的满意度，与导师交流的程度、学生的学习活动和学习方式则显著影响其就读经历满意度，即学生与导师交流密切并积极参与学院活动，可以有效抵消因时间分配而带来的对课程和教师满意度的差异。同理，对比模型（8）和模型（9）、模型（11）和模型（12）发现，与导师交流密切并积极参与学院活动可以有效抵消学习时间、兼职社团时间冲突而带来的对制度和资源满意度的差异。研究发现，导师交流在课程满意度和教师满意度解释量占比较高，导师与学生互动作为承载学生学术研究活动的渠道发挥着重要推动作用。至善生入院后即实施"项目化导师制"管理，导师与学生双向选择，共同完成科研课题研究，相对而言，低年级至善生学术训练任务尚未完成，项目研究责任承担有限，高年级至善生项目投入度高，科研能力逐步提高，研究成果也相对较多，导师与学生互动也更为密切。

最后，四个满意度因变量的第三个模型加上了导师交流、学习活动、社交影响、学习方法四个自变量后，R^2值都大大增大［见模型（3）、（6）、（9）、（12）］，且导师交流、学习活动、学习方法三个变量对四个因变量都有显著正向影响，说明上述三个变量对至善生在荣誉学院的就读满意度有着至关重要的影响，后续荣誉学院在人才培养过程中可从这三个方面进行顶层设计与具体实践，对学生进行支持。

（二）访谈研究发现

本研究共收集访谈数据79份，其中在校至善生42份，毕业至善生11份，至善导师26份，每一位访谈者都围绕访谈提纲进行了详细的阐述。为了便于区分与分析，现对每一位访谈者进行编码，编码方式见表5。

表5 至善生就读经历与核心能力访谈编码

受访对象	类型
S01—S42	在校至善生
G01—G11	至善毕业生
T01—T26	至善导师

注：在校至善生用S代替，毕业生用G代替，至善导师用T代替，第一位受访者用01代替。例如，S01表示第一位受访的在校至善生。

1. 竞争选拔制度

多数受访的至善导师表示，至善生作为全校竞争录取的前3%学生，总体而言有着比较明显的优势，比如自信心更强、主动性更强，学习习惯相对较好，综合素质能力更加扎实等。如何选拔出我们期待中的培养对象，是导师们较为关注的一个议题。

我也参加过几次至善生的选拔，但总体来说还是以学习成绩为主。（T12）

学校在至善生的定义和选择标准上是否可以多元化，不要太强调学习成绩。否则，在某一方面强的学生永远被挡在门外。（T7）

我个人觉得今后的至善生选拔要体现多维度，要在一些具体项目任务的完成过程中去发现和选拔一些人才。同时加入至善学院后也可以在一些综合性任务的过程中实现淘汰机制。（T5）

建议改革至善生选拔机制：把一次性选拔改为逐步优选。（T9）

对于至善生选拔，建议能够不拘一格，成绩好只是一个方面，某一方面的突出，诸如有活力、肯钻研、敢尝试、能负责、有追求、善表达等特质，虽然还没有结果或成绩出来，但可能反而具有学术大师、兴业英才、治国栋梁的潜质，一旦在导师的指导下上了轨道，未来可期。（T11）

同时，也有受访学生期望学院选拔制度能够降低对成绩的倚重考核，降低对英语成绩的报名标准。

当时选拔的时候，我们学院（指生源学院）就是单纯按照GPA推荐人上去的，希望可以改变这个模式，不要只是按照成绩来评定，期待也能多注重学生个人的品行、特长等多方面的考核评价。（S15）

我的室友GPA还不错，也特别想加入至善学院，但英语单科成绩太差，

连报名资格也没有。（S9）

至善生的初试准入门槛主要是 GPA 排名和英语测试水平，符合报名资格的学生再经集中笔试与分组面试获得荣誉身份。笔试偏重于考查思维能力和知识结构，面试偏重于考查综合素养。部分具有创新潜质或是学有专长但 GPA 成绩平平的学生，确有可能被作为准入门槛的 GPA 和英语硬指标要求"挡在门外"。从选拔数据来看，近三年经初审取得笔面试资格的学生中，女生人数占三分之二以上，多数男生因为英语成绩无缘至善第一道门槛。很显然，重视知识和学业测试的选拔应试，女生更具有优势。过于倚重学业水平的统一选拔标准，留下的必然是同质化的培养对象。拔尖人才的选拔工作是培养体系的首要环节，除了定量的知识考核，是否也应该关注志趣、勇气、创新等心智的考量，是否可以加入解决问题的实践测试，这也是值得我们深思的问题。

2. 培养管理内容

（1）"双院协同"下的学习任务压力　至善生在参加生源学院专业知识学习及实践教学的基础上，还须参与一系列至善高阶课程和培养项目，比如，至善导师的科研项目、模拟学术论坛的创新任务、至善讲坛的听讲任务，至善专属"大创"项目、学科竞赛的最低参与次数、海外交流要求、志愿服务义工服务时长等多元化的"至善要求"，以保证学生对荣誉项目的参与和投入。同时，这些项目成绩也是至善生考核评价的分值来源和分流淘汰的重要杠杆。此外，至善生作为校内最活跃的群体之一，除了专业知识学习和"至善要求"，他们还兼具社团、协会、学生会、志愿者等多种角色，因此多数学生坦言"有一定的学习压力"。

自从进入大二以来，学习压力大大增加，周一到周五几乎全是满课的状态，连晚上也排满了。（S2）

每学期一定程度的义工，要求次数的各种讲座论坛，这些强制性的东西加起来已经严重影响到了一部分同学正常的规划。（S4）

学食品、化工、生工的要泡实验室、烧炉子、过柱子、熬夜刷数据，学商的要考无数的证，学计算机类的要苦学各种语言，打算出国的要花很大精力去刷 GPA，考雅思、托福等。如果再加上至善的各种项目要求，时间真的太不够用了。（S17）

建议至善学院增加自身人才培养的体系，学生主体就在至善学院，而不是在各自专业学院。（G10）

而当时间固定有限且与活动冲突的情况下，至善生不得不出于现实要求舍弃一些感兴趣的讲座或是活动。

每当我打开 e 江南第二课堂报名时，发现几乎每次的活动时间都与我的上课时间冲突。我相信这不仅仅是我一个人的情况，许多同学都面临着这种两难的抉择。（S27）

多数自由主题沙龙安排在周一至周五，使一部分满课学院无法参加。（S16）

（2）导师制的实效性　　导师制几乎成为所有荣誉学院的"标配"，科研能力的提前培养、团队意识的培育、学术大师的风范熏陶、一对一的个性化指导，是学生受益于导师制的重要彰显。

培养管理最有特色的项目便是导师制了！在人际关系比中学更淡漠的大学校园中能有这么一位联系较为密切的长者，不得不说是一件幸事，更何况这位导师还是学术领域中一座闪耀的灯塔。几次与导师见面都非常温馨愉快，相处之中还能够得到老师的指点和关怀，这实在是太人性化了。（S19）

模拟论坛让我第一次敢直接与素未谋面的导师主动发起交流，也就是这个机会，让我提前进入了实验室，在实验技能上有所提高，同时认识两个很有趣的师兄，让我对未来的路有了更明确的目标。（G6）

导师是我们前行道路的精神领导，至善所提供给我们的资源让我们更能开阔眼界、更加坚定走向自己热爱的方向。（S26）

为加强导师与学生互动，学院近年来启动实施"项目化导师制"，科研项目成为导师与学生沟通联系的纽带，项目可与学科竞赛、大学生创新创业训练计划、毕业论文（设计）和社会实践等项目选题紧密结合，持续跟进。同时，至善学院每学期通过验收表就项目推进情况进行考核与评价。但有受访学生坦言，在实际指导过程中，导师常因工作繁忙或是科研任务繁重而忽视对至善生的指导；而学院对导师与学生交流、项目推进的硬性考核要求与见面次数规定往往让交流囿于形式，甚至导致师生关系的僵化与敷衍。

至善学院为大家提供的可选择导师都是在学术上很有成就的教授，但是往往这些导师自身科研工作繁忙，没有多余的精力来指导至善生搞科研，科研的延续性难以维持，所做的创新项目通常是在其他研究生或博士生的基础

上一个简单的"挂名"。（S12）

导师制这个机制很好，但是很多同学的反映却不是很好，导师制流于形式，或者导师并不能给到很多帮助，建议可以每个学期都有重新选择至善导师的机会，让至善生可以更多地接触不同的至善导师，有不同的收获。（S22）

一些老师确实很耐心热情，但有的老师则忙于自己的研究和工作，和至善生的交流都是敷衍了事，更可怕的是，我们和导师都没什么时间见面，好不容易有了一点空闲时间去联系导师，但是导师往往不加回复甚至推托掉。（S13）

导师和学生的交流很多时候是为了完成指标，而没有真正在学业生活等方面给予一些关心和帮助。（S41）

学院导师制实行多年，经甄选的至善导师多为各类国家级人才、教授、博士生导师，学术资源、指导经验丰富，但自身的科研任务与工作安排相对忙碌。学院虽定期召开导师工作研讨，走访导师团队，开展导师工作经验交流，进行"项目化导师制"考核验收等，但囿于学院属性与职责归属，实际工作中对来自各学院的至善导师管理相对松散，并无严格的管理、考核、激励机制。同时，至善生仅因其荣誉身份与导师产生项目联结，师生教导权利与义务相对弱化。

一方面是学生对导师制效能发挥的质疑，另一方面，导师则对至善生的"功利"与"即时满足"倍感失落。受访导师认为部分学生在项目推进过程中主动性不足、参与度有限，导师与学生交流往往是基于学院考核任务的驱动而非对知识的热情与研究。

个别学生来跟导师交流，仅仅是为了完成至善学院的任务要求。（T1）

我已经有几年没有指导至善生了。之所以失去指导至善生的兴趣，主要是基于前期指导过程中发现学生参与该项目的动机和执行情况与我想象的有较大的差距。简言之，学生更多看重的是形式而非内容。（T5）

带他们（至善生）也会感觉到功利主义的影子，有短期利益的事情热情更足，需要花费长期努力的目标相对完成意愿偏弱，容易造成能力表征的同质化。（T7）

多数情况下爱走捷径，对交代的实验任务注重结果，往往对过程以及详细的实验设计和细节观察缺乏热情。（T10）

至善生主观上要求"只要做了就要有成果，不允许失败"，至善生更偏重短期效应，他们希望通过加入教授课题组、参加所谓的大项目研究，增加他们未来的竞争力，这种观点极像热议的"精致的利己主义"，但我们有些教授为了获得所谓优质生源，恰恰迎合了这种需求，从而给这些优秀学生造成了一种假象，即：成果很容易获得。这不利于优秀人才的培养。（T18）

（3）奖学金的双刃效应　近年来至善学院新增多项专属奖学金，形成了覆盖全面发展、对外交流、学科竞赛、论文专利等多维度奖学金体系。奖学金的设立在一定程度上提升了学生的积极性与满足感，也有效减轻了至善生的学习、生活方面的经济压力，也对学院加强校企合作交流，进一步推进产学研合作有着重要的推动作用。但与此同时，严苛的竞争条件和有限的名额极易导致"内卷"，引导学生陷入唯成绩论的怪圈。

至善学院的奖学金设置很丰富，而且在我看来是可以对至善生起到很好的激励作用的，比如英语水平测试奖就鼓励至善生拿到雅思或托福高分，游学奖学金也可以鼓励至善生在游学过程中认真对待。（S24）

从进入至善以来，至善游学专项奖学金，让我感觉很棒，可以到其他大学去学习与见识。（S26）

很遗憾不是每个人都能拿到游学奖学金，这样能促进大家努力交流学习，说实话没有一个人是不努力的，大家的收获也都很多，但不论是谁，为了拿到奖学金，每天晚上学习准备主题演讲都要凌晨才能睡觉，第二天上课都很困，造成恶性循环。（S4）

奖学金可以激励大家学习，但也会导致同学们参加大量无意义活动，单纯为了综测加分。（S10）

至善奖学金资助力度已经大了，而在申请远翔奖学金和至善游学奖学金时只能二选一，二选一是可以理解的，但是在远翔还未申请下来时必须决定是否选择至善奖学金，这就导致没有足够的自信选择至善奖学金；而如果达到远翔奖学金的要求，也就失去了至善奖学金的资助机会。（S25）

（4）被限定的培养模式　受访学生提出，学院的培养要求指标性较强、灵活性欠缺，至善生专业、学科不同，时间安排不同，个人规划方向也有所差异，但学生必须被动适应至善学院培养"节奏"，按时、按量完成相关任务，否则考核不合格就有被分流的可能。作为一种荣誉教育的拔尖人才培养，崇尚自主探索、自由发展，而行政管理的科学性则要求循序规范、步调一致，两者在实践上有着天然的冲突。整齐划一的培养方案显然在效率和投入上更有优势，但学生所期待的个性化培养方案是否应该是荣誉教育的方向，值得深思。

个人认为至善最大的问题就是在于强制一刀切，以一套培养方案来要求学生而较少顾及学生个人的发展规划。（S1）

关于听讲座的活动，至善这类讲座讲坛是很用心的，但是每年都要参加满多少个，就会难免心里有一些抵触，一是因为，随着年级升高，课程安排越来越紧凑，二是接近高年级，要准备的其他事情逐渐增多。至善的这类讲座确实让我收获了很多，但是如果能够考虑我们高年级的课程，再做出规章制度上的安排调整，就更好了。（S26）

难道因为他们无暇去参加志愿活动、听讲座，就能说他们不符合至善生的要求吗？我的同学们几乎每个都有明晰清楚的规划，但规划不被至善学院的各种强制项目耽误的实在少之又少。（S1）

会导致同学们参加大量无意义活动，单纯为了综测加分。（S10）

3. 个人意识与归属感

通过访谈发现，归属感始终是至善生管理中的一个痛点，跨学科的优生优培模式和双院协同的管理方式，给至善生身份认同的建构带来一定的挑战。

目前至善班级更多的是名义上的，很多至善生对于自己班级的同学都不甚了解，更不用说深度交流了，建议为至善班级多设置一些制度、多办一些以至善班级为单位的活动等，增加至善生对于至善学院、至善班级的归属感。（S29）

至善学院的学生都是各个学院选拔上来的，只有一些公共的选修课可能大家一起碰个头，见个面，这样的班级没有凝聚力，通常一个班级到最后可能连有的人的名字都记不住。（G3）

至善生的归属感不太强。我唯一的归属感是因为我加入了至善学生会外联，和他们比较熟。一个原因可能是因为是第二年进来的，另外就是大家交集也不多。大家的重心还都在原学院。当时我在至善班级，班里有哪些同学我都不知道，至善班主任还是要重视一下这个班级，才能让大家更易融入这个集体，学科交叉也更能落实。（G4）

导致归属感不强的原因，有其客观因素：其一，从生源特点上看，至善生通常来自全校50余个不同专业的各年级学生，他们在进入至善学院前大多彼此陌生，只是在入院后临时形成了一个新集体。由于教务处为不同学院、专业、班级的学生实行交错排课，新集体成员难有统一集中相处的时间。而校园丰富多彩的活动更加剧了学生的流动性，进一步削弱了学生在至善的归属感。其二，从组织结构上看，作为跨学科拔尖人才的培养基地，至善学院打破了行政隶属和专业隶属的区域划分，聚合不同专业的学生共同组建了新班级；同时，学院培养项目赋予了学生自由选择的权利，学生可自由组队、组班参与至善课程、主题沙龙、科创讲坛等活动，他们在各自班级和培养项目中面对的是不同的队友、班友。共同参与是增强归属感、提升凝聚力的重要途径，但至善生既不与专业学院自然班级成员一样有共同或相邻的住宿，也无法和专业学院自然班级一样有频繁的班会、年级大会、班团主题活动、社会实践等交流机会。在很多公开的场合，至善生是一种荣誉身份而非组织身份。有限的聚合时间、低频的活动参与、弱化的身份标签，使得学生的归属感一再减弱。

结合受访导师反馈的情况，导致归属感弱的另一个重要原因在于至善生个人意识强烈而集体观念淡漠，优秀群体的"内卷"竞争使得学生更关注个体如何"脱颖而出"。而正是这种"内卷"限制了学生的视野和胸襟，更关注眼前世界的得失是非，忽视了理想与格局对于成就科学事业的重要意义，缺少家国使命感与责任感，这一结果也印证了部分研究者所指出的"荣誉学院学生存在一定程度的使命驱动不强、物质主义价值观扭曲、实践能力弱、唯成绩论等现象。"[7]

定义成功时走快速成才途径的欲望比较强烈；强调个人成功，忽略一群人走得远的道理。（T2）

至善生自信心更强，也容易好高骛远，群体意识较差。（T7）

没有远大的理想，理想过于现实，大多数人的理想就是找个好工作或者赚钱。很少人真正想做学问，追求真理。（T8）

从我带过的至善生来说，我个人认为他们很难达到栋梁之材的标准。其原因是他们虽然与其他学生相比，学习更主动积极，对人生的规划也更明确，但缺乏做栋梁之材的理想或者说缺乏时代的使命感。（T25）

四、讨论与建议

（一）从单一到多元：选拔与分流制度的改革

选拔出什么样的学生成为我们的培养对象？这是培养者面临的首要问题。这个问题实际也关乎高校的拔尖人才培养理念与价值取向。那么，什么样的人能称之为拔尖人才？"尽管人们普遍认为卓越能力的存在，但对于拔尖人才所涉的内涵和外延问题仍未成共识"[3]。虽然各高校赋予了拔尖人才培养的不同目标内涵，但对于究竟什么样的人是拔尖人才并无权威定论。那么选拔标准的制定就不可避免地打上主观烙印。还应该考虑的是，基于学生"潜能"发挥的滞后性，在初始选拔阶段某些"潜力学生"的特质未必表现得十分显性，这就对选拔者的"慧眼识珠"提出了更高的工作要求。从这个意义上而言，最初的选拔范围更适宜宽松些，为后期人才的辨识留出空间与可能。结合受访师生的意见，具体而言，荣誉生选拔分流制度或许可以从以下三个方面进行探索优化。

一是设立多样化的选拔路径，目前我国拔尖人才的选拔标准多侧重于对智力、学业等方面的测试，这些对硬指标的测量能够集中而高效地"圈定"一定数量的选拔对象，在某种程度上维持了这个群体内多数个体的"卓越性"。但是，封闭式、即时性的测量容易将某些偏才、怪才或是在特定场合未能真实展示其潜力者挡在门外。在标准化的批量选拔程序之外，不妨探索对志趣专长、创新品格、心智结构等方面的专项考量，将定量的学识考察和定性的素质评价有机结合，更加精准地定位拔尖人才储备队伍。

二是完善多元化的考核体系，降低应试考核、指标式考核权重，加强对拔尖学生应用知识、解决问题等方面的能力评估；引导学生注重过程性参与、重视内心的丰盈与成长，弱化因考核结果应用而带来的功利性弥漫。

三是建立过程性评价机制，"C. 格雷·奥斯汀（C.Grey Austin）提出，对于潜在的荣誉学生的识别既应该是尽早进行的，也需要持续进行"[8]。荣誉学院一般均设有动态的进出通道，以至善学院为例，每年的招生工作一般于春季学期开展，集中选拔约3%的大一新生进入学院，同时也面向大二至大四年级学生开放定量的增补名额。动态进出机制作为荣誉学院对潜在人才持续甄别的方式之一，充分体现了优质教育资源竞争的公开公正，但作为肩负着人才培养使命的高校而言，过程性的培养评价机制也尤为重要。不是每一个进入荣誉学院的个体都能成长为我们期待中的拔尖人才，每一个被淘汰出荣誉学院的个体也并不意味着从此失去成为拔尖人才的希望。作为教育者，我们需要为每一个生命个体的受教育权利保驾护航。

（二）从约束到开放：向自由教育无限靠近

从受访学生的反馈来看，"双院协同"跨学科的培养模式在一定程度上增加了他们的学业负担，而且荣誉学院有关学术训练、志愿服务、海外实践等培养项目大量占据了个人规划空间和时间，而学院严苛的考核分流机制又使得他们不得不投入更多的时间和精力去完成规定的各项任务，以"保住自己的荣誉生身份"。可见，生源学院与荣誉学院的双重管理冲突有时会让学生难以协调。

至善学院的跨学科培养模式要求至善生接受更大强度和难度的学习挑战、更科学地规划时间、更有效率地完成相关任务。个体的自由发展，受限于高校行政化体制下的多重任务要求，如若学生的自主探索与学习时间极其有限，在一定程度上必然会制约个体的创新突破能力的培养。

"荣誉教育具有内在的自由教育取向，因为自由不仅是个体自主性的前提和条件，而且也是个体自我创造的动力"[8]。人在相对自由的环境中，能够充分发挥主观能动性，形成自主的选择、探索和发展，将个体潜能最大程度发挥出来。我们目前正在实行的导师制、国际化、小班研讨、书院管理等教育教学方式，也正是对"自由、自主、自律、自立"的践行。但在高等教育竞争白热化的今天，高校通过本科评估、学科评估、工程认证等系列脱胎换骨式的考核换来了办学成果，人才培养的质量也化解在了深造率、就业率等一个个指标中。

目前我们所做的，是通过自上而下的力量擘画出了理想中的拔尖人才模样，然后为标准化的优秀人才设置程式化的考核指标，被圈入"准拔尖人才"的对象通过在种种挑战性项目中层层进阶，而最终成为我们理想中的拔尖人才。但事实上，优质拔尖人才培养不应受到任何功利性的指标束缚，他需要自由成长的宽松环境，在这个环境中，个体的兴趣、创新性、想象力被极大激发，个体的生命体验与发展需求被极大满足，有朝一日被划入"拔尖人才"也应是水到渠成，而不是刻意为之。在当下的竞争环境中，这样的纯粹似乎愈发困难，因为指标、评估、考核往往串联着资源、机会、利益，在生存发展的第一要义下，柏拉图式的自由教育实属难得。

同时，在各高校的拔尖人才培养方案中，鲜少个性化的"私人定制"，多数还是不可避免地施行符合自身特色的统一培养模式。因为个性化的培养方案，意味着更加灵活动态的管理与追踪，意味着更高成本的人力、物力、财力，也代表着更加科学、先进的培养理念与措施，但囿于学校投入、队伍力量、管理水平等多方面因素，真正个性化的培养较难实现。"标准化"与"个性化"的矛盾如何调和，值得深思。我们所能做的，是在高校刚性制度的管理框架下，尽可能为"准"拔尖人才提供有限的自由环境和发展空间，激发其好奇心、想象力、批判力和创新力。

（三）从离散到聚合：归属认同感的培育

归属感，是指个体在所处组织或环境中得到支持、接纳和尊重后，在思想、感情和心理上给予认同并在行为上积极参与、体验和担责后产生的一种情感体验。费恩的"认同-参与"模型研究结果表明，学生对学校的归属感能够作用于学生对活动的参与度，进而提高学生的学业成就[9]；也有研究发现，学生对院校的归属感能够有效促进大学生能力发展[10]。培养拔尖人才的归属感，直接目标是为了提高其适应性，尽早融入新集体，达成最优培养成效；长远目标则为了帮助其加强自我身份认同，发挥主体性，超越固化思维，建构积极的心态。

结合问卷调研数据和受访师生反馈，整体而言，"至善学院归属感"相对较低（58.8%），学生个体之间彼此交流时间有限，班集体意识很淡薄，师生沟通较少。其中不乏跨学科管理模式导致聚合度有限的客观因素，但也反映出学院在服务理念、文化建设、沟通平台等方面仍有可提升空间，建议从以下若干方面优化：

一是加强文化内涵建设，重视个体内心体验。学院文化是学院在自身存在和发展过程中形成的独特精神气质，能够激发学生的认同感、归属感和自我教育。学院不妨加强院训、院史、人才培养愿景、至善生核心素养等精神文化内涵的宣讲和教育，尤其重视对拔尖人才培养项目主旨、目标和实施要求等方面的清晰阐述，保障培养目标与个体发展的相对匹配，使每一位至善生感受到自己不再是单向的被动管理，而是作为一个受尊重的个体参与到学院的培养进程中。另一方面，学院要重视学生个体的内心体验，及时把握学生的思想动态，培育积极向上的心理品质。"舒尔茨曾对拔尖人才教育过分强调学术成就的倾向表示质疑，认为其更重要的目标是培养生命的意义和自我认同"[2]。从组织发展角度来看，拔尖人才培养的确是基于成功导向，横向可视化的指标占据了评价体系的多数，但从拔尖人才的个性化培养来看，我们更应关注学生个体内心的纵向成长，纵然这种"成长"相对隐性甚至无指标衡量，但却是让每一个个体心灵富足、归属明晰、激情充沛的动力源泉。

　　二是加强公共品格教育，重视公共事务参与。受访导师所反馈的关于至善生的"功利"和"利己"，是当下学生群体竞争关系的异化表现。当社会资源分布失衡，"排他性"竞争取代合作共赢而成为主流，人与人的交往关系就会变得功利现实，同伴并非朋友，而成为了竞争对手，集体不再是归宿，而成为获利工具，公共事务不再是责任，而仅是"各扫门前雪"，归属感又从何谈起。因此，加强学生的利他、合作、团结、互助等公共品格教育，就显得尤为必要。一方面，学院可以通过项目活动提升学生的公共意识和参与能力，加强其对公共事务的热切观照和对公共秩序的自觉认同，比如通过"尚行社"义工制加强志愿精神的培育，通过学生会、记者团、科创联盟等学生组织来引导学生积极参与学院公共事务管理，通过主题沙龙、模拟论坛、巡讲活动等培育学生自我管理的能力，通过课程质量反馈会、导师学生见面会和"院长面对面"等活动搭建师生沟通桥梁，让学生在自治、自决、自立的过程中获得主体性参与和自主性成长。另一方面，公共品格的内涵还应包括家国情怀的培育，拔尖人才不仅需要公民道德品格，更需要对家国共同体的认同热爱和对人类的关怀。学院应积极创设公共品格教育的情境与载体，既包括领导力课程、法律课程、至善讲坛等学习平台的熏陶，也包括参访考察、社会调研、模拟法庭、义工服务等社会实践的情境式学习，更应点滴渗透于校园文化、学风教风、仪式教育等日常管理中，全员、全方位、全过程育人。

　　三是加强朋辈教育交流，重视学院队伍建设。据调研及访谈反馈，朋辈互动在满足至善生身份认同和归属需求上有较大的推动作用。至善生群体是个体确认荣誉生身份和学院归属的重要渠道，学生在完成课程学习、项目互动、科研课题任务的过程中能够获得自信与价值感，特别是在个体处于关注焦点或是受到来自同伴、导师、管理者等认可时，其身份认同感与归属感得以进一步增强，反之长期处于边缘化或不被认可时则可能对群体产生疏离感。要重视对学生朋辈群体中的"核心人物"的教育引导，培养"核心人物"的责任感和示范力，发挥正向的引导作用，凝聚人心，把握正确的舆论导向。同时，要创设跨年级对话与合作平台，高年级学长的分享，对低年级学生快速适应学院培养要求、了解学院文化、提高学习效率有较好的引领和示范作用。

另外，据调研结果显示，导师与学生的互动是影响至善生满意度的重要因素。因为导师与学生的交流直接影响学生的学习投入，带来学生的能力发展、视野拓宽，进而促进学生自我效能感增加；同时，导师对学生在课题项目上的指导有效成为师生学习共同体的纽带，这个共同体既满足了学生对学业指导的需求，也满足了个体社交互动的需求，学业和人际需求的双重满足可促进支持感和归属感生成。要重视导师和班主任队伍建设，为师生互动提供便捷而有效的平台，在教学设计上更强调互动实践，在管理服务上更注重体验参与，及时帮助学生解决问题。

【参考文献】

[1] 赵菊珊，董甲庆.高校拔尖人才小班化培养模式探析——以武汉大学弘毅学堂为例[J].高等理科教育，2020（6）：107-112.

[2] 阎琨.中国大学拔尖人才培养项目内部冲突实证研究[J].清华大学教育研究，2018（10）：63-74.

[3] 阎琨，吴菡.拔尖人才培养的国际趋势及其对我国的启示[J].教育研究，2020（6）：78-91.

[4] 吴明隆.SPSS 统计应用实务[M].北京：中国铁道出版社，2000.

[5] 郭志刚.社会统计分析方法 SPSS 软件应用[M].北京：中国人民大学出版社，1999.

[6] CRONBACH L J. Coefficient alpha and the internal structure of tests [J]. psychometrika, 1951, 16（3）：297-334.

[7] 张强，徐孝刚.基础学科拔尖培养计划学生德育现状调查研究[J].山东师范大学学报（自然科学版），2021（6）：188-192.

[8] 钱再见.荣誉学院拔尖创新人才培养的理念、困境和路径——以荣誉

教育为视角[J].南京师大学报（社会科学版），2017（1）:65-74.

[9] Finn J D. Withdrawing from School[J].Review of Educational Research, 1989（02）:84-86.

[10] 袁建林,张亮亮.教育教学中的互动何以影响大学生能力发展——院校归属感的中介作用分析[J].大学教育科学，2020（7）：105-112.

[11] 王洪才.拔尖创新人才培养：理论、实践与挑战[J].教育学术月刊，2016（12）：3-10.

[12] 朱友林,曹文华."三化、三制、三融合"拔尖创新人才培养模式的改革与实践[J].中国高等教育，2018（9）：36-38.

[13] 叶俊飞.从少年班基地班到拔尖计划的实施——35年来我国基础学科拔尖人才培养的回溯与前瞻[J].中国高等教育研究，2014（4）:13-19.

[14] 吕成祯.我国荣誉教育的缘起、选拔培养机制与现实诉求[J].教育探索，2018（2）:66-70.

[15] 张建林.模式优化：36年来本科拔尖创新人才培养工作改革与发展的轴心线[J].教育研究，2015（10）:18-22.

[16] 闫广芬,尚宇菲."新工科"背景下拔尖人才培养模式的审思——基于精英学院学生身份认同的质性研究[J].天津大学学报（社会科学版），2020（3）:206-213.

[17] 陆一,史静寰,何雪冰.封闭与开放之间：中国特色大学拔尖创新人才培养模式分类体系与特征研究[J].教育研究，2018（3）:46-54.